단독주택 리모델링
무조건 따라하기

리노 이종민의 리모델링 바이블

단독주택 리모델링 무조건 따라하기

이종민 지음

한국경제신문i

우리 생활과 밀접한 관련이 있는 의식주를 생각해보자.

옷을 새로 사 입기 위해서 우리는 옷의 가격을 평가한다. 유명 메이커라서, 디자인이 예뻐서, 좋은 소재를 사용해서, 유명 디자이너가 디자인해서, 매장의 분위기가 마음에 들어서, 판매원이 친절해서 등의 이유를 생각하며 옷의 가격을 평가해보는 것이다. 그렇게 나름 평가해서 가격 대비 만족도가 높으면 다음에 다시 찾아갈 것이다.

요리를 맛있게 하는 식당에 가면 우리는 또다시 요리의 가격을 평가한다. 맛이 좋아서, 좋은 재료를 사용해서, 유명 요리사가 만들어서, 인테리어가 예쁜 매장이라서, 서비스가 좋아서 등의 이유를 생각하며 요리의 가격을 평가해보는 것이다. 그렇게 나름 평가해서 가격 대비 만족도가 높으면 다음에 다시 찾아갈 것이다.

대부분의 사람들에게 옷이나 음식은 조금 아는 영역이다.

의류의 천 종류, 패션경향, 유명 메이커를 다 이해하고 있기 때문에 금방 의류의 가격에 대한 평가를 한다. 양복처럼 만들기 힘든 의류 종류는 제외하고 옷을 집에서 직접 만들어 입는 분들도 꽤 많다. 아무튼 옷은 우리가 직접 만들어 입지 않아도 가격에 대한 평가를 하고, 여기에 이의를 다는 경우는 별로 없다. 의류는 적어도 계절이 변할 때마다 한 벌씩은 구매를 한다. 그래서 자기에게 안 어울리거나 비싸게 주고 구매했다고 해도 그다음 번에 맞는 옷을 구매하면 된다.

음식도 마찬가지다. 음식의 식재료 가격, 계절별 음식, 지역별 특산품 등 내 입맛을 잘 알고 있기 때문에 음식에 대한 평가를 금방 한다. 음식은 외식을 하지 않는 이상 하루 한 끼 정도는 집에서 만들어 먹기 때문에 너무나 잘 아는 분야다. 음식점에 외식하러 가서 요리 대비 가격평가는 할지라도 음식점에 대해 문제를 제기하는 경우는 거의 없다. 평가가 좋지 않다면 다음에 안 가면 그만이다.

즉, 옷이나 음식은 매장에서 사장과 싸울 일이 그리 많지 않은 것이다.

하지만 건축은 그리 간단하지가 않다. 일반인이 평가를 내리기가 쉽지 않고 금액대가 워낙 높기 때문에 건축으로 인해 다툼이 일어나면 소송까지 가는 경우가 흔하다.

· 건축(분쟁)은 대부분의 사람들에게는 평생에 한두 번 있는 일이다. 즉 경험 없이 시작하는 것이다.
· 건축의 재료, 디자인, 시공, 견적에 대해 대부분 사람들은 너

무 모른다.

· 건축은 기간이 오래 걸리고, 공정이 많아서 완성품을 인도받기 어렵다.

· 건축은 최소 몇천만 원은 하는 분야다. 개인이 투자할 수 있는 가장 큰 분야인 것이다.

· 건축은 평생에 한 번 있는 일이고 내 삶에 아주 큰 영향을 주기 때문에, 건축주의 만족을 얻어내기가 쉽지 않은 분야이다. 그래서 분쟁도 많다.

이런 이유들로 건축은 일반인들이 평가를 내리기가 힘들다. 그럼에도 불구하고 건축은 우리 생활에 너무나 많은 영향을 주기 때문에, 의류나 음식처럼 기본적인 것들에 대한 이해를 하고 있어야 한다. 멋진 옷, 맛있는 음식을 만들기 쉽지 않지만, 재료, 레시피에 대해서는 조금은 알고 있지 않은가? 건축을 직접 하지는 않더라도 재료, 공정, 시공, 공사금액에 대해 평가를 할 수 있는 정도의 지식을 갖추고 시작해보자.

특히 주거공간은 늘 내 몸과 함께하는 공간이기 때문에, 비전공자들도 생각보다 이미 많이 알고 있다. 특별히 집에서 오랫동안 살림을 살아오신 분들은 집에 대한 지식이 해박하다. 다만 이것을 어떻게 풀어내야 할지를 모를 뿐이다.

이 책은 여러분이 옷과 음식에 대해 편하게 평가하고 사먹듯이 주거에 대해서도 편하게 평가하고, 건축할 수 있도록 도움을 줄 것이다. 이 책은 멋진 사진과 함께 간단한 설명이 첨가된 기존에 출간된 인테리어, 건축도서와는 확연히 다른 점이 있다. 내 집을 공사하는 분들에게 실제적으로 필요한 부분만을 상세히 설명한 점이다. 물론 건축을 일반인이 다 이해하기 어려울 수 있겠지만, 일반인의 입장에서 최대한 쉽게 표현하려고 노력했다. 아무쪼록 이 책을 통해서 건축으로 인해 흰머리가 늘어나는 일이 줄어들기를 진심으로 바란다.

리노하우스 사무실에서
리노 이종민

책을 내면서 … 4

Part 01 리모델링 설계단계

01	**현장 실측과 사진 촬영**	**15**
	1. 현장 실측	15
	2. 현장 실측 사진 첨부	18
02	**내·외부디자인 계획**	**21**
	1. 소비자의 요구사항	21
	│시공사례│ **진주시 하대동 주택(2차 설계 제안서)**	22
	2. 인체/가구/가전 제품의 치수	28
	3. 내부디자인	30
	4. 외부디자인	31
03	**리모델링 설계과정**	**32**
	1. 최종설계도서 작성	32
	2. 마감재 선정	45
	3. 시방서 작성	56
	4. 견적서 작성	57
	5. 공정표 확인	57
04	**공정이야기**	**59**
	1. 철거/가설/구조보강공사	59
	2. 창호공사	59
	3. 상/하수도	59
	4. 냉/난방환기	60
	5. 조적공사	60
	6. 미장공사	60
	7. 방수공사	60
	8. 전기공사	61
	9. 금속유리공사	61

10. 단열공사	61
11. 도어공사	62
12. 목공사	62
13. 도장공사	62
14. 타일공사	62
15. 도배공사	63
16. 바닥공사	63
17. 가구공사	63
18. 조명공사	64
19. 위생기구	64
20. 외부공사	64
05 완공 전·후 사진(before & after)	**65**

Part **02** 리모델링 시공과정

Chapter **01** 기초공사 1

01 철거/가설/구조보강공사	**78**
1. 도면	78
2. 견적서 및 견적방법	80
3. 재료 및 시공	83
DIY Tip	91
02 창호공사	**92**
1. 도면	93
2. 견적서 및 견적방법	96
3. 재료 및 시공	99
DIY Tip	109
03 상/하수도	**110**
1. 도면	110
2. 견적서 및 견적방법	111
3. 재료 및 시공	112
DIY Tip	122

04 냉/난방환기   **124**
  1. 도면   124
  2. 견적서 및 견적방법   125
  3. 재료 및 시공   126
  DIY Tip   139

Chapter 02 기초공사 2
05 조적공사   **142**
  1. 도면   142
  2. 견적서 및 견적방법   144
  3. 재료 및 시공   146
  DIY Tip   151

06 미장공사   **152**
  1. 도면   152
  2. 견적서 및 견적방법   154
  3. 재료 및 시공   156
  DIY Tip   160

07 방수공사   **161**
  1. 도면   161
  2. 견적서 및 견적방법   163
  3. 재료 및 시공   164
  DIY Tip   176

08 전기/소방공사   **178**
  1. 도면   178
  2. 견적서 및 견적방법   181
  3. 재료 및 시공   182
  DIY Tip   198

09 금속/유리공사   **199**
  1. 도면   199
  2. 견적서 및 견적방법   201
  3. 재료 및 시공   202
  DIY Tip   211

Chapter **03** 단열공사 및 목공사

10 단열공사   **214**
    1. 도면   214
    2. 견적서 및 견적방법   217
    3. 재료 및 시공   219
    DIY Tip   224

11 도어공사   **225**
    1. 도면   225
    2. 견적서 및 견적방법   227
    3. 재료 및 시공   228
    DIY Tip   237

12 목공사   **238**
    1. 도면   238
    2. 견적서 및 견적방법   242
    3. 재료 및 시공   245
    DIY Tip   264

Chapter **04** 수장공사

13 도장공사   **266**
    1. 도면   267
    2. 견적서 및 견적방법   269
    3. 재료 및 시공   271
    DIY Tip   279

14 타일공사   **282**
    1. 도면   283
    2. 견적서 및 견적방법   284
    3. 재료 및 시공   287
    DIY Tip   297

15 도배공사   **299**
    1. 도면   299
    2. 견적서 및 견적방법   302
    3. 재료 및 시공   306
    DIY Tip   315

16 바닥공사   317
    1. 도면   317
    2. 견적서 및 견적방법   319
    3. 재료 및 시공   321
      DIY Tip   331

Chapter **05**   마감공사

17 가구공사   334
    1. 도면   334
    2. 견적서 및 견적방법   336
    3. 재료 및 시공   340
      DIY Tip   352

18 조명공사   354
    1. 도면   354
    2. 견적서 및 견적방법   356
    3. 재료 및 시공   358
      DIY Tip   373

19 위생기구   376
    1. 도면   376
    2. 견적서 및 견적방법   377
    4. 재료 및 시공   379
      DIY Tip   391

Chapter **06**   외부공사

20 외부공사   394
    1. 외부입면디자인   395
    2. 견적서 및 견적방법   396
    3. 재료 및 시공   397
      DIY Tip   411

Part **01**

리모델링
설계단계

현장 실측과 사진 촬영

리모델링에서 가장 중요한 작업은 기존 건물을 정확하게 실측하는 일이다. 리모델링 설계는 신축처럼 땅에 새롭게 건물을 올리는 일이 아니라 기존 건물을 가지고 새로운 평면을 만들어나가는 작업이기에 더욱 어렵다. 이미 놓여 있는 공간의 한계를 극복해야 하는 디자인 작업은 때론 고통스럽기까지 하다. 현장 실측을 정확하게 한 후 현장 사진을 찍어서 현장에서 미처 보지 못한 부분들은 사무실에 들어와서 사진으로 다시 한번 체크한다. 이 사진 자료는 공사가 끝난 후 전후(before & after) 사진을 비교할 수 있는 귀중한 자료가 되기도 한다.

1. 현장 실측

단독주택은 건축물대장에 나와 있는 면적과 실측해서 계산한 면적이 다른 경우가 많다. 수십 년의 세월 동안 조금씩 증축하면서 변신해왔기 때문이다. 우선 통일된 의사소통을 위해 단위를 이해할 필요가 있다.

1) 단위 정리

계량에 관한 법률에 따라 2007년 7월 1일 이후의 공식 문서에는 평 대신 m^2을 공식 문서에 사용해야 한다.

1m=100cm=1,000mm이다. 만약 설계 도면에 단위 표시가 없다면 건축, 인테리어에서는 단위가 mm(밀리미터)라고 생각하면 된다.

1평=$3.3058m^2$이고, $1m^2$=0.3025평이다. 우리나라 사람들은 아직 평 단위에 익숙해서 m^2로 표시되어 있을 때 면적을 파악하기 힘들다. 그럴 때 아래와 같이 곱하면 서로 호환이 된다.

자주 사용되니 가급적 기억해두자.

$$m^2 \times 0.3025 = 평$$
$$평 \times 3.3058 = m^2$$

2) 현장 실측 필기도면

실측 도면은 실제 현장에서 치수를 잰 것을 기록한 것이다. 이 현장에서 실측도면은 총 다섯 장으로 이루어져 있는데 오른쪽 도면은 그중 일부만을 보여준다.

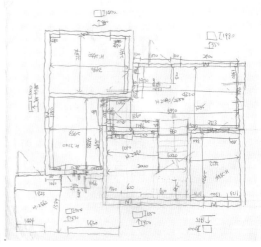

▶ 1층 실측도

3) 실측 도면(1층 실측도)

이렇게 실측한 문서는 사무실에 와서 캐드 프로그램으로 다시 그린다. 사실 캐드 이외에 다른 좋은 설계프로그램이 많이 있지만, 국내에서는 주로 오토캐드로 도면을 그린다. 다른 곳과의 호환이 편리하기 때문이다. 아래 도면은 실측도 중 1층을 그린 부분만 보여준다.

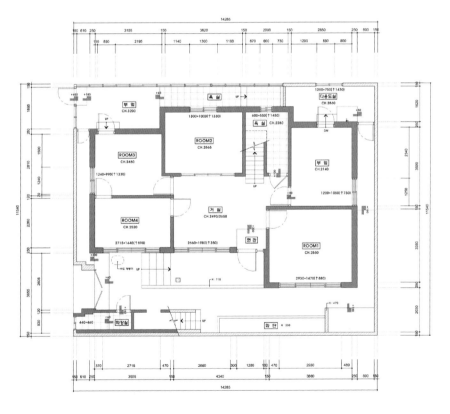

▲ 1층 평면도

2. 현장 실측 사진 첨부

다음 사진들은 실측할 때 현장에서 찍은 공사 전 현장사진이다.

▲ 공사 전 현장

▲ 공사 전 현장

▲ 공사 전 현장

단독주택 리모델링 무조건 따라하기

내·외부 디자인 계획

　이제 실측도면을 가지고 소비자의 요구사항을 체크해가면서 디자인을 해나간다. 보통의 소비자는 리모델링에 대한 요구사항을 미리 준비해오는 경우가 많다. 하지만 준비하지 않은 소비자는 디자이너가 하나하나 질문해나가면서 필요한 공간을 함께 고민한다. 어떤 소비자는 A4지 10장 분량의 요구사항을 만들어 오기도 한다. 그런데 이 모든 요구사항을 들어줄 수는 없다. 실제로 공사가 불가능한 것, 높은 공사비, 중복되는 내용 등의 요구를 잘 체크해가면서 정리하면 된다. 단독주택 리모델링은 외부디자인도 중요하다. 내부를 아무리 멋지게 꾸며도 외부가 그대로라면 마음 한편에 아쉬움이 남기 때문이다.

1. 소비자의 요구사항

　다음 내용은 실제 진주 단독주택 설계제안서를 그대로 가져왔다.

진주시 하대동 주택(2차 설계 제안서-사진 참조)

• 주차장
1. 주차장 바닥 마감재 추천 바랍니다.
2. 주차장 카스토퍼 설치 바랍니다.
3. 지붕 설치, 불법인가요? 진주시청에 문의하니 주무관께서 직접 찾아오라고만 하네요.
4. 폴리카보네이트는 우천 시 소음이 상당하다고 하던데, 강화복합유리 사용 시 가격 상승은 어느 정도인가요?
5. 무인택배함으로 적당한 기성제품 혹은 시공사례가 있으면 추천 바랍니다.

• 1층 서편 담
1. 높이 50cm/너비 30cm 화분형 콘크리트 담은 어떤가요?
   집과 담 사이에는 쇄석자갈.
2. 집과 담 사이 경계 없이 모두 화단으로 하면 위험한가요?

• 1층 북쪽, 동쪽 담
1. 콘크리트 담, 흰색, 시선 차단용으로 높게.
2. 북측 뒤뜰 다용도실 출입구와 수도부분에 처마가 넉넉했으면 좋겠습니다.
   재활용쓰레기와 음식쓰레기통을 설치해 사용하려고 합니다.

• 마당 데크
1. 높이를 낮추어 콘크리트 시공하더라도 석재타일로 하고 싶습니다.
   미끄럽지 않고 물청소 용이한 타일 추천 바랍니다.
2. 물이 지나가는 자리라고 하셨는데 설치 시 주의할 점은 무엇인가요?
   기존 나무바닥 아래 환기 위해 띄워둔 공간, 막아도 무방한가요?
3. 데크 높이를 낮추면 저절로 현관 바닥의 높이가 낮아지니
   툇마루가 좀 더 앉기 편하게 설치되는 건가요?

4. 데크 앞 담과 처마 쪽에 햇빛가림막용 봉과 고리 설치를 부탁합니다.
5. 안마당 쪽 정원용품 수납공간을 만들고 싶습니다.
6. 외부수도 설치 시 동파의 위험이 없도록 잘 부탁드립니다. 배수구를 따로 설치해야 하나요?

• 현관
1. 석재데크로 현관 높이가 낮아진다면 툇마루는 앉기 편하게 30cm 높이로 가능할까요?
   아래 수납장으로 채우면 어떨까요?
2. 3연동식 중문 대신 여닫이 타공문은 어떤가요?
   특별히 3연동식 중문을 하신 이유가 있으면 설명 부탁드립니다.
   장점이 있다면 최대한 모던한 디자인으로 부탁합니다.
3. 현관 번호키락 설치 부탁합니다.
4. 현관문이 왼쪽으로 열리게 되어 있던데, 오른쪽으로 열리면 좋겠습니다.

• 고양이 화장실
1. 현재 창고 북쪽에 설치된 고양이 화장실을 창고 남쪽으로 옮기고 싶습니다.
   고양이 화장실에서 야외로 직접 통하는 환풍구 겸 채광창(비 들이치지 않게)을 마련해주시면 창고에서 여는 문은 따로 환풍구가 필요하지 않습니다.
   화장실 안에서 고양이가 밀어도 열리지 않는 문으로 부탁합니다.
   시판되는 고양이 화장실을 2개 넣고 그 앞으로 고양이가 지나다닐 수 있는 길도 있어야 하기 때문에 가로 1,000×세로 800×높이 800(사람이 쪼그려 앉았을 때 시야가 막히지 않는 높이)로 예시 사진은 한 마리를 위한 고양이 화장실이라 좀 더 커야 합니다.
   화장실 청소할 때 그 앞에 어른이 쪼그려 앉을 공간이 필요합니다.
   현관 신발장 하단 일부는 고양이 출입구로 양보해야 합니다.

• **거실욕실**

1. 동향 창문 부탁합니다.
2. 창고 줄이더라도 거실 쪽에 욕조 놓을 공간을 마련해주세요.
   부부욕실은 매일 아침 샤워하는 공간이라 샤워부스가 더 필요합니다.
   만약 거실 쪽으로 욕조를 뺄 수 없다면 부부욕실에 욕조와 샤워부스
   를 함께 두면 좋겠습니다.
3. 창고가 좁아진다면 보일러실은 북측 외부로 빼면 어떨까요?

• **거실**

1. 마당으로 나갈 수 있는 전면창 부탁합니다.
2. TV위치에 배선판 깔끔하게 부탁합니다.
3. 스탠드형 에어컨 위치는 어디가 적당할까요?

• **안방**

1. 서측 벽에 벽걸이 에어컨을 달겠습니다.
2. 드레스룸 서측창 2개에 갤러리 창호 달고 싶습니다.
   환기는 시키고 시선 차단, 햇빛 차단이 가능하도록 부탁합니다.
   블라인드를 달면 바람에 흔들리며 소음이 발생합니다.
3. 주방 붙박이 책장 자리에 안방 여닫이문을 달고 안방과 드레스룸, 욕
   실을 잇는 긴 복도를 만들면 어떨까요?
   드레스룸을 지나야만 욕실로 갈 수 있는 것은 불편할 것 같습니다.
   복도 끝에 환기창이 있으면 좋겠습니다.
4. 복도쪽으로 슬라이딩 도어를 단 붙박이 수납장을 가벽처럼 활용하
   면 어떨까요?
5. 드레스룸 입구는 고양이 출입을 막을 수 있는 문이면 무엇이든 괜
   찮습니다.
   드레스룸 내부는 굳이 장마다 문을 달지 않아도 됩니다.
6. 화장대는 안방에 넣어도 됩니다.
7. 침대는 사진에서와 같이 퀸베드와 슈퍼싱글베드를 따로 제작해 나
   란히 붙이고 싶습니다.

현재 사용 중인 에이스 퀸베드 옆에 슈퍼싱글만 따로 제작해 붙이면 어떨까요?
틈이 생겨 불편할까요?
8. 안방 욕실은 샤워부스로 만들어주세요. 처마선에 맞춰 최대한 확장해주세요.
불투명 천창과 환기창 부탁합니다.

• 주방

1. 북측창은 상부장 아래 낮고 길게 두면 상부장의 길이를 더 늘릴 수 있지 않을까요?
2. 벽에 붙은 책장을 하나 빼고 조리대를 조금 더 전진배치하면 어떨까요?
3. 설거지 후 씻어 놓은 그릇들이 그대로 보이는 건 부담스러워서
개수대 앞 30cm 높이 정도의 가림막을 달고 싶은데, 책장 형태는 어떨까요?
맨 위 칸은 슬라이딩 도어를 달아 너무 지저분해 보이지 않았으면 합니다.
4. 키큰장에 타공판이나 자석칠판페인트로 메모공간을 두고 싶습니다.

• 아이방

1. 서측에 벽걸이 에어컨을 달면 어떨까요?
2. 2층 공간에 각각 창이 있었으면 합니다.
3. 아직 어리기 때문에 책상은 필요치 않습니다.
창 아래, 장난감을 넣을 수 있는 벤치형 수납공간은 어떨까요?

• 에어컨 실외기

1. 모두 북측 뒤뜰로 모아 나란히 배치
실외기 커버상자 제작

• 펜트리
내부에 조명과 전원콘센트를 넉넉히 넣어주세요.

• 2층
1안 : 보유하고 있는 원목쇼파 : 길이 2,100/ 높이 590/ 깊이 700
　　　쇼파 양 옆으로 300 넓이의 책장(무지주선반) 제작
2안 : 창가에 깊이 1,000의 툇마루형 수납장 제작, 양 옆으로 책장 설치

1. 창을 크게 내고, 창 앞에 처마 혹은 파고라 설치가 가능한가요?
2. 방문을 달아 독립시켜 주세요. 바람에 쾅 닫히는 일이 없는 미닫이
   가 좋겠습니다.
3. 옥상으로 나가는 문 앞에 처마가 더 깊었으면 좋겠습니다.
   현재 있는 건물 외벽을 빙 둘러 처마를 확장하면 어떨까요?

• 2층 옥상
1. 제작이 번거롭다면 툇마루 대신 데크로 통일해주세요.
   2층에는 고양이 출입을 막을 수 있으니 나무데크도 괜찮습니다.
   맨발로 다니기 좋은 돌타일이면 더 좋겠지만요.
2. 창문과 문, 계단실 서편으로 비 피할 깊은 처마 혹은 파고라가 있으
   면 좋겠습니다.
   비를 피할 수 있다면 평상 대신 현재 가지고 있는 원목쇼파를 놓을
   까 생각중입니다.
   우천 시 소음이 발생해도 주 생활공간과 떨어져 있으므로 폴리카보
   네이트를 사용해도 무방합니다.
3. 파고라나 처마도 건축면적에 포함되나요?
   진주시 건축과에 문의해도 명확한 답을 듣지 못했습니다.
4. 야외 전기콘센트 넉넉하게 마련해주세요.
5. 마사토 위 천연잔디, 시공상의 주의점이나 문제점은 없나요?
   배수구에 흙이나 자갈이 들어가지는 않나요?
6. 처마선 안쪽으로 ㄷ자형 상자밭을 제작하고 싶습니다.

최대 길이 4,000/ 너비 900/ 깊이 500mm

상자밭 배수판 설치에 신경을 써주세요. 원하시면 '쑥대밭'팀에서 협조 가능합니다.

7. 야외 화장실 문짝과 버리는 방문 활용한 수납창고 제작이 가능할까요?

• 기타

1. 대문 디자인 참조 바랍니다.
2. 외장 마감방식 추천 바랍니다.
3. 보일러 각방 통제장치와 예약점등 시스템 설치가 가능할까요?

2. 인체/가구/가전 제품의 치수

주택 디자이너는 알아야 할 것이 참 많다. 누구든지 주택 디자인을 하려고 하면 최소한 인체 치수, 가구 치수, 가전 제품 치수 등의 기본적인 사이즈는 늘 숙지하고 있어야 좋은 공간을 만들어낸다.

1) 인체 치수

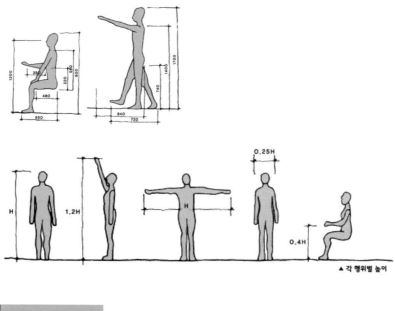

▲ 각 행위별 높이

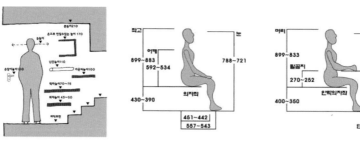

▲ 인체 치수 측정

2) 가구 치수

· **식탁** : 1인당 식사에 필요한 넓이는 보통 가로 600mm, 세로 350mm 정도다. 그리고 높이는 보통 720mm 정도다.

· **의자** : 좌판과 식탁의 높이 차이는 280~300mm 정도가 적당하다. 그리고 높이는 보통 420mm 정도다.

· **씽크대** : 하부장의 높이는 보통 870~920mm 정도가 적당하다. 그리고 폭은 일률적으로 600mm다. 사실 씽크대의 치수는 알아야 할 것이 많지만, 여기서는 이 정도만 숙지하자.

· **침대** : 침대공간 치수는 다음과 같다.

종류	폭	매트리스 길이
싱글	900~1,000	1,950~2,050
새미 더블	1,200	2,200~2,300
더블	1,350~1,500	2,200~2,300
킹	1,600~1,800	2,200~2,300

3) 전자 제품 치수

전자 제품의 치수도 반드시 체크해야 한다. 특별히 양문형 냉장고나 드럼세탁기의 경우 치수를 파악하지 않고 설계를 진행했다가 낭패를 보는 경우도 있다. 공사 완료 후 다용도실에 세탁기가 안 들어가 문을 떼어 낸다든지, 냉장고가 내부 계단에 걸려, 주방으로 옮겨놓지 못해 창틀을 뜯고 내부로 들여놓는 사례들이 종종 있다. 용량이 큰 전자 제품을 중심으로 치수를 미리 파악해두자.

3. 내부디자인

이제 디자인을 하고 평면도를 그렸다면, 지속적으로 평면도 수정작업을 해야 한다. 소비자의 생각과 디자이너의 의도를 조절하는 과정이 오랫동안 지속된다. 많이 고민하고 수정작업을 거친 평면도는 시공을 편하게 해준다. 특별히 구조디자인을 위한 평면도 설계가 매우 중요하다. 다음 사진은 1층 평면도를 수정하는 과정 중에 한 장을 발췌한 것이다.

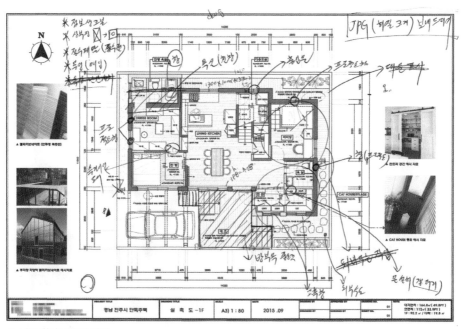

▲ 내부 평면도 수정 과정

4. 외부디자인

　내부뿐만 아니라 외부디자인도 중요하다. 결국 주변에서 보이는 것은 외부의 모습이기 때문이다. 외부디자인은 주로 현장에서 찍은 사진을 포토샵으로 재구성해서 디자인을 완성한다. 외부에 사용되는 건축재료를 충분히 숙지하고 있어야 디자인할 때 적절히 적용할 수 있다. 다음 사진 역시 디자인과정 중에 있는 것을 발췌한 것이다.

▲ 외부 디자인 수정 과정

03
리모델링 설계과정

평면도, 조명도, 전기도, 설비도, 입면도를 완성했다면 이제 단독
주택 리모델링 설계도서가 최종 완성되었다.

1. 최종설계도서 작성

1) 1층 실측도

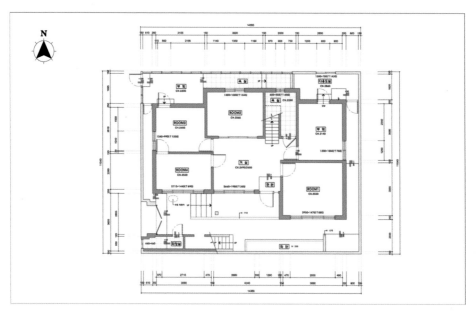

2) 2층 실측도

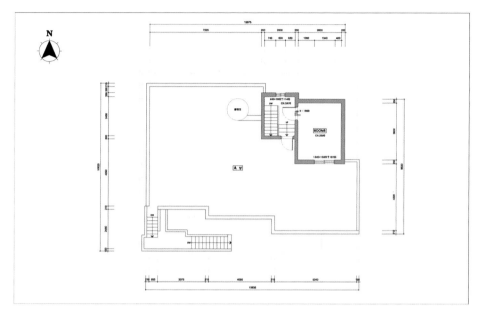

3) 1층 평면도

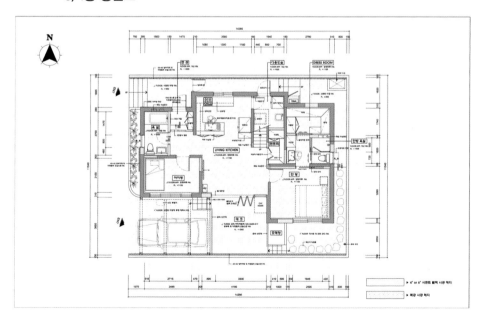

4) 2층 평면도

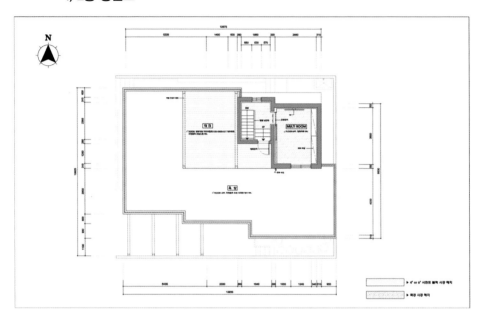

5) 1층 천정도

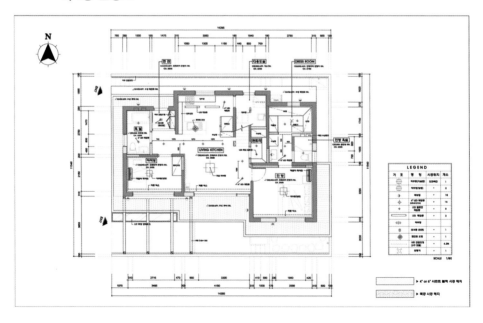

6) 2층 천정도

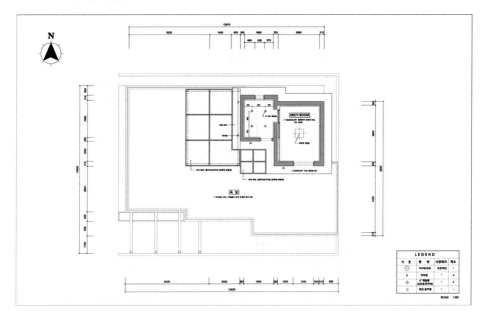

7) 1층 전기도

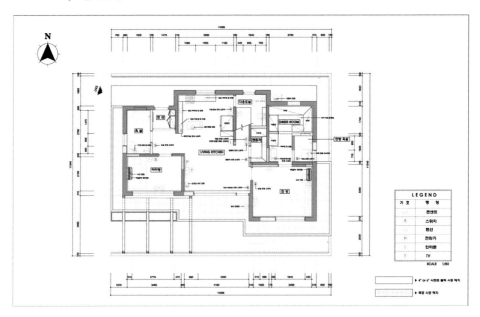

8) 2층 전기도

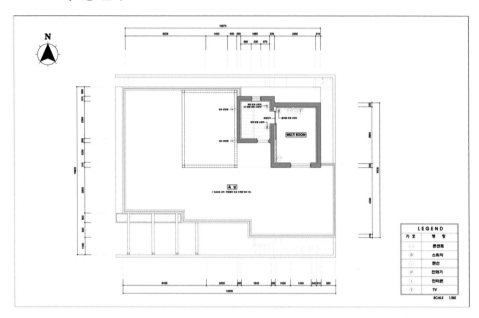

LEGEND	
기 호	명 칭
C	콘센트
S	스위치
L	관선
P	전화기
I	인터폰
T	TV

SCALE 1/80

9) 1층 상하수도

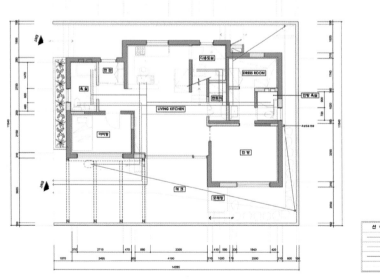

선 색	명 칭
	수도 (급수)
	오수관 (정화조)
	오수관 (하수)
	우수관

10) 1층 난방도

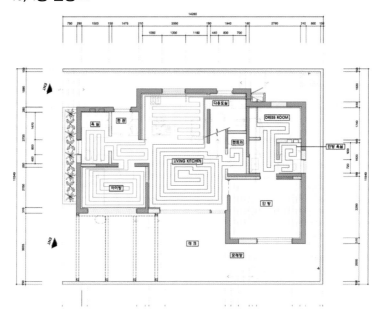

11) 현관 입면도

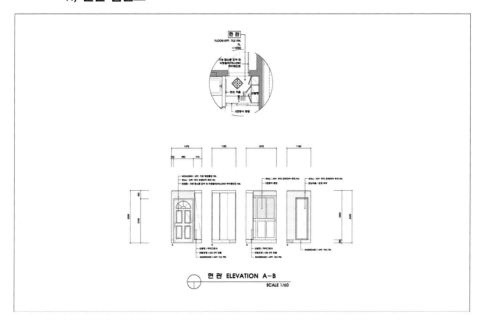

현 관 ELEVATION A-B
SCALE 1/60

12) 거실 입면도 1

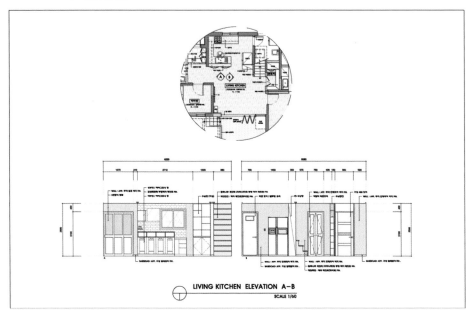

LIVING KITCHEN ELEVATION A-B
SCALE 1/60

13) 거실 입면도 2

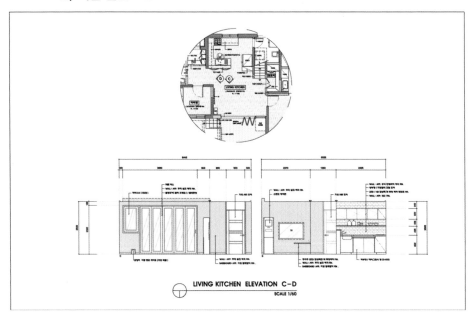

LIVING KITCHEN ELEVATION C-D
SCALE 1/60

14) 주방 입면도

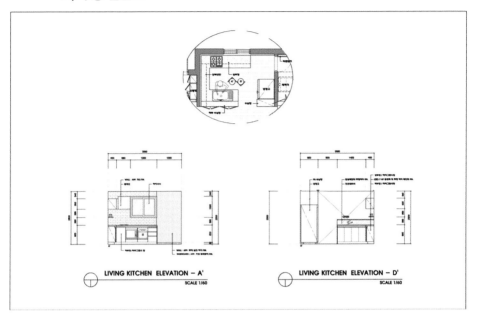

15) 다용도실 입면도

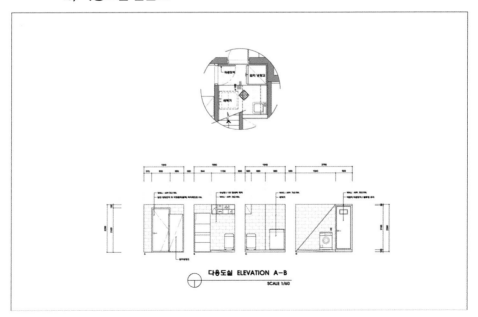

16) 팬트리실 입면도

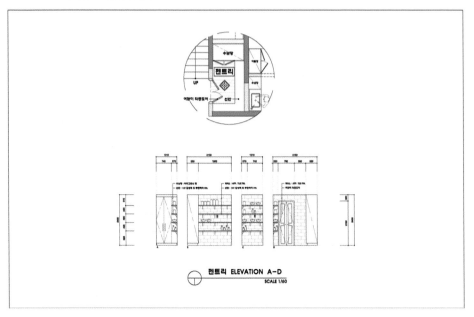

팬트리 ELEVATION A-D
SCALE 1/60

17) 거실욕실 입면도

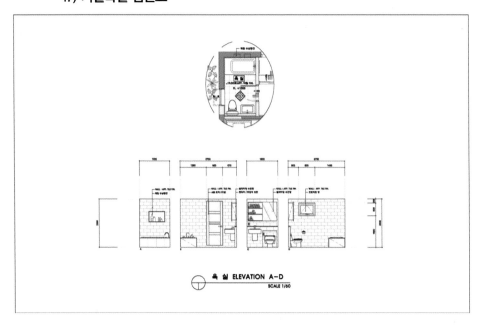

욕 실 ELEVATION A-D
SCALE 1/60

18) 안방 입면도

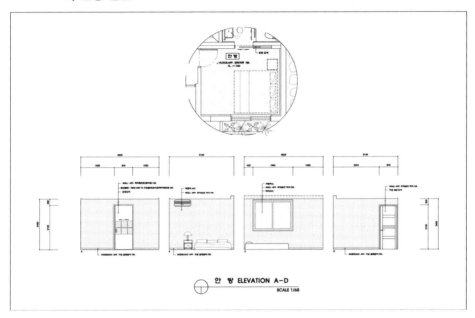

안 방 ELEVATION A-D
SCALE 1/60

19) 안방전실 입면도

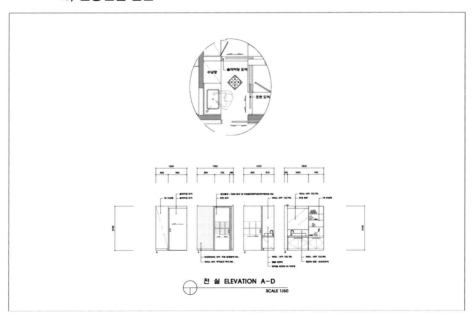

전 실 ELEVATION A-D
SCALE 1/60

20) 안방욕실 입면도

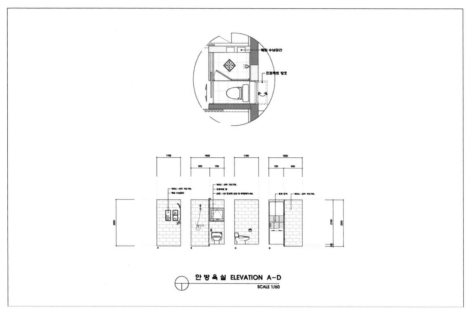

안방욕실 ELEVATION A-D
SCALE 1/60

21) 드레스룸 입면도

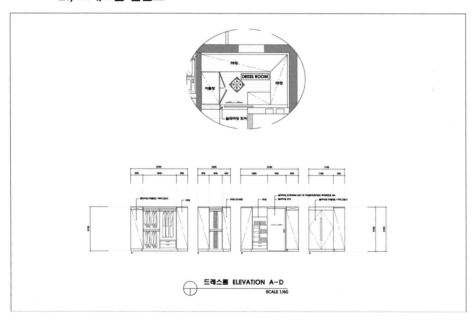

드레스룸 ELEVATION A-D
SCALE 1/60

22) 아이방 입면도

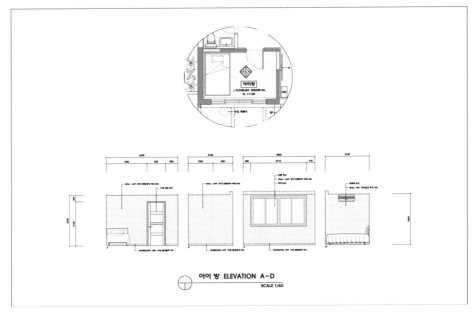

아이 방 ELEVATION A-D
SCALE 1/60

23) 2층 멀티방 입면도

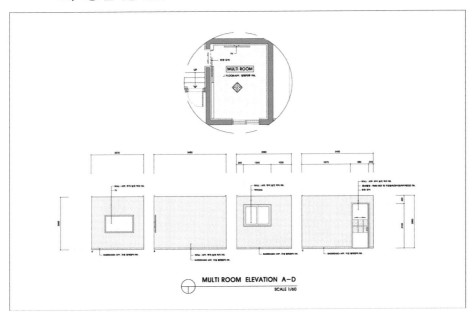

MULTI ROOM ELEVATION A-D
SCALE 1/60

24) 계단실 입면도

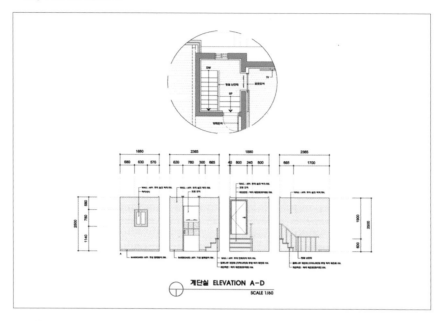

25) 외부입면도

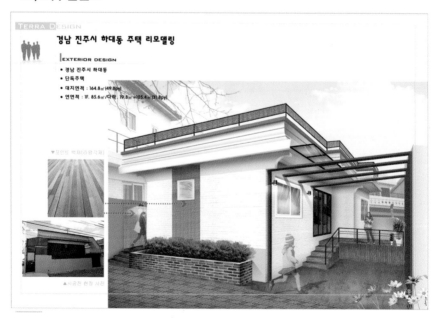

2. 마감재 선정

    설계도서가 완성되었다면 이제 각 공정마다 마감재료를 선정해야 한다. 건축재료의 브랜드, 제품명, 컬러 등을 아주 구체적으로 정해야 소비자와 시공자 간의 오해의 여지가 없으며, 통일된 디자인을 건물에 반영할 수 있다. 아무리 기능적으로 우수한 집을 만들었어도 마감재료 선정을 잘못하면 만족감은 현저히 떨어진다. 샘플 선정은 견적서 반영에 아주 민감한 부분이다.

주택공사 시공 자재 및 스펙 샘플집

NO	공정		제품이미지		
1	내부공사	품명 가스보일러 / 브랜드 린나이(R 331) / 사용여부 사용☑ 미사용☐ / 규격 R331(LPG LNG겸용) / 제품번호 — / 비고 —	품명 가스보일러 / 브랜드 린나이 / 사용여부 사용☑ 미사용☐ / 규격 — / 제품번호 — / 비고 —	품명 예연보일러 / 브랜드 한진보일러 / 사용여부 사용☑ 미사용☐ / 규격 — / 제품번호 — / 비고 —	
		품명 심야전기보일러/온수기 / 브랜드 한진보일러 / 사용여부 사용☐ 미사용☑ / 규격 — / 제품번호 — / 비고 —	품명 기름보일러 / 브랜드 경동나비엔 / 사용여부 사용☑ 미사용☐ / 규격 — / 제품번호 — / 비고 —	품명 연료탱크 / 브랜드 — / 사용여부 사용☑ 미사용☐ / 규격 200L - 1000L / 제품번호 — / 비고 —	
			품명 극난방조절기 / 브랜드 — / 사용여부 사용☑ 미사용☐ / 규격 200L - 1000L / 제품번호 — / 비고 —	200 L / 400 L / 600 L / 800 L / 1000 L	
2	전기공사	품명 스크린 인터폰 / 브랜드 코맥스 / 사용여부 사용☑ 미사용☐ / 규격 — / 제품번호 — / 비고 —	품명 인터폰(수화기/핸) / 브랜드 코맥스 / 사용여부 사용☑ 미사용☐ / 규격 — / 제품번호 — / 비고 —	품명 — / 브랜드 — / 사용여부 사용☑ 미사용☐ / 규격 — / 제품번호 — / 비고 —	

단독주택 리모델링 무조건 따라하기

공정	NO		제품이미지

도어공사 — 4

제품이미지 항목

- 품명: ABS 도어 / 규격: 900*2100 / 색상선택 / 재현하능창 / 브랜드 / 사용여부 □사용 □미사용 / 제품번호 / 비고
- 품명: 어린이 타공도어(3개입) / 재현하능창 / 재차도어 / 브랜드 / 사용여부 □사용 □미사용 / 규격 - / 제품번호 / 비고 (중문용)
- 품명: 어린이 타공도어 / 재현하능창 / 브랜드 / 사용여부 □사용 □미사용 / 규격 - / 제품번호 / 비고
- 품명: 한구라인슬라이딩도어 / 재차도어 / 브랜드 / 사용여부 □사용 □미사용 / 규격 - / 제품번호 / 비고
- 품명: 갤러리폴딩도어 / 재현하능창 / 브랜드 / 사용여부 □사용 □미사용 / 규격 - / 제품번호 / 비고
- 품명: 포켓도어 / 재차도어 / 브랜드 / 사용여부 □사용 □미사용 / 규격 - / 제품번호 / 비고
- 품명: 일반미들도어 / 브랜드 / 사용여부 □사용 □미사용 / 규격 - / 제품번호 / 비고 / 제품선택
- 품명: 방화도어 / 사재도어 / 브랜드 / 사용여부 □사용 □미사용 / 규격 - / 제품번호 / 비고 / 제품선택
- 품명: 폴딩도어 / 한구무방형 / 브랜드 / 사용여부 □사용 □미사용 / 규격: 16MM/페어 / 제품번호 / 비고 / 색상선택

NO	공정	제품이미지																
4	도어공사	품명	래디대문	규격	–	품명	주물대문	규격	–	품명	도어손잡이	규격	–				
		브랜드	제작대문(자체제작)	제품번호	–	브랜드	제작대문	제품번호	–	브랜드		제품번호	–				
		사용여부	사용□ 미사용□	비고	–	사용여부	사용□ 미사용□	비고	–	사용여부	사용□ 미사용□	비고	–				
5	단열공사	품명	모헤어인열재	규격	10T~20T	품명	아이소핑크(스티로폼)	규격	–	품명	E-보드	규격	5T~				
		브랜드	모헤어	제품번호	CS-10T	브랜드		제품번호	–	브랜드	복합단열재	제품번호	–				
		사용여부	사용□ 미사용□	비고		사용여부	사용□ 미사용□	비고	–	사용여부	사용□ 미사용□	비고	–				
6	목공	품명	집성목	규격	900*1800	품명	사용목(다)(라)	규격	211*120*3600	품명	낙엽송	규격	합판/루바				
		브랜드	–	제품번호		브랜드		제품번호	–	브랜드		제품번호	–				
		사용여부	사용□ 미사용□	비고	가구제작	사용여부	사용□ 미사용□	비고	–	사용여부	사용□ 미사용□	비고	–				

NO	공정	제품이미지						
		품명	브랜드	사용여부	규격	제품번호	비고	
7	타일공사	벽타일	브랜드	□사용 □미사용	200*400	제품번호	비고	
		바닥타일	브랜드	□사용 □미사용	300*300	제품번호	-	
		모니트타일	브랜드	□사용 □미사용	100*400 / 100*100	제품번호	제품선택	
8	도배공사 (백색마감)	무지실크벽지	브랜드	□사용 □미사용	에스대우벽지	제품번호	-	
		단면벽지	브랜드	□사용 □미사용	케이지아이에스 금강	제품번호	비고	
		황토벽지	브랜드	□사용 □미사용	-	제품번호	-	
9	마루공사 (바닥공사)	강화마루	브랜드	□사용 □미사용	89*80.1*8	제품번호	제품선택	
		강마루/합판마루	브랜드	□사용 □미사용	95*800*7.5	제품번호	비고	
		원목마루	브랜드	□사용 □미사용	70*600*9.5	제품번호	제품선택	

NO	공정	제품이미지

제품이미지

NO 9 / 공정: 마루공사 (바닥공사)

품 명	정반	규 격	18T~	제품선택	씽크대 - 하이그로시
브랜드	KCC / LG	제품번호	-		
사용여부	사용 □ 미사용 □	비 고			

품 명		규 격	비닥 폴리싱 타일	제품선택	크로젬
브랜드	-	제품번호	-		
사용여부	사용 □ 미사용 □	비 고			

품 명		규 격	데크타일	제품선택	-
브랜드		제품번호			
사용여부	사용 □ 미사용 □	비 고			

NO 10 / 공정: 가구공사

품 명		사재가구	신발장/붙박이장	제품선택	-
브랜드	하이그로시	규 격			
사용여부	사용 □ 미사용 □	제품번호			
		비 고			

품 명		사재가구	붙박이장 - 앤틱라인	색상선택	
브랜드		규 격			
사용여부	사용 □ 미사용 □	제품번호			
		비 고			

품 명		사재가구	붙박이장 - 메티스	색상선택	
브랜드		규 격			
사용여부	사용 □ 미사용 □	제품번호			
		비 고			

NO	공정	제품이미지										

제품이미지

NO 10 / 공정: 가구공사

품명	빌트인가구	규격	-
브랜드	사재가구	제품번호	하이그로시
사용여부	□사용 □미사용	비고	제품선택

품명	시스템가구	규격	-
브랜드	사재가구	제품번호	-
사용여부	□사용 □미사용	비고	-

품명	PB장	규격	-
브랜드	사재가구	제품번호	-
사용여부	□사용 □미사용	비고	-

NO 11 / 공정: 조명공사

품명	거실조명	규격	-
브랜드	공간조명	제품번호	-
사용여부	□사용 □미사용	비고	펜던트 식탁등 / 제품선택

품명	LED 매입등	규격	-
브랜드	공간조명	제품번호	-
사용여부	□사용 □미사용	비고	6" / 색상선택

품명	주방등-레일등	규격	-
브랜드	공간조명	제품번호	-
사용여부	□사용 □미사용	비고	색상선택

품명	현관센서등	규격	-
브랜드	공간조명	제품번호	-
사용여부	□사용 □미사용	비고	색상선택

품명	주방등 - LED슬림솔조명	규격	-
브랜드	공간조명	제품번호	-
사용여부	□사용 □미사용	비고	제품선택

NO	공정	제품 이 미 지					

11 조명공사

품 명	LED 실링컨	규 격	–
브랜드		제품번호	–
	공간조명	비고	
	□ 사용 □ 미사용		
사용여부		색상선택	–

품 명	방등 - 직부등	규 격	–
브랜드		제품번호	–
	공간조명	비고	
	□ 사용 □ 미사용		
사용여부		색상선택	–

품 명	방등 - 직부등	규 격	–
브랜드		제품번호	–
	공간조명	비고	
	□ 사용 □ 미사용		
사용여부		색상선택	–

조명공사

품 명	LED 실링팬	규 격	–
브랜드		제품번호	–
	공간조명	비고	
	□ 사용 □ 미사용		
사용여부		색상선택	–

품 명	욕실등(아이스조명)	규 격	–
브랜드		제품번호	–
	공간조명	비고	
	□ 사용 □ 미사용		
사용여부		색상선택	–

품 명	태양광 LED 문주등	규 격	–
브랜드		제품번호	–
	공간조명	비고	
	□ 사용 □ 미사용		
사용여부		색상선택	–

12 위생기구

품 명	양변기	규 격	–
브랜드	계림 / 대림	제품번호	
	□ 사용 □ 미사용	비고	
사용여부		제품선택	

품 명	세면기 - 카운터형	규 격	–
브랜드	계림 / 대림	제품번호	
	□ 사용 □ 미사용	비고	
사용여부		제품선택	

품 명	제품 - 세면기	규 격	–
브랜드	계림 / 대림	제품번호	
	□ 사용 □ 미사용	비고	
사용여부		제품선택	

NO	공정	제품이미지											

12 위생기구

품 명	세라믹 욕조-일반형	규 격	–	제품선택
브랜드	이넥스	제품번호	–	
사용여부	□ 사용 □ 미사용	비고		

품 명	아크릴 욕조-코너형	규 격	–	제품선택
브랜드		제품번호	–	
사용여부	□ 사용 □ 미사용	비고		

품 명	슬라이딩 수건장	규 격	–	제품선택
브랜드	계링 / 대림	제품번호	–	
	□ 사용 □ 미사용	비고		

13 외벽마감재

품 명	드라이비트	규 격	–	제품선택
브랜드		제품번호	–	
사용여부	□ 사용 □ 미사용	비고		

품 명	미장스톤	규 격	–	제품선택
브랜드		제품번호	–	
사용여부	□ 사용 □ 미사용	비고		

품 명	스터코플렉스	규 격	–	제품선택
브랜드	특패라리오	제품번호	–	
	□ 사용 □ 미사용	비고		

품 명	특패(징각기)라리오정	규 격	–	제품선택
브랜드	특패라리오	제품번호		
사용여부	□ 사용	비고		

품 명	특패(진각)라리오	규 격	–	제품선택
브랜드	특패라리오	제품번호		
사용여부	□ 사용	비고		

NO	공정	제품 이 미 지			
13	외부마감재		품 명 / 브랜드 / 사용 □ 미사용 □	규 격 / 제품번호 / 비고	제품선택 / 사용여부
	외부마감재		품 명 / 브랜드 / 사용 □ 미사용 □	규 격 / 제품번호 / 비고	제품선택 / 사용여부
14	지붕 마감재		품 명 / 브랜드 / 사용 □ 미사용 □	규 격 / 제품번호 / 비고	제품선택 / 사용여부

3. 시방서 작성

시방서는 설계도서가 완성되었지만, 설계도에서 미처 표현하지 못한 부분의 시공방법을 정리한 도서다. 리모델링은 같은 재료를 가지고도 시공방법이 다양하다. 날림공사를 피하기 위해서는 시공방법을 명시하고 그 시방서대로 시공을 해야 한다. 설계도서와 샘플집으로 부족한 부분을 여기서 한 번 더 정리해주는 것이 좋다. 하지만 작은 규모의 공사는 시방서를 생략하더라도 크게 문제되지는 않는다.

방수공사 시방서

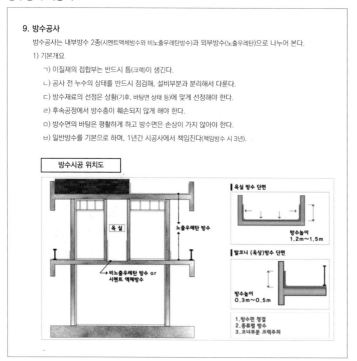

단독주택 리모델링 무조건 따라하기

4. 견적서 작성

　설계도서, 샘플집, 시방서가 완성되었다면 이 도서들을 바탕으로 견적을 상세하게 내면 된다. 자재비, 인건비, 경비 등을 아주 상세하게 명시해서, 공사 중에 변경사항이 생기더라도 건물주와 시공자가 함께 견적서를 바탕으로 비용을 쉽게 정산할 수 있게 만들어야 한다.

　그리고 건물주는 설계도서+샘플집을 가지고 여러 시공업체에 비교견적을 의뢰하는 것이 좋다. 비교견적을 내어서 그중에 비용이 적절하고 신뢰할 수 있는 시공업체를 선정해서 공사를 의뢰하면 된다. 설계도서+샘플집을 정리하지 않고 시공업체에 비교견적을 의뢰하면 현실적으로 견적을 비교할 수가 없다. 각 업체마다 생각하는 디자인이나 재료가 다르기 때문이다. 단독주택 설계는 좋은 공간을 위해서 하는 것이 첫째 이유겠지만, 또 한 가지는 투명한 견적을 위해서도 반드시 설계를 해야 한다.

5. 공정표 확인

　시공업체가 정해지면 시공업체에 공정표를 요구해야 한다. 공정표는 공사기간과 공사순서를 명시한 착공부터 완성까지의 일정이다. 시공업체는 공사순서와 최종마감기간 스케줄을 잡아서 건물주에게 알리고 공사를 시작한다. 물론 날씨, 변수, 변경, 시공속도 등에 의해서 공정이 틀어지겠지만, 그래도 공정표를 기준으로 공사일정을 잘 조절하면서 시공을 해야 한다.

공정표

■ 현장명 : 전주 주택 공사
■ 기 간 : 2015. 11. 23. ~ 2016. 01. 23.

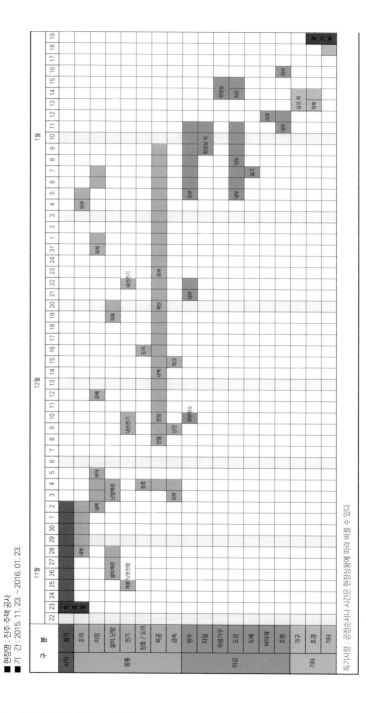

특가사항 : 공정순서나 시간은 현장상황에 따라 바뀔 수 있다.

공정이야기

1. 철거/가설/구조보강공사

리모델링 시공은 철거에서부터 시작된다. 하지만 철거를 안전하게 하기 위해서는 가설공사가 필요할 수도 있다. 또한 벽 철거 시 구조적으로 문제가 생길 부분에는 구조보강 작업을 먼저 하고 철거를 해야 한다. 공사기간은 평균 5~7일 정도 소요된다.

2. 창호공사

철거를 하고 난 후 창호가 설치될 위치에 창호를 설치해야 다음 공사를 진행할 수 있다. 창호 전체를 시공하지 못한다면 최소한 창호틀 작업은 해놓아야 한다. 공사기간은 평균 2~3일 정도 소요된다.

3. 상/하수도

철거한 바닥에 상수도하수도 작업을 한다. 특별히 하수도 작업을 할 때는 바닥을 더 철거해야 할 경우도 생긴다. 공사기간은 평균 2~3일 정도 소요된다.

4. 냉/난방환기

상수도하수도 작업 이후에는 난방작업을 바로 진행하면 된다. 난방작업은 바닥에 엑셀파이프를 설치하는 작업을 말한다. 냉방과 환기 작업도 이때쯤 시공하면 된다. 공사기간은 평균 2~3일 정도 소요된다.

5. 조적공사

상하수도와 난방공사 이후에 조적공사를 보통 진행하지만, 현장소장 스타일과 현장상황에 따라서 조적공사를 먼저 진행하는 경우도 많다. 일반적으로 시멘트블록과 시멘트벽돌을 많이 사용한다. 공사기간은 평균 3~4일 정도 소요된다.

6. 미장공사

난방공사와 조적공사가 마무리되면 전체 시멘트 미장작업을 진행한다. 조적작업을 한 곳은 손미장을 하고 난방공사를 마친 바닥은 방통(기계미장)으로 미장을 마친다. 방통은 레미콘을 펌프카를 통해 바닥으로 이동시켜 미장하는 것을 말한다. 공사기간은 평균 3~4일 정도 소요된다.

7. 방수공사

미장 이후에 옥상, 발코니, 욕실바닥 등에 방수공사를 진행한다. 외부방수는 외부도장공사를 할 때 같이 하는 경우도 있지만, 혹시 건물이 처음부터 방수에 문제가 있다면 최소한 목공사 전에는 방수를 끝내야 한다. 공사기간은 평균 3~4일 정도 소요된다.

8. 전기공사

사실 전기공사의 작업시기는 따로 없다. 공사철거(현장조명)부터 공사마감(조명설치)까지 계속 현장을 돌봐야 한다. 굳이 공사시기를 따진다면, 설비공사와 목공사 사이쯤이라 생각하면 된다. 하지만 목공사 이후에 전기작업을 시작하는 것은 안 된다. 전기공사기간은 시작단계부터 마무리단계까지다.

9. 금속유리공사

외부금속작업은 조금 천천히 진행해도 되지만, 내부금속작업은 목공사 전에 진행하는 것이 맞다. 유리작업은 금속작업이 끝나면 언제든 진행해도 된다. 하지만 금속에 페인트칠을 해야 한다면, 페인트 작업 이후에 시공해야 좋다. 공사기간은 평균 2~3일 정도 소요된다.

10. 단열공사

내부단열공사는 단열재의 종류에 따라 목공사 전에 하기도 하고 목공사와 같이 시공하기도 한다. 외부단열작업은 천천히 진행해도 된다. 아무튼 단열공사는 단열재와 단열방법에 따라 작업일정이 달라진다. 공사기간은 평균 2~3일 정도 소요된다.

11. 도어공사

도어공사는 흔히 목수가 작업을 한다. 하지만 따로 공사를 진행하는 경우도 있어서 일단은 공정을 목공사 앞이라고 정해둔다. 혹시 목공사 전에 도어설치가 힘들다면 원활한 목공사를 진행하기 위해서 문틀작업은 최소한 미리 해놓아야 한다. 공사기간은 평균 2~3일 정도 소요된다.

12. 목공사

새시틀, 설비, 전기, 문틀, 내부금속 등의 작업을 했다면, 이제 목공사를 하면 된다. 내부목공사에는 제작가구, 천정몰딩, 걸레받이 공사까지 포함된 공사를 말한다. 우선 내부목공사를 끝내고 목수와 일정이 잘 맞다면 외부목공사를 바로 시작하면 된다. 공사기간은 평균 10~20일 정도 소요된다.

13. 도장공사

목공사 이후의 공사는 흔히 마감공사라고 한다. 마감공사의 시작은 보통 페인트 작업부터 시작된다. 목작업을 한 곳에 내부 페인트 마감을 하고, 이후에 건물외벽, 담장 등을 칠하는 외부 페인트 작업을 하면 된다. 외부 페인트는 외부 방수 작업과 같이 진행하는 경우도 많다. 공사기간은 평균 5~7일 정도 소요된다.

14. 타일공사

혹시 목공사 이후에 도장공사의 일정이 잘 안 맞는다면 타일공

사를 먼저 해도 괜찮다. 타일공사와 도장공사의 공정순서는 현장
상황에 따라 달라지는 경우가 많다. 공사기간은 평균 3~4일 정도
소요된다.

15. 도배공사

도장과 타일공사가 마감되었다면 도배공사를 진행한다. 욕실과
다용도실 타일공사는 도배공사와는 무관하니 혹시 다 못했더라
도 도배작업을 바로 하면 된다. 공사기간은 평균 2~3일 정도 소
요된다.

16. 바닥공사

일반적으로 도배공사를 먼저하고 바닥공사를 하지만, 바닥재의
종류와 현장소장 스타일에 따라 바닥공사를 먼저하고 도배공사를
하는 경우도 많다. 공사기간은 평균 1~2일 정도 소요된다.

17. 가구공사

바닥공사까지 마무리되었다면, 가구와 조명 등을 설치하면 된
다. 가구 역시 도배공사와 바닥공사보다 먼저 시공하는 현장도 많
다. 공정, 마감재 간의 충돌, 시공공간에 부딪치지 않는다면 현장
소장의 재량에 따라 공정은 얼마든 바뀔 수도 있다. 공사기간은 평
균 2~3일 정도 소요된다.

18. 조명공사

조명은 전기공사가 끝나면 언제든 설치하면 된다. 하지만 먼지 때문에 거실조명, 식탁조명 같은 특별한 모양의 조명은 공사를 완전히 마치고, 어느 정도 청소까지 끝내고 설치하는 것이 좋겠다. 공사기간은 평균 1~2일 정도 소요된다.

19. 위생기구

욕실타일공사가 끝났다면 언제든 설치해도 된다. 하지만 건물주가 사용하기 전에 현장작업자들이 먼저 사용하는 것이 싫을 수도 있으니 최대한 나중에 설치하는 것도 좋다. 공사기간은 평균 1~2일 정도 소요된다.

20. 외부공사

외부공사와 내부공사의 작업자가 동일한 경우들이 많다. 예를 들면 철거, 조적, 미장, 방수, 전기, 금속, 목공, 도장 등 이런 작업은 내부공사를 중심으로 적절하게 조정해가면서 외부공사를 하면 된다. 외부공사는 데크, 잔디, 담장까지의 공사를 포함한다. 공사기간은 평균 5~10일 정도 소요된다.

완공 전·후 사진
(before & after)

다음은 공사 전 현장 사진과 비교되는 최종 완공사진들이다.

▲ 주택 외부(전)

▲ 주택 외부(후)

▲ 현관(전)

▲ 주차장(후)

▲ 대문(전)

▲ 주차장(후)

▲ 현관 불법 확장(전)

▲ 현관(후)

▲ 월세방(전)

▲ 현관 입구(후)

▲ 거실(전)

▲ 거실(후)

▲ 거실(전)

▲ 거실(후)

▲ 계단실 입구(전)

▲ 계단실 입구(후)

▲ 학생방(전)

▲ 주방(후)

▲ 욕실(전)

▲ 다용도실(후)

▲ 작은방(전)

▲ 욕실(후)

단독주택 리모델링 무조건 따라하기

▲ 안방(전)

▲ 안방(후)

▲ 주방(전)

▲ 욕실(후)

◀ 드레스룸(후)

▲ 작은방(전)

◀▲ 작은방(후)

▲ 계단실(전)

▶ 계단실(후)

▲ 계단(전)

▲ 계단(후)

▲ 2층 방(전)

▲ 2층 방(후)

▲ 옥상(전)

▲ 옥상(후)

▲ 옥상(전)

▲ 옥상(후)

단독주택 리모델링 무조건 따라하기

Part **02**

리모델링
시공과정

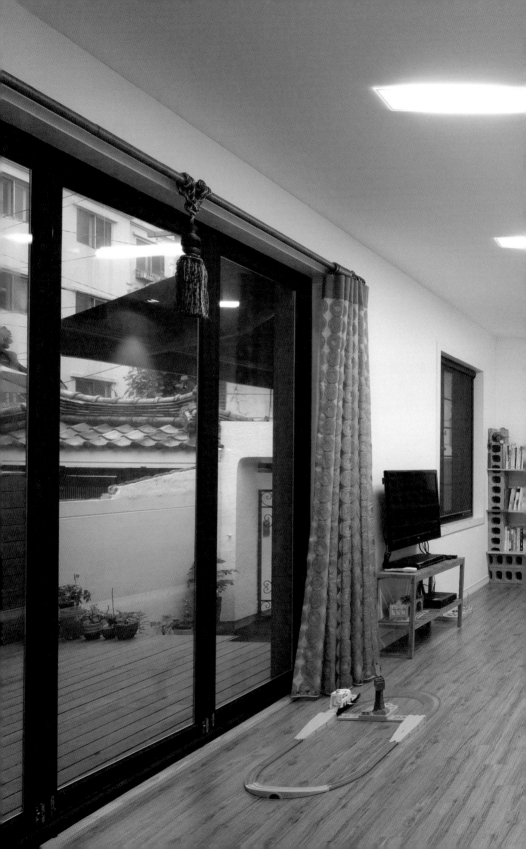

Chapter **01**

기초공사 1

철거/가설/구조보강공사

사람을 다루는 의사와 건물을 다루는 건축가는 닮은 점이 참 많다. 어쩌면 리모델링을 해야 할 건물은 몸이 아픈 환자와 같을지 모른다. 반드시 치료를 해야 한다. 철거/가설/구조보강공사는 의사가 수술 전에 환자의 옷을 벗기고 제모 등으로 환부를 깨끗하게 처리한 후에 칼로 환부를 자르고 수술하기 쉽도록 자를 부위를 고정시키는 작업이라 보면 된다.

1. 도면

도면에서 붉은색(철거 부분)으로 표시된 부분 근처에 먼저 구조보강을 하고 철거를 해야 건물에 균열이 발생하지 않는다.

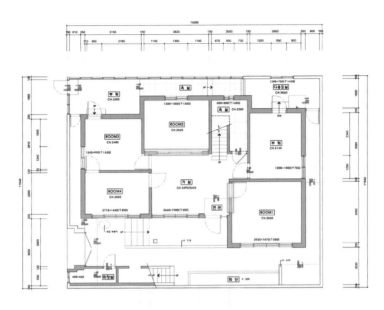

▲ 1층 실측도 – 철거 부분(붉은색)

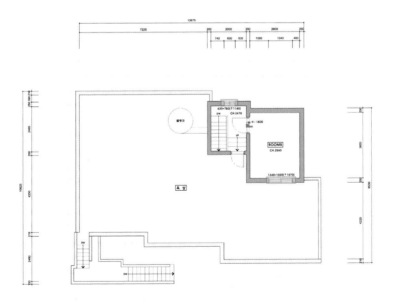

▲ 2층 실측도 – 철거 부분(붉은색)

철거는 내장마감재를 먼저 철거하고 임시로 구조보강을 한다. 그림은 벽체를 철거하고 구조보강작업을 하는 모습이다.

▲ 파이프서포트로 위층바닥을 받친 모습

▲ 문틀, 주방 등을 제거한 모습

▲ 미니 포크레인으로 벽을 철거하는 모습

▲ H빔으로 구조보강한 모습

2. 견적서 및 견적방법

1) 철거(내/외부)

· 재료비 : 별도로 없다.

· 인건비 : 철거인부는 보통 하루 14만 원 선의 금액을 지급하고, 운반인부는 보통 11만 원 선의 금액을 지급한다. 현장상황에 따라 필요한 인력숫자는 차이가 있겠지만, 건물 내부 마감재 전체를 철

NO	품명	규격	단위	수량	재료비		노무비		경비		합계		비고
					단가	금액	단가	금액	단가	금액	단가	금액	
1	철거/가설/구조보강												
	[1층/다락]												
	천정철거	목구조 천정 전체철거	인	1.0	–		140,000	140,000	15,000	15,000	155,000	155,000	
	벽체 철거(조적조)	인력(도면확인)	인	2.0	–		140,000	280,000	15,000	30,000	155,000	310,000	
	벽체 철거(거실 서기목 전체)	인력	인	0.5	–		140,000	70,000	15,000	7,500	155,000	77,500	
	바닥 철거	욕실(2개소), 현관 배치 바닥	인	1.0	–		140,000	140,000	15,000	15,000	155,000	155,000	
	도어 및 새시철거	새시,현관,중문 방문 외	인	1.0	–		140,000	140,000	15,000	15,000	155,000	155,000	
	기타철거	가구/벽지/장판,도기 외	인	0.5	–		140,000	70,000	15,000	7,500	155,000	77,500	
	철거 장비 대여비	컷팅글라인더/파괴해머	개소	3.0	–				100,000	300,000	100,000	300,000	
	소운반/현장정리		인	3.0	–		110,000	330,000	15,000	45,000	125,000	375,000	
	폐기물처리비	철거 폐기물(조적조 외)	대/톤	3.0	–		–	250,000	750,000	250,000	750,000		
	폐기물처리비	목공폐기물	대/톤	3.0	–		–	180,000	540,000	180,000	540,000		
	구조보강												
	(내부 구조보강 없음)												
	[외부/가설]												
	외부 화장실/계단 철거(대문 전체철거)	B/H0.2, 크락사작업	대/일	1.0	–		–	630,000	630,000	630,000	630,000		무소음 철거
	전면(서쪽측) 담장 전체 철거		인	1.0	–		140,000	140,000	15,000	15,000	155,000	155,000	
	뒷마당(북측)가건물 전체 철거		인	2.0	–		140,000	280,000	15,000	30,000	155,000	310,000	
	구 다용도실(북측) 철거		인	1.0	–		140,000	140,000	15,000	15,000	155,000	155,000	
	옥상물탱크 철거	(콘크리트 물탱크)	식	1.0	–		420,000	420,000	200,000	200,000	620,000	620,000	
	화단/수돗가 철거		인	0.5	–		140,000	70,000	15,000	7,500	155,000	77,500	
	현관입구 계단/손스침 철거		인	1.0	–		140,000	140,000	15,000	15,000	155,000	155,000	
	잔디 시공 바닥 철거		인	0.5	–		140,000	70,000	15,000	7,500	155,000	77,500	
	외부 처마 목재 철거		인	1.0	–		140,000	140,000	15,000	15,000	155,000	155,000	
	철거 장비 대여비	컷팅글라인더/파괴해머	개소	2.0	–				100,000	200,000	100,000	200,000	
	장비비(2014년대도시단가)	B/H0.2, 바가지작업	대/일	1.0	–		–	480,000	480,000	480,000	480,000		
	소운반/현장정리		인	3.0	–		110,000	330,000	15,000	45,000	125,000	375,000	
	폐기물처리비	철거 폐기물(조적조 외)	대/톤	4.0	–		–	250,000	1,000,000	250,000	1,000,000		
	PT비계설치(임대/설치)	분진막/발판 포함	조	4.0	–		60,000	240,000	60,000	240,000	120,000	480,000	
	쌍줄비계설치(임대/설치)	분진막/발판 포함	㎡		–			–	12,000	–	12,000	–	300㎡ 기준단가
	1층 소계				–			1,170,000		1,725,000		2,895,000	
	외부 소계				–			1,970,000		2,900,000		4,870,000	
	계				–			3,140,000		4,625,000		7,765,000	

※ 지역, 철거공 수준, 사용재료 및 공법에 따라 가격 차이가 있다. 이 견적은 30평 규모의 단독 주택을 기준으로 했다(단, 섬 지역 제외).

거한다고 보았을 때 앞의 견적표를 참조하면 도움이 될 것이다.

· 경비 : 식대비, 유류비, 철거비품(마대, 칼, 해머, 빠루, 리어카, 손수레 등)은 인부 1인당 15,000원 정도의 비용으로 계산한다. 철거장비 컷팅그라인더, 파괴해머 등의 대여료는 보통 하루 10만 원 정도 비용이 든다. 폐기물처리비는 1톤 트럭 기준(운반비+폐기물처리비)으로 한 번에 15~30만 원 정도로 지역마다 오차범위가 매우 크다. 또한 주변여건(차량진입, 운반거리), 작업 시 인근 지역 분쟁가능성(작업시간, 이동 경로) 등에 따라 인원수 측정이 달라질 수 있다. 경우에 따라서는 건물멸실비용보다 더 많이 드는 경우도 있다.

2) 가설

PT비계나 쌍줄비계를 설치 시 설치범위와 기간을 잘 산정해서 업체에 의뢰해야 한다. 대부분의 비용은 경비로 처리된다.

3) 구조보강

임시 또는 간단한 구조보강은 파이프서포트 또는 각파이프로 처리한다. 제대로 하중을 받는 곳에 설치하는 구조보강은 H빔으로 구조를 보강해야 한다. H빔으로 구조보강하는 경우는 평균적으로 개소당 100만 원 정도의 비용이 소요된다. 재료비(m당 3만 원), 인건비(최소 2인), 경비(운반비 등)의 비용을 복합적으로 적용한 것이다. 더 간단하게 산출하면 m

▲ 파이프서포트

당 10만 원 정도 생각하면 된다.

　노후 주택의 구조는 대부분 조적조에 콘크리트 슬라브 지붕이다. 평면구조 변경 시 고정하중의 흐름을 계산해 필요부분에 잘 보강해야 한다. 하지만 일반인이 계산하기는 어렵기 때문에, 구조보강 부분은 반드시 전문가에게 상의를 하고 진행해야 한다.

3. 재료 및 시공

1) 철거공사

　리모델링에서 철거공사는 아무것도 그려지지 않은 하얀 스케치북처럼 공간을 깨끗하게 만들어 놓는 작업이다. 철거는 리모델링의 시작이자 가장 중요한 작업 중 하나다. 건축디자이너는 설계도면에서 공간들을 상상하지만, 철거하고 난 이후의 현장모습은 상상하는 현장과 다른 모습일 수도 있다. 그때 디자이너는 현장에서 다시 한번 공간에 대해 고민한다.

▲ 가구 철거　　　　　　　　▲ 욕조 철거

▲ 마루 철거

▲ 벽 철거

　보통 구조변경이 없는 아파트 같은 공동주택의 철거내용은 문/문틀, 씽크대/신발장, 욕조/욕실천장/위생기구, 조명, 바닥재 등이 있다. 비교적 철거비용이 많이 들지 않는 마감재료 철거다. 아파트 내부 철거의 주의할 곳은 외부와 접하는 새시 철거다. 그래서 외부 새시 철거는 안전상의 이유로 경험 많은 새시업자가 직접 처리하는 게 좋다. 외부 새시를 철거하다가 새시나 기타 철거 부순물이 아래로 추락할 경우 사람이나 자동차를 상하게 할 수도 있기 때문이다. 번거롭더라도 반드시 아래에 안전요원을 대기시키고 철거하는 것이 좋다.

　방문문턱 제거 후에는 반드시 거실과 방 사이 바닥이 잘 맞도록 부분미장을 깨끗이 해야 한다. 아파트 공사에서 강화마루를 제외한 온돌마루, 강마루, 원목마루는 평당 철거비용이 추가된다. 마루철거는 기존 마루를 철거하더라도 바닥에 에폭시본드가 그대로 남아 있기 때문에 그라인더로 바닥의 본드까지 다 제거해야 한다. 이 작업이 만만치가 않아서 보통 마루철거 전문가에게 의뢰를 많이 한다. 그러나 바닥설비 작업 때문에 바닥 자체를 걷어내는 공사에서는 일반 철거공이 철거를 하면 된다. 또한 요즘은 욕조 대신 샤워기만 설치하는 경우가 많다. 이처럼 욕조 철거 후 다시 욕조를 놓지 않을 경우에는 반드시 욕조바닥에 방수공사를 진행해야 한다.

기타 철거물은 공사 중간중간에 처리해서 현장을 깔끔하게 정리해야 작업 능률이 오르고 안전하다.

하지만 공동주택과는 달리 구조변경이 있는 단독주택의 철거의 경우는 비용이 꽤 많이 들기 때문에 철거 시 철거 범위를 꼼꼼히 체크해서 진행해야 공사비용을 줄일 수 있다. 그리고 철거 전에 반드시 구조보강을 실시해야 한다. 공사순서가 '철거 후 구조보강이 아니라 구조보강 후 철거'라는 걸 반드시 명심해야 한다. 이 원칙을 어기면 건물에 심각한 문제를 야기할 수 있다. 단독주택은 보통 3번에 걸쳐서 철거를 한다. 1차로 주택내부에 있는 마감재를 먼저 철거한다. 천정까지 철거하는 것을 제외하면 여기까지는 아파트철거와 비슷하다. 그리고 2차로 구조변경에 따른 내부벽체를 철거한다. 앞서 이야기한 것처럼 반드시 구조보강에 대한 대비를 하고 철거를 한다. 바닥철거는 보통 하지 않지만 현장에 따라 필요 시 철거할 수도 있다. 마지막 3차로 외부 공간 철거다. 외부 화장실/창고, 담장, 처마밑 마감재, 외부계단 등이다. 이처럼 단독주택 리모델링 철거량은 굉장히 많은 편이다. 기존 건물 전체를 철거하는 멸실공사는 포크레인으로 한 번에 철거를 해버리지만, 리모델링 철거는 사람이 부분적으로 철거해야 하기 때문에 시간도 많이 걸리고 비용도 많이 든다. 경우에 따라서는 멸실 공사보다 비용이 더 드는 경우도 있다.

철거공사 전에 반드시 해야 하는 일이 있다. 바로 이웃 주민에게 공사한다는 것을 알리고 양해를 구하는 일이다. 고개 한번 숙이면 되는 이 일을 하지 않으면 공사 내내 민원에 시달릴 수 있다. 무조건 법적으로 가고자 하는 분들이 많이 계신다. 하지만 법에 앞서 사람과 사람과의 작은 온정만으로도 쉽게 해결되는 일이 훨씬 더 많다.

(1) 작업 전 기본수칙

· 철거내용을 미리 숙지하고 신고사항인지부터 확인한다.
· 주변 이웃에게 공사 전 공사내용을 알리며 인사한다. 아파트의 경우 협조문을 붙인다.
· 도면을 보고 철거할 부분을 스프레이 등으로 표시한다.
· 작업동선과 반출동선을 체크해 서로 겹치지 않게 한다.
· 철거에 필요한 도구를 미리 챙겨두고 보존이 필요한 제품은 보양 조치를 한다.
· 작업시간을 준수한다.
　- 아파트의 경우 평일 오전 9시에서 오후 5시
　- 주택의 경우 평일 오전 8시에서 오후 5시
· 철거물은 종류별로 분리 반출한다.
· 벽 철거 시 반드시 구조보강을 먼저하고 철거한다.

(2) 석면 및 슬레이트지붕 철거

예전에 생산되었던 텍스, 밤라이트, 슬레이트, 보온재 같은 경우는 석면이 포함되어 있어서 비용이 많이 들어도 직접 철거를 하면 안 된다. 반드시 정부에서 허가를 받은 석면전문 철거업체에 맡겨야 한다. 석면을 함유하고 있는 건축용 천정재들은 2005년까지 생산되었다. 하지만 이들 제품이 언제까지 유통되었는지는 알 수 없다. 2009년부터는 석면의 제조, 수입, 유통이 전면 금지되었다. 아파트철거에서 주로 석면이 나오는 부분은 욕실천장 부분의 밤라이트다. 법 규정을 보면 연면적이 $50m^2$ 이상은 전문업체를 통해서 철거해야 하고, $50m^2$ 이하는 직접 철거해도 되는데 철거절차는 똑같으며 노동부 신고는 안 해도 된다. 폐기물은 지정폐기물 배출자 신고(100kg 이상)를 해야 된다.

▲ 슬레이트지붕 철거

(3) 석면철거 순서

사전석면조사 → 건물보양 → 석면해체 → 석면반출 → 자료제출

(4) 사전석면조사

산업안전보건법 제 38조의 2에 의거 석면조사를 실시한다.

· 사전석면조사 의무대상

- 연면적 50m^2 이상인 건물

- 주택 및 그 부속 건축물 연면적 합이 200m^2 이상

- 단열재, 보온재, 내화피복재 등 면적의 합이 15m^2 또는 부피의

  합이 1m^3 이상

- 그 밖의 유사용도 물질이나 자재

- 파이프 보온재 길이의 합이 80m 이상

· 사전석면조사 면제 대상

- 설계도서, 자재이력 등 관련 자료에 석면이 없을 경우(증명)

- 철거, 해체 대상건물의 석면이 1% 함유일 경우

2) 가설공사(비계)

리모델링 공사 때에 높은 곳에서 일할 수 있도록 설치하는 임시 가설물 설치 작업을 말한다. 재료운반이나 시공자의 통로 및 작업을 위한 발판이 된다. 공사의 안전과 시공편의를 위해 가설재료로 사용하는 가설재의 종류는 다음과 같다.

(1) 파이프비계

파이프비계는 강관 파이프(1~6m)와 클램프, 커플링 등을 조합해서 설치한다. 작업발판 설치를 의무적으로 해야 하고 분진망도

설치해야 한다. 1개월 단위로 임대를 해주고, 설치-유지관리- 해체 과정을 거친다. 주로 2층 이상의 건물의 외벽공사를 위해 사용한다. 주변건물에 공사먼지나 분비물로 2차 피해를 주지 않기 위해서도 사용한다.

▲ 파이프비계 설치

(2) 이동식 틀비계(PT)

이동식 틀비계는 공장에서 미리 강관을 일정한 틀로 가공한 유닛(Unit)을 현장에서 상하를 끼워 맞추어 세우는 비계를 말한다. 좌굴에 대한 저항성이 큰 편이고 조립과 해체가 편리하다. 내부, 외부 다 사용하지만, 주로 천

▲ 이동식 틀비계

장이 높은 내부공사에 많이 사용한다. 2단까지 사용이 가능하다.

3) 구조보강

구조변경을 해야 할 경우는 건축법과 건축구조를 먼저 이해해야 한다. 잘 모를 경우에는 건축사, 구조기술자 등의 전문가에게 도움을 받아야 한다. 신고나 허가를 받고 공사를 진행할 계획이 아니라면 신고 없이 철거할 수 있는 범위를 확인해야 한다. 작은 비용을 아끼려다 큰 낭패를 볼 수 있다. 처음에는 구조변경을 많이 하지 않고 공사를 진행하려고 하다가도 설계상담을 하다 보면 자연스럽게 구조변경 규모가 늘어난다. 만약 허가나 신고 이상의 철거 공사범위라면, 건축사 또는 구조기술사의 도움을 받아 설계를 완

성하고 신고 후 공사를 진행하면 된다. 현장에서 보통 구조보강을 완료할 동안 임시로 위층 바닥을 받치는 경우는 동바리(서포트)를 사용하고 구조보강은 ㄷ자 형태로 H빔 등의 철재를 용접해 하중을 지탱하게 만든다. 특별히 구조보강 기둥이 놓이는 바닥이 약하다면 바닥의 기초를 고강도시멘트 등으로 기초를 튼튼하게 만든 후 기둥을 세워야 한다. 무엇보다 건물은 구조적으로 안전한 것이 최우선이다. 그래서 철거 전에 구조보강만큼은 경험 많은 전문가에게 자문을 구해야 한다.

▲ 구조보강

DIY Tip

1. 폐기물처리

도배지, 장판, 알루미늄새시, 철물, 스텐류는 환경처리 전문업체를 불러서 무상으로 수거해 가도록 해도 되고, 팔아서 경비로 사용할 수도 있다. 기타 폐기물은 돈을 주고 환경폐기물업체에 버려야 한다. 폐기물처리 비용은 지역에 따라 많은 차이가 난다.

2. 아파트 내부 철거비용

32평 규모의 아파트 내부 철거는 철거인력 2명 정도면 아파트 내부를 철거하고 폐기물을 1톤 짜리 트럭에 실어 주는 작업까지 할 수 있다. 트럭 기사는 환경 폐기물 업체에 폐기물을 실어 돈을 지불하고 버린다. 보통 아파트 32평 철거를 하면 폐기물은 1톤 짜리 트럭 한 대를 가득 실을 분량 정도가 나온다.

- **재료비** : 마대, 칼, 사다리 등 평균 5만 원
- **인건비** : 철거 인력 일당 12~15만 원
- **경비** : 1톤 트럭 기사 운반비＋폐기물 처리비(15~20만 원)＋식비 1인당 1만 원
- **예상 종합 견적** : 50,000원(재료비)＋{140,000원×2명}(인건비)＋200,000원(경비)＋{10,000원×2명}(식비) ≒ 500,000원 정도로 실비를 예상할 수 있다.

창호공사

　건축물의 창문 기능을 강조하면서, 창호의 종류와 기능은 점점 다양해지고 발전하고 있다. 그래서 우선 창문의 기능을 살펴보고 우리집에 가장 알맞은 기능을 가진 창을 선택해보자.

　창문의 기능 중에 가장 중요한 요소는 바로 단열성이다. 단열성은 열전도율로, 내부와 외부의 열이 서로 유입되지 않는 정도를 말한다. 즉 외부의 열이 안으로 들어오지 않고, 내부의 열이 밖으로 빠져나가지 않는 기능이다. 이때 유리의 종류와 두께가 중요한 역할을 한다.

　도심지역은 자동차소리, 매장 음악소리 등으로 건물 주변이 항상 시끄럽다. 이를 차단해주는 기능이 바로 방음성이다. 방음성은 창문짝과 창틀 간의 밀폐성이 좋아야 내부와 외부의 소리가 단절된다. 창호 기밀재의 성능, 유리의 종류와 두께에 따라 차이가 많이 난다.

　기밀성은 창틀과 창문짝 틈새에서 새어 나오는 공기량을 말한다. 이것은 단열성과도 관련이 있다.

 수밀성은 외부의 물이 내부로 침투하는 정도를 말한다. 건물에 비와 눈이 내부로 유입되지 않아야 하는 것은 가장 기본적인 기능이다. 이것이 문제가 되는 창호는 당장 교체해야 한다.

 내풍압성은 풍압으로 창문 및 유리가 견디는 정도를 말한다. 점점 고층화되는 건물에 내풍압성은 매우 중요하다. 즉 강한 바람을 많이 맞게 되는 높은 건물일수록 내풍압성은 중요한 것이다.

1. 도면

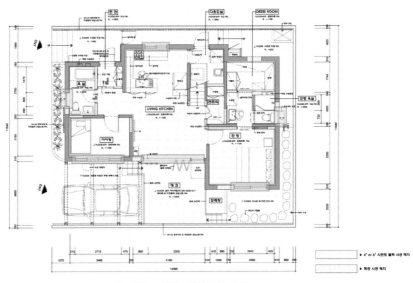

▲ 1층 도면 – 새시 교체 부분(붉은색)

▲ 주방 PVC새시 평면도

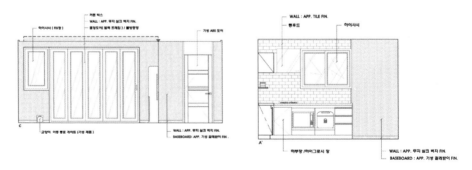

▲ 거실 폴딩도어 입면도   ▲ 주방 PVC새시 입면도

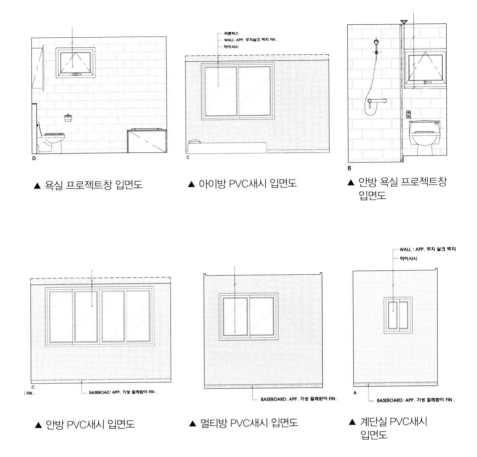

▲ 욕실 프로젝트창 입면도 　　　　▲ 아이방 PVC새시 입면도 　　　　▲ 안방 욕실 프로젝트창
　　　　　　　　　　　　　　　　　　　　　　　　　　　　　　　　　　　입면도

▲ 안방 PVC새시 입면도 　　　　▲ 멀티방 PVC새시 입면도 　　　　▲ 계단실 PVC새시
　　　　　　　　　　　　　　　　　　　　　　　　　　　　　　　　　　入면도

　평면도에서 새시의 위치를 확인하고 입면도에서 새시의 크기,
개폐방식, 문짝 개수를 다시 한번 확인한다.

2. 견적서 및 견적방법

NO	품명	규격	단위	수량	재료비 단가	재료비 금액	노무비 단가	노무비 금액	경비 단가	경비 금액	합계 단가	합계 금액	비고
2	창호공사	시공비포함											
	[1층/다락]	브랜드 : 영림창호											방충망 유/무
+	PVC 창호(16mm페어/더블)	안방, 1,940×1,470	조	1.0	640,000	640,000				–	640,000	640,000	유
	PVC 창호(22mm/프로젝트)	안방 욕실, 750×600	조	1.0	70,000	70,000			50,000	50,000	120,000	120,000	롤형 유
	PVC 창호(16mm페어/더블)	부엌, 1,300×600	조	1.0	180,000	180,000				–	180,000	180,000	유
+	PVC 창호(16mm페어/더블)	아이방, 2,715×1,440	조	1.0	890,000	890,000				–	890,000	890,000	유
	PVC 창호(22mm/프로젝트)	거실욕실, 800×600	조	1.0	70,000	70,000			50,000	50,000	120,000	120,000	롤형 유
	PVC 창호(16mm페어/더블)	Cat House, 590×600	조	1.0	90,000	90,000				–	90,000	90,000	유
	PVC 창호(16mm페어/더블)	계단, 630×730	조	1.0	110,000	110,000				–	110,000	110,000	유
	PVC 창호(16mm페어/더블)	멀티룸, 1,340×1,000	조	1.0	310,000	310,000				–	310,000	310,000	유
	폴딩도어	16mm페어 /블랙	짝	5.0	400,000	2,000,000				–	400,000	2,000,000	
	방범 안전망	고구려시스템	조		300,000	–				–	300,000	–	별도
	[외부]												
	(내용 없음)												
	1층 소계					4,360,000				100,000		4,460,000	
	외부 소계					–				–		–	
	계					4,360,000				100,000		4,460,000	

※ 지역, 기능공 수준, 사용재료 및 공법에 따라 가격 차이가 있다. 이 견적은 30평 규모의 단독주택을 기준으로 했다(단, 섬 지역 제외).

　단독주택은 일반적으로 하이새시 2중창(백색틀)을 많이 사용하고, 유리는 16mm 페어 유리를 적용한다. 새시는 브랜드, 제품의 종류, 기능, 디자인, 유리의 두께, 거래규모에 따라 가격차이가 크다. 새시의 견적은 이 기준을 바탕으로 견적을 낸다. 그리고 새시는 자재비와 인건비를 함께 계산한다. 물론 새시업체에서는 새시틀, 유리, 인건비를 다 별도로 계산하겠지만, 현장으로 넘어올 때는 시공비용까지 함께 계산한다.

　새시 견적은 자평당 가격으로 구하지만, 실제로는 새시 전문 업체에 일괄 맡기고 견적을 받는다. 1자평(90,000)은 가로 300mm×

세로 300mm을 말한다. 실제 사례를 들어 설명해보자. 부산의 L아파트 32평 새시 치수를 재어 보니 다음과 같다. 새시 치수는 새시틀의 가로×세로 치수를 재고, 단창인지 이중창인지를 확인한다. 자평이 구해지면, 자평당 단가만 곱하면 된다. 이 견적은 새시틀, 유리, 시공비, 기타 경비까지 모두 포함한 가격이다.

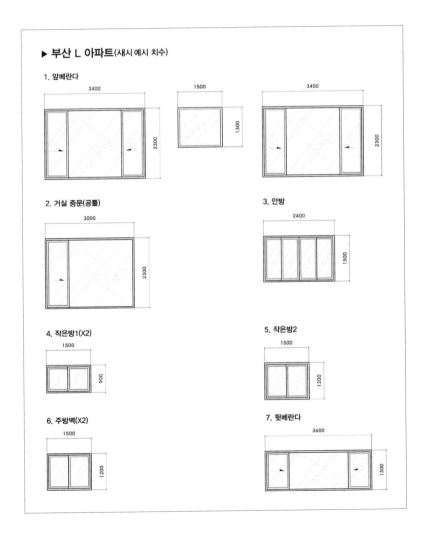

▶ 부산 L 아파트(새시 예시 치수)

1. 앞베란다

2. 거실 중문(공틀)

3. 안방

4. 작은방1(X2)

5. 작은방2

6. 주방벽(X2)

7. 뒷베란다

1) 자평 구하기(단위 : mm)

· 앞베란다 새시 : {3,400×2,300} + {1,500×1,300} + {3,400×2,300}

· 뒷베란다 새시 : 3,600×1,300

· 거실 중문 새시 : 3,000×2,300

· 주방 벽 새시 : 1,500×600×2(더블창)

· 안방 새시 : 2,400×1,500

· 작은방1 새시 : 1,500×900×2(더블창)

· 작은방2 새시 : 1,500×1,200

· 전체 자평 : 모든 치수를 합산해 자평으로 나눈다.

{7,982,000 + 1,950,000 + 7,820,000 + 4,680,000 + 6,900,000 + 1,800,000

+ 3,600,000 + 2,700,000 + 1,800,000}÷90,000≒434자평

2) 자평당 단가(지역과 거래규모에 따라 차이가 있다)

· 일반 저가 브랜드 : 10,000원~11,000원

· 일반 중가 브랜드 : 11,000원~12,000원

· 일반 고가 브랜드 : 12,000원~13,000원

· 발코니 새시 : 13,000원부터~

3) 예상 종합 견적(중가 브랜드)

434자평×12,000원=5,760,000원

욕실 새시처럼 치수가 어느 정도 정해져 있어서 기성제품을 구매할 수 있는 창호는 기성제품을 구매하고 경비를 5만 원 정도 보태서 견적을 내기도 한다.

3. 재료 및 시공

1) 개폐방법에 따른 종류

우선 일반 창호들을 살펴보자.

▲ 고정창　　　　　　▲ 여닫이창　　　　　　▲ 프로젝트창

고정창(fix)은 개폐가 되지 않고 유리만 설치한 것으로 외부를 조망하거나 채광만이 필요할 때 적용한다. 환기는 전혀 하지 못한다.

여닫이창(casement)은 일반적으로 방문에 많이 사용하는 스윙도어를 말한다. 내여닫이창은 실내의 죽은 공간이 많이 발생해서 주로 외여닫이창을 많이 적용한다. 그런데 비오는 날에는 물에 젖은 창을 다시 닫기가 쉽지 않다. 그리고 열어두었을 때 창문의 고정에도 문제가 있다.

프로젝트창(awning)은 아래쪽으로 창문을 밖으로 조금 개폐하는 방식으로 눈이나 비가 오는 등의 외부의 날씨에 관계없이 창을 열어 공기를 순환시킨다. 주로 잘 눈에 띄지 않는 주택 욕실이나 사무실 복도 쪽에 많이 적용한다.

▲ 미서기창　　　▲ 오르내리창　　　▲ 폴딩도어

　미서기창(sliding)은 좌우로 움직이는 창이다. 흔히 슬라이딩 창호라고 하고, 우리나라 창호의 대부분을 차지한다. 특별히 주택에서는 방 창호에 대부분 적용하며, 우리나라 전통한옥도 대부분 미서기 창호를 적용한다.

　오르내리창(double hung)은 미서기창과는 반대로 아래위로 움직이는 창호다. 국내에서는 목조형 전원주택에 가끔 적용된다. 미국이나 유럽의 주택에서는 오르내리창을 많이 볼 수 있다.

　폴딩도어(folding door)는 접이식도어라고도 한다. 문을 열었을 때 개폐 공간이 큰 것이 장점이다. 일반 창호는 개폐 시 보통 50% 정도 열리지만 폴딩도어는 90% 정도 열린다. 상부는 행거레일(hanger rail)에 튼튼한 행거롤러(hanger roller)로 매달아 접어 여닫게 된다. 카페 같은 상업공간에 외부창을 폴딩도어로 시공해왔지만, 최근에 주택에도 많이 적용한다.

다음으로 시스템 창호들을 살펴보자.

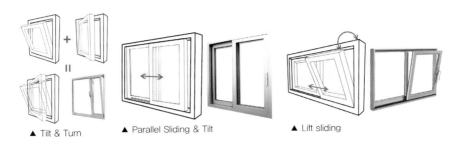

▲ Tilt & Turn   ▲ Parallel Sliding & Tilt   ▲ Lift sliding

Tilt & Turn은 창짝이 들려서 젖혀지는 것으로 환기와 여닫이 두 가지의 복합기능을 가진 시스템 창호다.

Parallel Sliding & Tilt 창짝이 젖혀져서 겹쳐지는 것으로 환기와 미서기 두 가지의 복합기능을 가진 시스템 창호다.

Lift sliding은 핸들 작동에 의해 창짝을 들어 올려 슬라이딩하는 시스템 창호다.

건물구조물이 된 창호들도 있다.

돌출창(bay window)은 건축물 외부벽체보다 더 튀어 나온 창호를 말하고 도심의 주택보다는 주로 전원주택에 많이 적용한다.

▲ 돌출창

지붕창(roof window)는 채광과 환기를 위해 지붕이나 천장에 설치하는 창문이다. 주택을 선호하는 많은 사람들은 지붕창에 대한 로망이 많이 있지

▲ 지붕창

만, 지붕창은 단열과 누수에 비교적 취약한 편이다.

커튼월창은 비내력 칸막이창으로 주로 고층빌딩 외장용에 많이 사용한다. 건축물 시공기간을 단축시키지만 단열에 매우 취약한 건물이 된다.

▲ 커튼월창

2) 창호소재에 따른 종류

일반적으로 창호의 종류는 목재창, 알루미늄합금창, 합성수지창, 철재창 등으로 분류할 수 있다. 하지만 최근 소재의 혼용으로 만든 복합소재창들이 많아서 정확한 분류는 힘들다. 그래도 창호 종류별 일반적인 창호소재의 특성을 살펴보자.

▲ 목재창   ▲ 알루미늄 합금창   ▲ 합성수지창

목재창은 미송 같은 나무재료를 이용해 만든 창이다. 나무의 특성 특히 내수성의 문제로 외장용으로는 힘들지만, 소재의 친화력과 따뜻함이 가장 큰 장점이다. 나무의 특성상 시간이 지나면 뒤틀리는 경우가 많다. 방부액을 침투시킨 목재를 외장재로도 사용하기도 하지만 대부분 내부 인테리어용으로 많이 사용한다.

알루미늄 합금창은 알루미늄과 철의 비중이 1 : 3으로 녹이 슬지 않고 견고하며 사용연한이 길다. 가공이 자유롭고 열고 닫을 때 소리가 경쾌하다. 최근에는 사용비중이 줄어드는 추세지만 상업공간에는 아직 많이 사용한다.

합성수지창은 일반적으로 PVC새시 또는 하이새시라고 불린다. 높은 단열성, 내부식성, 기밀성, 방음성을 지니고 있어 가장 보편적으로 많이 사용한다. 가격 대비 만족도가 큰 편이다. 하지만 단순한 컬러, 재질 등 미적인 요소가 떨어져 사용을 꺼리는 사람들도 많다.

▲ 철재창

▲ 복합소재창

철재창은 가공의 불편함 등이 있어 일반적으로 잘 사용되지는 않지만 갈바 소재는 비교적 가공하기 쉬워서 인테리어창호로 많이 사용한다. 하지만 기밀성과 관계가 없는 공간에 사용하는 것이 좋다. 갈바는 다양한 컬러로 칠이 가능해 디자이너에게 매우 매력적인 소재인 것은 분명하다.

복합소재창은 창호기능에 대한 높은 기대와 정부의 에너지효율정책 등에 힘입어 소재들이 혼용되어 개발되어 사용되는 창을 말한다. 재료는 주로 알루미늄+단열재, 알루미늄+목재, 알루미늄

+PVC 형태로 혼용되어 사용되고, 기능적으로는 시스템 창호가 사용한다. 앞서 이야기한 것처럼 시스템 창호는 일반 슬라이딩 창호의 단점인 창틀과 창사이의 틈을 없애기 위해 Tilt & Turn(창짝이 들려서 젖혀짐), Parallel(창짝이 젖혀져 겹침), Sliding & Tilt(창짝이 들려져서 미닫이 됨) 등 개폐방식이 다양하게 개발되어 있다. 시스템 창호는 기밀성, 수밀성, 단열성, 방음성, 내풍압성을 탁월하게 개선한 제품으로 이에 걸맞게 특수한 부속재료를 사용한다. 현대 건축에서는 창호시스템 과학이 매우 중요한 자리를 차지한다.

3) 주거 공간별로 사용되는 창호의 분류

발코니창은 아파트 등의 발코니 외벽에 설치되는 창이다. 대부분 미서기창을 설치하지만, 주상복합아파트, 고급주택에서는 시스템 창호를 많이 적용한다. 일반아파트 발코니창은 PVC창호를 많이 사용하고 창호 중에서는 발코니전용창을 많이 사용한다. 발코니전용창은 내풍압성이 일반 창호에 비해 뛰어나다.

거실 분합창은 흔히 거실 중문이라 불린다. 거실과 발코니 사이에 설치되는 창이고, 발코니 확장과 이동이 편하도록 하부 평면 형태의 미서기창을 많이 사용한다. 보통 벽체 마감을 위해 **공틀**을 같이 붙여서 만든다.

▲ 공틀

방창은 방에 설치되는 창이고, 뒤쪽에 발코니 없이 바로 외부로 통한다면 이중창으로 설치한다. 이중창 중 내부에 있는 창호는 인테리어를 고려해서 목재 등 다양한 제품을 접목시키기도 한다. 주방창도 방창과 동일하다. 아파트와 달리 단독주택은 발코니가 없는 경우가 대부분이기 때문에 모든 창호는 이중창으로 설치한다.

4) 창호의 철거 및 시공방법

새시의 철거는 보통 새시업자에게 맡기고, 시공하기 바로 전에 철거한다. 인테리어에서 창호는 본격적인 인테리어를 위한 기준선이다. 창호를 먼저 세워야 목작업 같은 이후의 공정들을 진행할 수 있다. 창호는 시공 시작 최소 4~5일 전에는 창호업체를 불러서 치수를 재고 주문을 해

▲ 창호 철거

놓아야 한다. 창호의 치수를 재고 새시공장에 주문하면, 치수에 맞는 새시를 가공하고 이 새시를 다시 유리공장에 가져와 유리를 설치하고 실리콘으로 새시틀과 유리의 접합부위에 시공한다. 실리콘이 마르면, 현장 주변까지 가져와서 현장 안으로 새시를 옮긴 다음 시공한다. 현장이 높은 곳에 있으면 사다리차 등을 불러야 할 수도 있다. 특별히 창틀 주문은 일찍 해둬야 다음 공정에 지장이 없다. 창호는 소재, 디자인, 기능을 최대한 살리기 위해 디자이너와 잘 상의해서 선택한다. 창호공사는 하루 일당으로 일하는 사람이 거의 없다. 그래서 기본적으로 창호공사는 창호전문업체에 맡기는 경우가 대부분이다. 창호공사는 외부와 내부를 연결하는 중요한 공정이고,

누수의 1차 원인을 제공하는 부분이기도 하다. 그래서 무슨 일이 생겼을 때 반드시 A/S를 요청할 수 있는 업체를 선정해서 맡겨야 한다. 아무리 업체에 맡기는 공사지만, 창호의 중요도를 생각할 때 소비자도 창호에 대한 기본적인 이해는 있어야 한다.

새시 시공 시 주의사항은 다음과 같다.

창틀 하부 고정을 위해 칼블록 시공을 가급적 안 하는 것이 좋다. 칼블록의 틈새로 물이 새어 들어갈 수 있기 때문이다. 만약 칼블록 작업을 했다면 실리콘으로 꼼꼼하게 마무리해야 한다. 하부 외에 칼블록 자리도 동일하게 실리콘으로 마무리한다. 그리고 창틀에서 외부 방향으로 물 빠짐 구멍이 잘 뚫려 있는지도 확인한다. 창틀의 고인물들이 그곳으로 자연스럽게 배수되어야 비 오는 날 창틀에 물이 넘치지 않는다.

시공방법을 순서로 다시 정리하면 아래와 같다.

· 철거 후 현장실측으로 창호제작크기를 결정하고 공장에 주문한다.
· 다른 공정을 살펴보고 새시 반입상황을 확인한다.
· 공장에서 최종 완성된 새시를 운반해서 현장에 배치한다.
· 창틀을 임시 고정시킨다.
· 창틀의 수직과 수평을 정확하게 확인하고 조절한다.
· 창틀을 고정시킨다.
· 모르타르나 우레탄 폼으로 벽과 창틀 사이의 공간을 밀실하게 채워 넣는다.

· 이물질을 제거하고 누수가 생기지 않도록 실란트로 완전히 마감한다.

· 유리 테두리를 실리콘으로 마감한 창짝을 설치한다.

· 방충망을 설치하고 최종 기능을 점검한다.

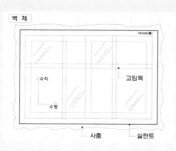

창호의 권장규격

공간	권장규격	페어유리 두께
거실 분합창	3,600×2,400mm	16mm
안방창	2,800×1,800mm	16mm
작은방창	1,500×1,200mm	16mm
발코니창	4,000×2,400mm	16, 18, 22, 24mm
주방창	1,200×900mm	16mm

5) 창호의 금속 부자재

보통정첩은 주로 철판과 황동으로 만든다. 주로 여닫이문의 부속품으로 사용한다.

▲ 보통정첩

자유정첩은 보통정첩이 한쪽 방향으로만 여닫게 되는 것과는 달리, 안팎으로 자유롭게 여닫을 수 있게 만든 정첩이다. 열리는 각도도 비교적 폭이 넓다.

▲ 자유정첩

플로어힌지는 바닥 아래에 설치해서 유압을 이용해 문을 자동적으로 닫히게 하는 부품이다. 주로 강화유리도어처럼 중량이 큰 문에 적용된다. 주변 상가 유리문을 자세히 보라.

▲ 플로어힌지

도어체크는 여닫이문 상부에 달아 문을 열면 자동적으로 닫혀지는 장치다. 피스톤 장치가 있어 개폐 속도를 조절할 수 있다.

▲ 도어체크

문바퀴는 흔히 호차라고 한다. 하이새시, 알루미늄새시, 목창호 등의 슬라이딩 창들은 기본적으로 호차를 사용한다. 재질로는 주철, 황동, 고무 플라스틱 등이 사용한다.

▲ 문바퀴

레일은 둥근레일과 각레일이 있고, 강철제, 주철제, 플라스틱제 등이 다양하게 있다. 하이새시나 알루미늄새시는 틀자체의 모양이 레일형태로 만들어져 생산된다.

▲ 레일

핸들은 흔히 문손잡이라 불린다. 갈수록 다양해지고 고급화되고 있다. 주로 실린더와 레버핸들이 사용한다.

▲ 핸들

피벗힌지는 흔히 내민정첩이라고 하고 아파트 방화문과 대문 같은 무거운 도어에 사용한다.

▲ 피벗힌지

DIY Tip

1. 폴딩도어는 크기와 브랜드에 따라 견적금액의 차이가 있겠지만, 보통은 문한 짝당 40만 원 정도의 비용을 생각하면 예상하는 금액에서 크게 벗어나지 않을 것이다. 이 가격은 시공업체의 이윤을 제외한 금액이다.

2. 새시의 상태는 비교적 괜찮은데 새시틀의 컬러가 마음에 안 든다면, 리폼을 해보자.
창호재질이 나무라면 페인트를 이용해서 원하는 컬러로 칠을 하면 된다. 또한 재질이 PVC나 알루미늄이라면 보이는 면에 필름을 입힐 수 있다. 이때 주의 할 점은 유리에 붙어 있는 실리콘을 칼로 깨끗이 제거하고 필름을 붙여야 마감이 깨끗하게 나온다는 점이다. 유리와 새시틀의 접합부위까지 필름을 붙였다면 다시 실리콘으로 접합부위를 깨끗하게 마감해야 한다. 유리의 상태가 안 좋다면 유리만 따로 교체가 가능하다는 점도 알아두자.

3. 새시는 같은 제품이라도 브랜드에 따라 가격 차이가 조금 있다. 사실 새시틀 기능의 수준 차이는 브랜드마다 비슷하다. 또한 브랜드는 달라도 대부분의 새시업체에서 유리는 한국유리 또는 KCC유리를 사용한다. 결국 비슷한 제품라인이라면, 무조건 유명한 브랜드를 고집할 필요는 없다. 물론 새시 시공 수준이 비슷하다는 조건에서 말하는 것이다.

상/하수도

철거/가설/구조보강공사가 끝나면 바로 설비하시는 분이 현장에 오게 된다. 상수도관은 사람의 몸으로 비유하면 피의 순환이라 볼 수 있다. 혈관이 제대로 가야 할 곳에 가지 못하고, 막히거나 끊어지면 건강에 문제가 생기듯이 상수도 설비도 물이 필요한 장소에 제대로 공급되어야 한다. 주택에는 물이 반드시 필요하다. 그 물을 건물 내부로 끌어 들이고 사용 후 다시 빠져나가게 하는 것이 상하수도공사인 것이다.

1. 도면

상하수도 도면에서 배관의 위치를 잘 확인하고 도면을 잘 보관해두자. 추후 누수의 문제가 생겼을 때 원인을 찾을 수 있는 실마리가 될 수도 있다.

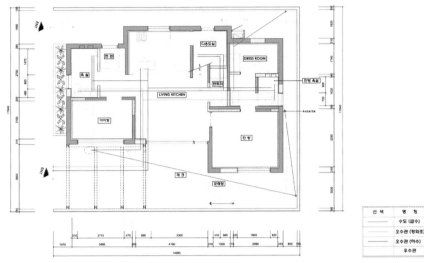

▲ 1층 도면 – 상하수도관, 정화조관, 하수도관, 우수관 이동경로(공간별 별도색)

신 색	명 칭
	수도 (급수)
	오수관 (정화조)
	오수관 (하수)
	우수관

2. 견적서 및 견적방법

NO	품명	규격	단위	수량	재료비		노무비		경비		합계		비고
					단가	금액	단가	금액	단가	금액	단가	금액	
3	상수도하수도												
	[1층/다락]												
전체	급수/배수배관공사(실내)	75∅.100∅PVC 배관	평	33.0	20,000	660,000	35,000	1,155,000	–		55,000	1,815,000	
	[외부]												
	급수/배수배관공사(실외)	75∅.100∅PVC 배관	평		20,000	–	35,000	–		–	55,000	–	기존사용
	우수관공사	기존방식동일 교체공사	층		300,000	–	300,000	–		–	600,000	–	별도공사
	마당 급수/배수배관	실내~수도계량기/도로측구	식		300,000	–	800,000	–		–	1,100,000	–	별도공사
	5인용 정화조공사	터파기/마감별도	조		250,000	–	360,000	–		–	610,000	–	별도공사
	1층 소계					660,000		1,155,000		–		1,815,000	
	외부 소계					–		–		–		–	
	계					660,000		1,155,000		–		1,815,000	

※ 지역, 기능공 수준, 사용재료 및 공법에 따라 가격 차이가 있다. 이 견적은 30평 규모의 단독 주택을 기준으로 했다(단, 섬 지역 제외).

급수(냉수, 온수, 물탱크)와 배수(오수관, 우수관, 정화조) 작업이 있다. 보통은 냉수, 온수, 오수관 작업을 진행하는 것을 말하고, 나머지 공사는 추가비용으로 정산한다. 냉수, 온수, 오수관 작업은 건물 연면적 평당 55,000원 정도 예상하면 된다. 여기에 추가적으로 우수관교체(평균 60만 원 정도), 물탱크교체(평균 50만 원 정도), 정화조교체(평균 60만 원 정도, 5인용 기준)를 예상하면 된다.

3. 재료 및 시공

1) 상수도설비

급수공급방식을 보면,

수도직결방식은 수도본관(계량기)에서 직접 수도관을 끌어 들여서 그 압력에 의해 필요한 수전까지 급수하는 방식이다. 일반적으로 단독주택에 많이 사용되고 수압이 좋다. 예전처럼 단수가 되는 경우가 별로 없기 때문에 사용상에도 큰 불편함이 없다. 수압에 문제가 없는 건물에서는 흔히 물탱크를 사용하는 고가수도방식에서 수도직결방식으로 대부분 교체를 한다.

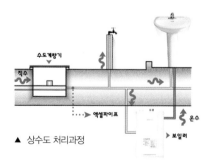

▲ 상수도 처리과정

▲ 실제 설치 사례

고가수조방식은 물을 수도본관에서 펌프나 직수로 끌어올려 옥상 물탱크에 물을 담아 놓았다가 수도꼭지를 틀면 자연 낙차에 의해서 급수하는 방식이다. 일반적으로 아파트 같은 공동주택이나 지대가 높은 건물에 많이 적용하는 방식이다. 물탱크를 주기적으로 청소해야 하기 때문에 불편함이 있지만 고가수조방식이 꼭 필요한 건물들이 있다.

압력탱크방식은 수도본관에서 일단 물탱크로 물을 담아서 압력탱크를 가진 펌프에 의해 압력을 가해서 물이 필요한 수전까지 급수하는 방식이다. 일반적으로 중간 정도 규모의 건물에 많이 적용된다. 건물의 하중이나 공간을 고려해서 일반적으로 물탱크가 지하에 있다.

배관자재들을 살펴보면, 상수도관 설비공사에서는 엑셀(X-L)파이프(16A, 20A, 25A, 32A, 40A…)를 기본으로 엑셀밸브, 엑셀유니온, 엑셀삼티, 엑셀엘보, 엑셀캡(메꾸라) 등의 부속품이 있다. 엑셀파이프와 부속품을 서로 一자, ㄱ자, T자 등으로 연결하면서 설비작업을 진행하고, 연결도구는 파이프렌치 또는 몽키를 사용한다. 상수도관 중 냉수의 공급 설비는 비교적 간단하다. 일반적으로 주택의 욕실에서는 양변기, 세면대, 샤워기에서 물이 필요하고, 주방에서는 씽크볼에 물이 필요하다. 그리고 다용도실에서는 세탁기, 보조주방 등에서 상수도가 필요하다. 공사를 직접 진행해도 되겠지만, 나중에 누수, 파열 등의 하자를 생각하면 전문 설비업체를 통해서 공사를 진행하는 것이 좋겠다.

상수도 설비 자재와 명칭을 보면 다음과 같다.

▲ 엑셀파이프

▲ 엑셀밸브

▲ 엑셀유니온

엑셀파이프는 주로 15mm(16A)를 많이 사용한다. 엑셀밸브는 잠금장치로 사용한다. 엑셀유니온(커플링)은 직선연결용으로 사용한다.

▲ 엑셀엘보

▲ 엑셀티

▲ 엑셀캡

엑셀엘보는 90도 연결용으로 사용한다. 엑셀티는 배관의 분배가 필요할 때 사용한다. 엑셀캡(메꾸라)는 마무리 부분 폐쇄용으로 사용한다.

▲ 레듀셔

▲ 엑셀커터

▲ 테프론

레듀서는 크기가 다른 배관을 연결할 때 사용한다. 엑셀커터는 엑셀배관을 자를 때 사용한다. 테프론은 배관을 연결할 때 틈새를 메우는 테이프다.

마지막으로 물탱크 설치에 관해서 살펴보자.

공동주택에서 물탱크 공사는 당연히 관리사무소에서 관리해야 할 문제지만, 단독주택 같은 경우는 직접공사를 해야 한다. 보통 FRP물탱크 자체의 가격은 얼마 되진 않는다. 하지만 물탱크를 옥상으로 올려서 수도관을 연결하고, 주변부를 보온, 보강하는 작업이 만만치 않다. 특별히 겨울 내내 영하의 날씨를 보이는 중부지방에는 보온작업을 꼼꼼하게 진행해야 한다. 물탱크 설치 작업 역시 전문 설비업체에게 의뢰하는 것이 좋다.

▲ 물탱크 설치 시공

2) 하수도설비

하수도관을 사람의 몸으로 비유하면 비뇨기관이라 볼 수 있다. 비뇨기 계통이 문제가 되어 소변과 대변을 못 보게 되면, 건강에 문제가 생기듯이 하수도설비도 사용한 물을 밖으로 배출하지 못하면 여러 가지 문제가 생긴다. 사용한 물이 배출이 되지 않는다면, 건물에 누수와 결로뿐만 아니라 균열을 일으킨다. 결국은 그 물이 넘쳐 흘러나올 수밖에 없다. 그래서 배수가 잘 되지 않는 집은 불편해서 오래 살기 힘들다. 상수도는 수압에 의해 물이 위로도 올라가지만, 하수는 배수펌프를 이용하지 않는 한 무조건 아래로 흐르게 하는 중력을 이용해야 한다. 그래서 하수도 설비는 배관 기울기(구배)작업이 굉장히 중요하다. 물을 사용한 장소보다 물이 빠져나갈 장소가 반드시 낮아야 한다. 만약 반대의 경우가 있다면 배수펌프를 이용해서 밖으로 끌어내야 한다.

　하수도 설비공사에서 건축재료를 먼저 살펴보면, PVC배관(15A, 20A, 25A, 32A, 40A, 50A, 65A, 75A, 100A, 125A, 150A, 200A…)를 기본으로 PVC소켓, PVC티, PVC밸브, PVC레듀샤, PVC엘보 등의 부속품이 있다. 하수도 설비도 상수도설비처럼 PVC배관과 부속품을 서로 一자, ㄱ자, T자 등으로 연결하면서 설비작업을 진행하면 된다.
　하수관은 일반배수(생활하수)와 오수(양변기)로 나누어지는데, 이 중 양변기에서 나오는 오수는 정화조를 한 번 더 거쳐야 한다.

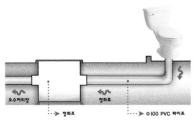

▲ 하수도 처리 과정

▲ 실제 설치 사례

상수도관과 비슷하게 하수도관 역시 주택의 욕실에서는 양변기, 세면대, 욕실바닥에서 필요하고, 주방에서는 씽크볼, 다용도실에서는 세탁기 주변 바닥에 하수도관이 필요하다. 공사를 직접 진행해도 되겠지만, 이 역시 나중에 누수, 막힘 등의 하자를 생각하면 전문 설비업체를 통해서 공사를 진행하는 것이 좋겠다.

하수도 설비 자재와 명칭을 보면 다음과 같다.

▲ PVC배관   ▲ PVC밸브   ▲ PVC소켓

PVC배관은 50mm, 70mm, 100mm을 주로 사용한다. PVC밸브는 잠금장치로 사용한다. PVC소켓은 수직연결용으로 사용한다.

▲ PVC엘보   ▲ PVC-T   ▲ PVC레듀샤

PVC엘보는 90도 연결용으로 사용한다. PVC-T는 배관의 분배가 필요할 때 사용한다. PVC레듀샤는 크기가 다른 배관을 연결할 때 사용한다.

위치별 규격을 보면 다음과 같다.

우수배관은 PVC 50mm 또는 70mm를 사용하고 건물의 옥상, 베란다에 사용한다. 일반배수배관은 PVC 50mm 또는 70mm를 사용하고 씽크대, 세면대, 샤워실, 세탁기에 사용한다. 정화조배관은 PVC 100mm를 사용하고 양변기에 사용한다.

하수관에 물이 집입하는 부위에는 배수트랩이란 것이 있다. 배수트랩은 악취제거, 유독가스제거, 봉수보호, 역류방지, 벌레유입 차단 등이 목적이다. 이 기능을 해주는 것이 트랩의 봉수인데 보통 봉수의 깊이는 50~100mm 정도다.

배수트랩의 종류를 살펴보면,

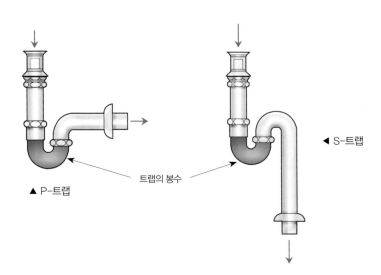

◀ S-트랩

트랩의 봉수

▲ P-트랩

P-trap은 일반적으로 가장 많이 사용하며 비교적 이상적인 트랩이다. 주로 세면기 등에 사용한다. S-trap은 대변기, 소변기, 세면기 등 다양하게 사용되는데, 한 번씩 봉수가 빠질 경우가 생긴다.

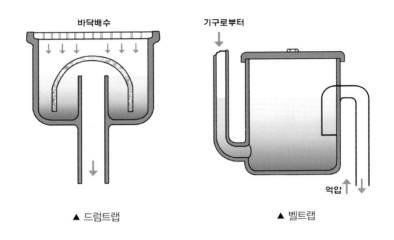

▲ 드럼트랩   ▲ 벨트랩

드럼트랩은 소규모 주방, 욕조, 싱크 등 물 사용량이 많은 곳에 주로 사용된다. 벨트랩은 식당 같은 곳의 바닥 배수용으로 사용되는 트랩이다.

트랩을 이야기하면서 통기관의 원리에 대해서 지나칠 수 없다. 통기관은 트랩의 봉수를 보호하고 배수의 흐름을 원활하게 해주는 역할을 한다. 또한 배수관 내의 기압을 일정하게 하고 배수관 내의 악취를 실외로 배출해 청결을 유지시켜준다. 통기관의 원리를 간단하게 설명해보면, 우리가 1.5리터 콜라병의 뚜껑을 열고 거꾸로 돌려서 콜라를 쏟으면 콜라가 잘 쏟아지다가 위로 상승하고,

▲ 통기관 설치

다시 쏟아지다가 다시 위로 상승하기를 반복하며 쉽게 쏟아지지 않는다. 그럴 때 콜라병 뒤쪽에 구멍을 살짝 내면 콜라가 한 번에 쉽게 쏟아져 내린다. 통기관은 이 원리를 이용해서 배수의 흐름을 원활하게 만드는 장치다. 배수관이 길면 변기와 정화조 사이에 이 통기관을 설치해서 배수를 원활하게 만들어 준다.

정화조 설치를 보면 다음과 같다.

양변기에서 나온 오수는 정화조를 한 번 더 거쳐야 비로소 생활하수와 같이 외부 하수관으로 빠져나간다. 하수종말처리장으로 바로 빠져나가는 설비가 되어 있는 마을에서는 주택에 정화조가 필요 없지만 하수종말처리장에 직관으로 빠져나가는 설비가 없는 단독주택에서는 소규모 개인 정화조를 사용해야 한다. 소규모 정화조는 부패식으로 되어 있다. 정화조에 들어온 변기물의 유기성물

▲ 정화조 설치

질들은 부패하면서 분해된다. 유기물찌꺼기는 분해되어 하수관로를 타고 하수처리장으로 유입되는 것이다. 미분해된 찌꺼기는 정화조 하부에 쌓이게 되는데 이것을 분뇨수거차로 1년에 1회 찌꺼기를 뽑아가서 분뇨처리장에서 처리한다. 정화조 연결배관은 보통 100mm PVC파이프를 사용한다. 양변기와 정화조 사이의 길이가 길어질수록 파이프 기울기를 시공할 때 신경써야 한다.

정화조 설비 역시 정화조 자체의 가격은 비싸지 않지만, 정화조를 포크레인으로 파묻고 파이프를 연결하고 상부를 미장 등으로 마무리하는 작업에 손이 많이 간다. 그러니 정화조 역시 전문 설비업체에 의뢰하자.

DIY Tip

1. 아파트 인테리어공사 시 미리 확인해야 하는 설비 돌발변수

1) 수전내림공사

아파트에서 주방공사만 별도로 하는 경우가 종종 있다. 이때 문제가 되는 곳이
바로 수전이 벽수전으로 된 주방이다. 최근에는 입수전(씽크볼 위에 수전이 설치)
으로 교체하는 작업을 기본적으로 하는데, 벽수전을 입수전으로 바꾸는 작업은
미리 시공해놓아야 한다. 미리 해놓지 않으면 주방가구공사 당일 낭패를 본다.

▲ 벽수전　　　　　▲ 입수전 설비

2) UBR(Unit Bath Room) 욕실공사

예전 아파트에 아직 남아 있는 경우가 있다. FRP로 전체를 블록화시킨 화장실
이다. 아파트를 신축할 경우에는 간편했을지 모르지만, 리모델링을 해야 할 경
우에는 초보 현장소장에게 어려움을 주는 구조이다. 이런 구조의 욕실 리모델링은
최소 100만 원 이상의 추가비용이 든다. 철거비도 많이 들지만, 상/하수도 설비,
벽/바닥 미장, 바닥 방수까지 전부 새롭게 해야 하기 때문이다.

3) 분배기 이동/교체

난방설비 구조는 크게 보일러 → 분배기 → 난방파이프로 연결되어 있다. 이 3개
의 구조는 한꺼번에 공사를 할 수도 있겠지만, 개별로도 공사가 가능하다. 즉, 분
배기 잠금 밸브가 부식되어 분배기를 교체하거나 구조가 변경되어 분배기를 다
른 곳으로 이동해야 하는 경우도 있다. 분배기 교체도 보일러 교체만큼 비교적

간단한 작업이다. 하지만 이 작업도 반드시 설비전문가의 도움을 얻어야 한다.

▲ 분배기

▲ 분배기 설치

4) 수도공사 전 파이프 막음(메꾸라 작업)

리모델링 철거 중에는 수전까지 깨끗하게 철거해야 한다. 하지만 공사 중에
는 물을 자주 사용해야 하기 때문에 수도를 열어 놓아야 한다. 그럴 경우에는
물을 틀기 전에 이미 철거하고 사용하지 않는 상수도관에 파이프 막음 작업
을 해놓아야 한다. 그리고 공사 중 사용해야 할 수전은 그대로 유지해놓는다.

▲ 엑셀캡

2. 정화조 배관의 특성

아파트의 경우는 수평배관길이가 짧고 수직배관길이가 길다. 하지만 단독주택
은 수평배관길이가 길고 수직배관길이가 짧다. 그래서 양변기에 휴지를 버리
는 것은 아파트에서는 괜찮지만 주택의 경우는 휴지통에 버리는 것이 현명하
다. 특히 물에 의해 분해가 잘 안 되는 물티슈는 배관 막힘의 주요 원인이 된
다. 그래서 단독주택 양변기에는 절대 휴지같은 이물질을 버리지 말아야 한다.

냉/난방환기

냉수만 사용한다면 주택의 설비공사는 굉장히 단순한 작업일 수도 있다. 하지만 주택에서는 따뜻한 물이 필요하다. 겨울에 목욕도 하고, 설거지도 하고, 바닥에 난방 보일러도 틀어야 한다. 특별히 온돌시설은 전 세계적으로 인정받는 우리나라만의 독특한 시스템이다. 이렇게 물을 따뜻하게 해야 하는 작업 때문에 난방설비는 비교적 복잡해보인다.

1. 도면

난방 도면에서 배관의 위치를 잘 확인하고 도면을 잘 보관해두자. 추후 누수의 문제가 생겼을 때 원인을 찾을 수 있는 실마리가 될 수도 있다.

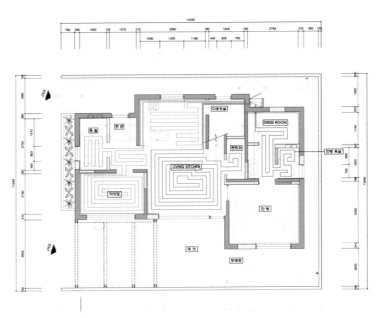

▲ 1층 도면 – 난방 파이프 배관 흐름도(공간별 별도색)

2. 견적서 및 견적방법

NO	품명	규격	단위	수량	재료비		노무비		경비		합계		비고
					단가	금액	단가	금액	단가	금액	단가	금액	
4	난방냉방환기												
	[1층/다락]												
	엑셀 바닥난방공사	30평기준단가	평	25.0	30,000	750,000	30,000	750,000		–	60,000	1,500,000	
	가스보일러(린나이/일반R331)	40평 이하, 20,000KCAL/H	조	1.0	520,000	520,000		–	100,000	100,000	620,000	620,000	하향식 단가
	분배기	교체/시공	조	1.0	150,000	150,000				–	150,000	150,000	
	각방 개별난방 조절기	안방/아이방/거실,부엌	조	3.0	150,000	450,000				–	150,000	450,000	
	난방필름(복층방)	20평 기준단가, 난방필름	평	3.0	30,000	90,000	15,000	45,000		–	45,000	135,000	
	난방필름(복층방)	보호보드설치 추가공사	평	3.0	10,000	30,000	15,000	45,000		–	25,000	75,000	
	난방필름(복층방)	난방필름 조절기	조	1.0	15,000	15,000	15,000	15,000		–	30,000	30,000	
	[외부]												
	(내용없음)												
	1층 소계					1,420,000		750,000		100,000		2,270,000	
	외부 소계					–		–		–		–	
	계					2,005,000		855,000		100,000		2,960,000	

※ 지역, 기능공 수준, 사용재료 및 공법에 따라 가격 차이가 있다. 이 견적은 30평 규모의 단독 주택을 기준으로 했다(단, 섬 지역 제외).

난방공사도 전기공사처럼 난방 전문업체에 맡기는 것이 좋겠다. 난방공사는 바닥에 엑셀파이프를 설치하고 분배기와 보일러를 연결하는 작업을 말하고 지역에 따라 가격 차이가 있다. 평균적으로 평당 6만 원 정도의 비용을 받는다. 여기에 분배기와 보일러의 비용이 추가된다.

3. 재료 및 시공

1) 난방설비

먼저 급탕설비의 유형을 살펴보자.

개별난방은 순간온수기, 일반보일러(저탕형탕비기), 심야전력 저탕형탕비기 등이 있으며, 열 공급원으로는 기름, 가스, 전기, 석탄, 화목 등이 있다. 개별난방의 장점은 난방시간과 온도를 자유롭게 조절이 가능하고, 초기투자비와 유지관리비가 적게 드는 점이다. 단점은 배기통을 설치해야 하고, 보일러 설치공간이 별도로 필요하다는 점이다.

중앙식 급탕방식은 초기 공사비는 비싸지만, 연료비가 싸고 열효율이 높아 경제적이다. 하지만 정해진 시간과 횟수에 따라 제한적인 공급이 이루어져 불만요소가 많은 편이고 설비의 노후화에 따라 관리비도 시간이 지날수록 올라간다. 주로 대규모 아파트 단지 등에 많이 적용했다. 하지만 최근에는 개별난방으로 많이 바꾸는 추세다.

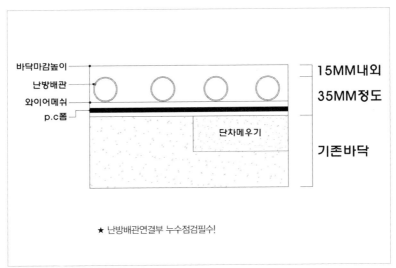

바닥마감높이
난방배관
와이어메쉬
p.c폼

15MM내외
35MM정도

단차메우기

기존바닥

★ 난방배관연결부 누수점검필수!

▲ 난방배관 단면도

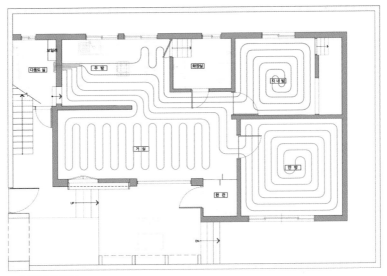

▲ 난방구조 예시

바닥난방구조를 살펴보면, 보일러에서 데워진 물은 분배기의 공급헤더로 가서 밸브를 틀어놓은 각 공간으로 나누어진다. 각 공간으로 나누어진 물은 긴 엑셀파이프를 돌고 돌아서 다시 환수헤더로 집결한다. 환수헤더로 돌아온 물은 이미 차가워져 있고, 이 물은 다시 보일러로 가서 데워지게 된다. 데워진 물은 다시 분배기 공급헤더로 이동한다. 이것이 그림 속의 난방 순환 방식이다. 온수의 경우 콘트롤을 켜면 직수가 보일러로 유입되고, 보일러에서 데워진 온수는 수전으로 바로 빠져나온다. 아무래도 온수를 많이 사용하면 연료비가 많이 상승한다.

환수헤더

공급헤더

▲ 난방 시공

(1) 보일러설비

보일러의 구조에서 제일 중요한 건 삼방밸브이다. 삼방밸브에서 난방과 온수를 결정하기 때문이다. 작동원리는 다음과 같다.

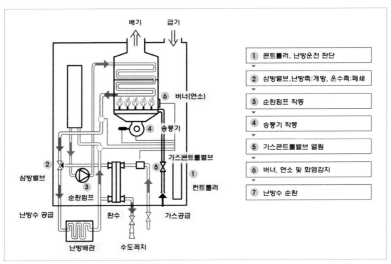

1	콘트롤러, 난방운전 판단
2	삼방밸브, 난방측:개방, 온수측:폐쇄
3	순환펌프 작동
4	송풍기 작동
5	가스콘트롤밸브 열림
6	버너, 연소 및 화염감지
7	난방수 순환

▲ 난방작동원리

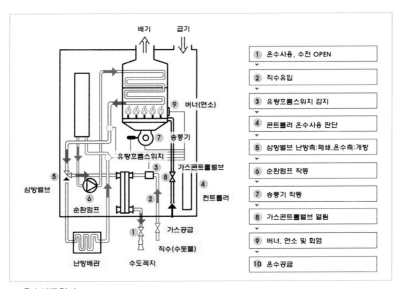

1	온수사용, 수전 OPEN
2	직수유입
3	유량흐름스위치 감지
4	콘트롤러 온수사용 판단
5	삼방밸브 난방측:폐쇄, 온수측:개방
6	순환펌프 작동
7	송풍기 작동
8	가스콘트롤밸브 열림
9	버너, 연소 및 화염
10	온수공급

▲ 온수작동원리

주택은 아파트와 달리 열 관리에 취약하다. 그래서 주택에서의 보일러의 용량을 결정하려면 다음 도표를 참고해야 한다.

보일러 용량 기준

구분	권장용량(단독주택의 경우)	일반사양(아파트)
26평 이하	16,000Kcal	13,000Kcal
32평 이하	20,000Kcal	16,000Kcal
40평 이하	25,000Kcal	20,000Kcal
50평 이하	30,000Kcal	25,000Kcal
60평 이하	20,000Kcal/2대	30,000Kcal

주택의 보일러 선정에서 다락방 등 층고의 차가 있는 방의 난방을 별도로 하지 않고 같이 묶어서 시공한다면, 꼭 상향식 또는 하향식 방식의 보일러를 선정해야 한다.

· 일반형 → 같은 층에 설치 시
· 상향식 → 보일러 설치위치보다 높은 곳의 난방이 필요할 때
· 하향식 → 보일러 설치위치보다 낮은 곳의 난방이 필요할 때

(2) 연료에 따른 난방의 이해

① 가스설비

LPG(액화석유가스)는 프로판과 부탄이 주성분이다. 가정용, 공업용으로 사용되고, 도시가스의 연료용으로도 사용한다. 원래 무색, 무미, 무취이지만 가스누설 시를 대비해 착취제(냄새나는 물질)를 첨가한다. 공기보다 무거워서 가스누출 시 낮은 곳으로 모인다.

LNG는 메탄이 주성분이다. 주로 도시가스의 연료용으로 사용한다. 공기보다 가벼워 가스누출 시 높은 곳으로 모인다. 환기도 그

에 맞게 하면 보다 안전하다.

도시가스는 LPG, LNG 등을 주원료로 해서 가스제조시설에서 연료용 혼합가스를 만들어 배관을 통해 일정한 압력으로 가정, 아파트, 공장 등에 공급되는 가스다. 도시가스를 설치하면 연료비를 많이 절감할 수 있고, 특별히 단독주택에 도시가스를 설치하면 집값을 상승시킬 수도 있다.

가스제품은 환기가 잘 되는 곳에 벽과 충분한 거리를 두어 설치해야 하고, 주위에 불이 잘 붙는 물질을 두어서는 안 된다. 호스는 3m를 넘지 않게 해야 하는데, 3m가 넘는 경우에는 금속배관으로 시공해야 하며 호스의 연결부분은 밴드로 꼭 조여 가스가 새지 않도록 한다. 특별히 철거할 때 가스제품을 제거한 후에는 배관 끝의 막음 조치를 반드시 해야 한다.

② 기름설비

난방기름의 주연료는 등유다. 보일러에 기름탱크를 연결해 난방하며, 상시로 기름을 확인하고 보충해줘야 한다. 도시가스가 유입되지 못하는 지역에는 주로 기름보일러를 사용하는데, 늘 관리를 잘 해줘야 한다. 평균적으로 연료비를 비교해보면 도시가스 < 기름 < LPG 순으로 비용이 많이 든다. 그래서 도시가스가 들어오지 않는 가정에는 주로 기름을 연료로 많이 사용할 수밖에 없었다. 최근 유가하락으로 기름 가격이 많이 내렸다.

③ 전기설비

심야전기보일러는 한국전력과 심야전기 사용계약에 따른 시간에 전기를 사용해 난방을 한다. 비교적 저렴하고 연료공급이 확실하다는 장점이 있다. 하지만 보일러의 가동은 24시간 가능하나 온도를 올리는 축열시간은 심야시간뿐이다. 그래서 낮시간에 보일러가 식으면 밤까지 기다려야 한다. 또한 축열조가 필요하기 때문에 꽤 큰 규모의 공간이 필요하고 초기 설치비용이 많이 든다.

태양광발전은 태양열을 이용해 발생시킨 전기로 온수를 가동하는 방식으로 가정에서 온수만을 사용하기 위해서는 적합하지만 초기 설치비용이 많이 든다.

전기온돌판넬은 코일방식으로 전면에 철판을 대고 후면에 단열폼을 주입해 제작한 기성품이다. 초기 비용이 적게 들고 설치나 조작이 편리하다. 하지만 일반 주택은 전기누진제가 있기 때문에 작은 공간이나 상가에 부분적으로 사용하는 것이 좋다. 사용시간이 어느 정도 경과하면, 조금 내려 앉는 현상이 발생한다.

난방필름은 카본을 이용한 발열방식으로 난방을 한다. 최근에 비교적 많이 사용하는 제품이다. 전자파 발생이 적고 난방도 효과적이다. 초기비용도 저렴하고 설치가 간단하다. 하지만 주택의 경우 역시 전기누진제를 조심해야 하고 바닥이 평탄하지 않을 경우 평탄작업을 먼저 해야 한다.

기타 농가나 전원주택에 적용하는 석탄방식, 화목방식 등이 있다.

2) 냉방설비

최근에 주택은 난방설비만큼이나 냉방설비도 중요하다. 그래서 냉방에 관한 설비도 미리 예측해서 준비해야 한다. 에어컨 실외기와 연결되는 동파이프 등이 연결되는 배관을 미리 묻어주는 일, 에어컨 배치에 맞게 콘센트를 미리 설치하는 일, 실외기의 위치를 미리 정해두는 일 등을 체크해야 한다. 전기기사와 에어컨설치기사가 잘 상의해서 이 작업을 미리 해두지 않으면 선이 그대로 노출되어 입주 후 볼 때마다 늘 아쉬움이 남는 공사가 될 수도 있다.

에어컨의 종류는 다음과 같다.

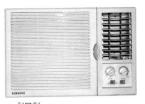
▲ 창문형

▲ 벽걸이형

창문형 에어컨은 최근에는 판매되지 않는 제품이다. 오래된 숙박업소 등에서 가끔 볼 수 있는데 실내기와 실외기 구분 없이 일체형이다.

벽걸이형 에어컨은 냉방용량이 작은 편이다. 그래서 방처럼 공간이 좁고 설치공간이 부족한 곳에 적당하다. 냉난방 겸용 제품도 있다.

▲ 스탠드형　　　　　　　▲ 천정형 시스템에어컨

　스탠드형 에어컨은 냉방용량이 커서, 주거공간에서는 주로 거실처럼 공간이 큰 곳에 적용한다. 냉방전용, 냉난방용, 오일식, 가스식, 전기식, 히트펌프식 등 제품종류가 다양하고, 냉난방 기능이 가장 뛰어나다.

　천정형 시스템에어컨은 최근 인테리어 공사나 건물시공 시 많이 사용하지만, 층고가 낮은 공동주택에는 적용하기 어렵다. 제품가격과 시공비용이 비싸기는 하지만, 공간 활용이 뛰어나고 냉난방 효과도 비교적 좋다. 냉방전용과 냉난방 겸용이 있다. 시스템에어컨은 천정을 마무리하기 전에 에어컨배관, 드레인배관, 각종배선 작업을 완료해놓아야 한다. 천정마감이 끝나면 실내기를 설치하고, 실외기는 외부에 따로 장소를 마련해 설치한다. 또한 도장 등의 최종 마감재 공사가 끝나야 판넬, 유선리모컨, 중앙제어기 등의 시공이 가능하다. 그리고 중간에 질소를 통한 시험과 시운전까지 끝내야 한다.

　천정형 시스템 에어컨 종류를 구체적으로 살펴보면 다음과 같다.

▲ 카세트형 실내기

▲ 매립덕트형 실내기

▲ 바닥상치형 실내기

　카세트형 실내기는 가장 흔한 실내기 제품이며, 천정 마감면 안으로 실내기는 숨기고, 우리 눈에는 판넬만 보인다. 배출구 개수에 따라 1way, 2way, 4way가 있다. 매립덕트형 실내기는 천정 안에 설치해서 우리 눈에는 기계가 보이지 않는다. 배출과 흡입은 자바라관을 통해 각실로 들어간다. 실내구조가 복잡할수록 유용한 제품이다. 바닥상치형 실내기는 천고가 높아 천정형 에어컨을 설치할 경우 냉난방효율이 떨어지는 곳에 좋다. 주로 대형건물과 병원 등의 바닥에 설치한다. 에어컨 실내기는 이런 종류로 공간에 맞게 설치하면 되지만, 배관작업과 실외기 설치 장소 등을 미리 잘 선정해야 깔끔한 에어컨 설치가 가능하다.

　벽걸이와 스탠드 에어컨은 설치하는 장소 뒷벽 가까운 곳에 실외기를 설치하고 웬만하면 드레인 펌프를 사용하지 않지 않는 곳에 설치하면 좋다. 시스템에어컨은 냉난방이 가장 고르게 퍼질 수 있는 공간을 선택하고 천정 마감선의 높이와 각종 배관이 최대한 보이지 않도록 하는 공사에 신경을 써야 할 것이다. 에어컨 배관작업은 보통 전기공사 시 같이 진행하면 좋다.

에어컨 설비 시 확인사항을 살펴보면,

· 공사 전 설계도면에 에어컨 표시가 안 되어 있으면 에어컨 설치 유
  무를 재확인한다.
· 냉방형인가, 냉난방 겸용인가를 다시 확인하고 제품을 선정한다.
· 천정형인가, 벽체형인가를 다시 확인하고 배선위치를 정한다.
· 전기용량 문제 때문에 차단기에서 별도의 전원을 설치해야 한다.
· 해당 시공면적보다 평균 1.5~2배 높은 용량을 선택해야 충분히
  시원하다.
· 배관 매립형일 때는 목공사와 병행하거나 이전에 배관작업을 선
  행하는 것이 좋다.

3) 환기설비

통계에 의하면 아파트 내의 공기 오염도는 외부공간의 1/12 정
도로 심각하다고 한다. 특별히 타워형 고층 아파의 내부 오염도는
위험한 수준이다. 환기는 폐가스 및 오염된 공기를 배출할 뿐만 아
니라 신선한 외부 공기를 흡입함으로써 쾌적한 생활환경과 함께
악취, 방습, 온도 조절 등의 부수적인 효과가 있다.

환기방식을 분류해보면 다음과 같다.
전체환기는 연기, 습기, 먼지 등이 공간 전체에 다양하게 분포
되어 있을 때 사용하는 환기방식이다. 일반적으로 상가나 사무실

에 적용한다.

국부환기는 오염공기 발생장소가 집중적일 때 사용하는 방식이다. 오염장소에 후드 등을 설치해 효과적으로 환기시키는 방식이다. 주방 후드가 대표적이다.

전체국부환기는 전체환기와 국부환기를 다 적용하는 경우이다. 가장 이상적이나 풍속변화가 있을 수 있으므로 적절한 바람방향을 위한 설계가 필요하다.

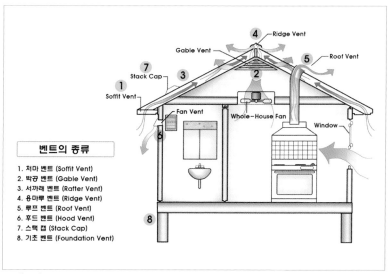

▲ 벤트의 종류(공기 출입 통기구)

부엌의 환기는 전체환기, 국부환기 모두를 강제환기 방식을 택해도 되고, 전체환기는 자연환기로 하고 국부환기만 강제환기(동력)로 해도 된다. 그리고 렌지후드 설치높이는 렌지의 800mm 위가 적당하고 렌지와 후드가 중심에서 폭이 비슷해야 한다. 욕실의 환기에서 보통 아파트는 강제환기방식을 채택하고, 단독주택은 창문을 통한 자연환기방식을 채택한다. 물론 강제환기방식을 같이 사용할 수도 있다. 최근의 타워형아파트는 내부 환기의 문제 때문에 세대 전체를 강제환기방식을 적용해 환기한다. 한마디로 기계를 사용하는 것이다.

단독주택의 경우 내부 천정과 지붕 사이에 자연환기벤트를 설치해주면 겨울에 결로를 예방할 수 있지만, 보통 결로의 문제가 생겼을 경우에만 자연환기벤트를 설치한다.

| 참고 ✏ | 덕트설비란?

실내의 공기를 인위적으로 순환시켜주는 설비로 외부의 공기를 실내로 유입하는 급기용과 실내의 공기를 외부로 반출하는 배기용으로 나뉜다.

덕트설비의 포인트

· 인위적으로 공기를 이동시켜야 하기 때문에 모터가 필요하다. 또한 배기모터, 급기모터에 대한 전원과 스위치에 대한 고려도 필요하다.
· 배기의 목적을 정해서 모터의 용량을 검토해야 한다.
· 배관의 진동이나 모터 부분의 소음에 대한 대책을 수립해야 한다.
· 배관은 아연도금강판을 주로 사용하고 최소 배관구경은 D450 이상이다. 그래서 사용자재와 배치공간이 나오는지도 검토해야 한다.
· 내부 배관의 말단부는 디퓨저라고 한다. 디퓨저는 전원이 공급되지 않고 개폐형으로 사용가능하다. 디퓨저 공간으로 인한 옆 공간에 소음이 전달되기도 한다.

DIY Tip

1. 발코니 확장공사

주로 아파트의 발코니, 안방, 아이방 확장을 많이 한다. 개인적으로 확장공사는 시공하지 않도록 권유하는 편이지만, 워낙 많이 시공을 해서 간단하게 소개한다.

확장공사는 발코니라는 서비스공간을 우리집 내부공간으로 바꾸기 때문에 공간을 넓게 사용 할 수 있다는 장점이 있지만, 단열문제, 누수문제, 바닥난방의 문제들을 가지고 있다. 이들 대부분은 보완되어서 많이 개선되었다고 하지만, 그래도 발코니가 있는 것보다는 못하다. 개인적으로는 발코니를 정원처럼 꾸며 사는 주부들의 따뜻한 손길이 더 아름다운 것 같다. 확장공사는 매우 협소한 공간을 리모델링하는 것이지만, 인테리어 공정이 거의 대부분 들어가는 공사라서 공사금액에 비해 많은 시간이 걸리는 공사다.

▲ 확장공사 난방 파이프 설치 　　　　　▲ 난방 설치 후 미장 시공

2. 발코니 확장 공사순서를 살펴보면 다음과 같다.

· 새시공사 – 새시를 미리 주문해서 설치한다.
· 철거 – 바닥을 철거하되 안쪽 바닥의 엑셀파이프가 움직일 만큼만 철거한다. 물론 최종 마감했을 때 기존 바닥과 같은 높이가 되도록 철거를 해야 한다. 보통 기존 바닥보다 7cm 이상 아래로 파내야 한다.
· 단열재 – 단열재를 바닥에 설치한다.
· 고정재 – 와이어메시를 바닥에 설치한다.

· 엑셀연결 – 엑셀파이프를 발코니까지 시공하고 안쪽 엑셀과 연결한다.
· 미장 – 안쪽과 레벨이 맞도록 미장한다(최소 3~4일은 말려야 한다).
· 목공사 – 벽체단열, 몰딩, 베란다문 등을 포함한 목공사를 진행한다.
  벽체에는 단열재를 반드시 시공하고, 천정은 커튼박스를 설치한다.
· 전기공사 – 조명선과 스위치 위치를 정해서 미리 전선 작업을 해놓는다.
  목공사와 같이 진행하는 것이 좋지만, 상황에 따라 조절한다.
· 바닥공사 – 거실과 같은 종류의 바닥재를 선택해서 시공한다.
· 도배공사 – 거실과 같은 종류의 도배지를 선택해서 시공한다.
· 조명공사 – 빛이 안쪽까지 비추도록 조명을 설치한다.

3. 발코니와 베란다의 구분

발코니는 건물 위층에서 뻗어 나온 공간이다. 건물 외벽으로부터 1.5m가량씩 튀어나오게 만든 공간으로 건물 연면적에 포함되지 않는 서비스 면적이다. 베란다는 거실이나 방에서 연결되어 밖으로 나온 부분이다. 위층이 아래층보다 면적이 작아서 생기는 공간이다. 일반적으로 아파트의 베란다라고 하는 부분은 사실 발코니다. 베란다는 주로 단독주택에서 많이 생긴다.

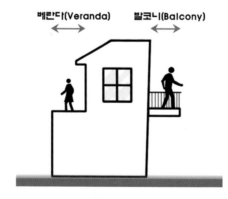

Chapter 02

기초공사 2

조적공사

조적공사는 인체의 약해진 뼈를 튼튼하게 만드는 작업이다. 부러진 뼈를 연결하고 약해진 부위를 채워 넣는 작업이다. 리모델링에서 기존 건물의 구조를 튼튼하게 만드는 것은 무엇보다 중요한 작업이다.

1. 도면

기존 벽을 철거한 후 조적으로 새로운 벽을 세워야 할지, 목작업으로 벽을 세워야 할지는 현장상황에 따라 달라진다. 하지만 물을 사용하는 욕실, 구조적 보강이 필요한 벽은 보통 조적으로 벽을 세우는 경우가 많다. 상황에 따라서는 방수합판을 이용하는 경우도 있다.

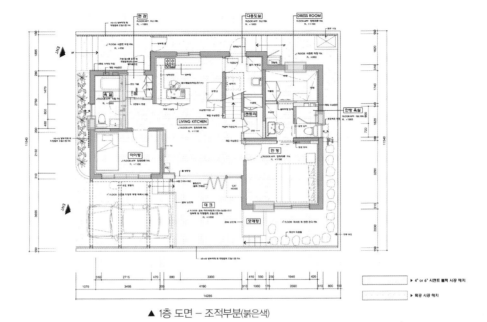

▲ 1층 도면 – 조적부분(붉은색)

▲ 벽돌 시공

2. 견적서 및 견적방법

NO	품명	규격	단위	수량	재료비 단가	재료비 금액	노무비 단가	노무비 금액	경비 단가	경비 금액	합계 단가	합계 금액	비고
5	조적공사												
	[1층/다락]	시공범위 : 건물 외벽, 화장실벽											
	6˝블록	폐쇄 창호,도어 부분	장	80.0	850	68,000	–			–	850	68,000	
	4˝ 블록	다용도실, 욕실 벽체	장	170.0	750	127,500	–			–	750	127,500	
	벽돌		장	100.0	130	13,000	–			–	130	13,000	
	레미탈	40KG/포	포	35.0	5,500	192,500	–			–	5,500	192,500	
	소운반		인	2.0	–		130,000	260,000	15,000	30,000	145,000	290,000	
	부자재 및 공구대		식	1.0	50,000	50,000	–		50,000	150,000	200,000	200,000	
	시공비	조적공 1:1	팀	2.0	–		370,000	740,000	30,000	60,000	400,000	800,000	
	[외부]												
	시공범위 : 화단, 옥상외벽(구 계단폐쇄 부분)												
	치장 벽돌 (빈티지 블럭)	전면 화단/230×90×60	장	150.0	700	105,000			1,500	225,000	2,200	330,000	운송비 포함
	벽돌	마당 화단/ 모래장구성/수돗가	장	250.0	130	32,500					130	32,500	
	4˝ 블록	내벽	장	0.0	750	–					750	–	
	모래		루베	2.0	55,000	110,000					55,000	110,000	
	시멘트	40KG/포	포	25.0	5,500	137,500					5,500	137,500	
	소운반		인	2.0	–		130,000	260,000	15,000	30,000	145,000	290,000	
	부자재 및 공구대		식	1.0	50,000	50,000			50,000	150,000	200,000	200,000	
	시공비	조적공 2:1	팀	1.0	–		570,000	570,000	45,000	45,000	615,000	615,000	
	1층 소계					451,000		1,000,000		240,000		1,691,000	
	외부 소계					435,000		830,000		450,000		1,715,000	
	계					886,000		1,830,000		690,000		3,406,000	

※ 지역, 기능공 수준, 사용재료 및 공법에 따라 가격 차이가 있다. 이 견적은 30평 규모의 단독 주택을 기준으로 했다(단, 섬 지역 제외).

조적공사는 조적을 시공할 부분에 대한 수량을 계산해야 한다. 조적종류에 대한 수량을 길이×높이로 면적을 계산한 후 다음과 같은 공식을 적용하면 공사비를 산출할 수 있다.

예를 들어, 조적길이 합이 8m에 높이가 2.3m가 된다면 면적은 $18.4m^2$가 되며, 조적의 종류는 시멘트벽돌, 콘크리트블록 4˝, 6˝, 8˝가 있다. 이 중 시멘트벽돌로 조적을 할 경우, 비용은 다음과 같다.

1) 재료비 :

- 면적 : $18.4m^2$
- 시멘트벽돌(1.0B쌓기) : $18.4m^2 \times 149장/m^2 \times 1.05\%$ 할증 $= 2,879장$
  약 $2,880장 \times 120원/장$(소량구입 시) $= 345,600원$
- 시멘트 : $2,880장/1,000장 \times 168kg/40kg/포 = 13포$(1,000장에
  시멘트 168kg 소요), 약 $13포 \times 5,500원/포 = 71,500원$
- 모래 : $2,880장/1,000장 \times 0.361m^3 = 1.039m^3$(1,000장에
  모래 $0.361m^3$ 소요), 약 $1.1m^3 \times 50,000원/m^3 = 55,000원$
- 물 : 건물 내에서 조달

2) 인건비 :

- 조적공 : 1인당 약 350~400장/일을 기준. 1인당 18만 원 정도
- 보조공 : 조적공 보조. 1인당 15만 원 정도
- 자재운반 : 운반공 1인당 12~13만 원 정도. 운반수량은 숙련
  도에 따라 차이남.

3) 경비 :

- 재료운반비 : 1회당 5~6만 원 정도
- 소요인원에 따른 지출경비 1.5만 원/인

4) 종합견적 :

  1) 345,600 + 71,500 + 55,000 = 472,100원
+ 2) 180,000×8인 + 150,000×4인 + 130,000×2인 = 2,300,000원
+ 3) 50,000×2회 + 15,000×14인 = 310,000원
= 3,082,000원 정도다.

※ 수량이 소규모이므로 실공사 시 비용절감이 가능한 부분이 있으나, 기본적으로는 이러한
  규칙에 따라 비용을 산출한다.

3. 재료 및 시공

1) 조적재료

벽돌의 종류는 시멘트벽돌, 적벽돌, 황토벽돌 등이 있다. 이 중에서 가장 많이 사용하는 시멘트벽돌의 종류와 치수를 이해하고 개수를 산정하는 방법을 살펴보자. 사실 실제 작업을 해보면 적산한

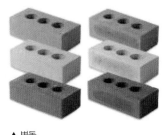

▲ 벽돌

개수보다 재료가 더 많이 들어가는 경우가 대부분이지만, 그래도 기본적으로 개수는 산정할 수 있어야 한다.

시멘트벽돌의 치수는 표준형이 190×90×57mm이다. 벽돌이 필요한 개수를 산정할 경우는 표를 참조하면 된다.

벽돌 개수 산정

㎡당	0.5B	1.0B	1.5B	2.0B	2.5B
표준형	75매	149매	224매	298매	373매

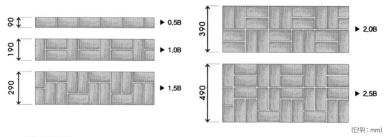

(단위 : mm)

▲ 시멘트 벽돌 치수

그림은 벽돌을 쌓고 위에서 본 모습이라 생각하면 된다. 한마디로 벽돌을 쌓은 후의 두께라고 생각하면 된다.

벽돌은 하루에 보통 높이 1.2~1.5m 정도까지 쌓는다. 적벽돌은 2~3일 전에 미리 물축임을 한 후에 시공해야 줄눈 부위가 갈라지지 않는다. 시멘트벽돌은 쌓으면서 또는 쌓기 바로 전에 물축임을 하면서 시공하면 된다. 지나치게 마른 벽돌은 모르터(접착제)의 물을 미리 빨아먹어서 금이 생길 수 있다.

▲ 시멘트 벽돌

벽돌쌓기의 종류를 살펴보면, 벽돌을 쌓는 기본방법은 길이방향으로 쌓는 길이쌓기와 마구리가 보이는 방향으로 쌓는 마구리쌓기가 있다. 일반적으로는 두 가지 방법을 혼합해서 사용한다.

영식쌓기는 길이쌓기와 마구리쌓기를 번갈아 사용하는 방식으로 벽돌을 쌓는 방법 중 가장 튼튼한 방법이다.

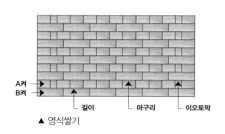
A켜
B켜
길이　마구리　이오토막
▲ 영식쌓기

화란식쌓기는 기본패턴은 영식쌓기와 동일하지만, 벽이나 모서리 부분에는 칠오토막을 사용해 비교적 간편하다. 모서

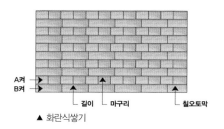
A켜
B켜
길이　마구리　칠오토막
▲ 화란식쌓기

리가 튼튼해서 가장 많이 사용되는 방식이다.

불식쌓기는 한 켜에 길이와 마
구리가 번갈아 나오도록 쌓는 방
법이다. 내부에 통줄눈이 생기는
단점이 있다.

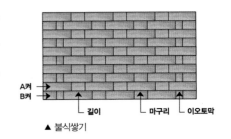
▲ 불식쌓기

미식쌓기는 뒷면은 영식쌓
기로 하고 표면의 치장벽돌은
5켜 정도는 길이쌓기를 하고
한 켜는 마구리쌓기로 해서 뒷
면의 벽돌과 맞물리도록 쌓는
방법으로 빠른 작업이 장점이다.

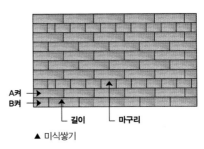
▲ 미식쌓기

시멘트벽돌만큼 많이 사용되는 조적재료가 있다. 바로 블록이
다. 블록은 흔히 시멘트블록(속빈 콘크리트 블록)을 많이 사용하고,
치수는 가로 390mm 높이 190mm이고 폭은 4인치, 6인치, 8인치
가 있다. 1인치가 25.4mm인 것을 감안하면 폭은 대략 100mm,
150mm, 200mm 정도의 치수가 된다. 블록의 개수를 산정하면 m^2
당 평균 13개가 사용한다.

블록쌓기 시공은 비교적 단순하다. 블록쌓기 1종은 블록 조인트
만 사춤하고, 블록쌓기 2종은 구멍 한 개를 더 사춤한다. 그리고

블록쌓기 3종은 모든 구멍을 사춤하는 방식이다. 일반 칸막이용으로 쌓을 경우는 블록을 깔고 사춤몰탈을 번갈아 깔고 그 위에 블록매쉬만 깔아서 시공한다. 구멍에 몰탈을 넣지 않아도 된다. 건물의 하중을 받는 보강 블록 쌓기는 블록매쉬와 수직 철근 시공 후 구멍에 몰탈 사춤을 해야 한다.

▲ 블록쌓기 시공

조적공사에서 줄눈은 매우 중요하다. 쌓는 방법에 따라 줄눈모양이 달라지는데, 디자인적인 요소뿐만 아니라 벽체의 강도에 지대한 영향을 준다.

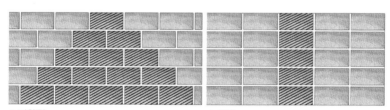
▲ 막힌줄눈　　　　　　　　　　▲ 통줄눈

막힌줄눈은 응력분산의 목적으로 시공한다. 보강블록 시공이 아닌 경우는 막힌줄눈으로 시공해야 안전하다. 통줄눈은 보강블록 쌓기 시 적용된다. 블록 조적 후 시멘트미장을 하지 않고, 그 모양을 그대로 살리는 쌓기 방법을 블록치장쌓기라고 부른다.

요즘은 시멘트블록뿐만 아니라 시멘트벽돌도 치장쌓기를 많이 한다. 재료 본연의 아름다움을 그대로 드러내는 것이다. 하지만 치장쌓기를 하려면 꼼꼼한 시공이 생명이다. 아무튼 노출콘크리트 건축의 인기 이후 건축업계에서 재료의 자연미를 강조하는 일이 많아졌다.

이 밖에 공간쌓기가 있는데 공간쌓기는 방습, 방한, 방음을 위해 시공하는 방법이다. 보통 벽돌을 1B를 쌓고 단열재를 붙이고 0.5B를 더 붙이는 작업을 말한다. 공간간격은 보통 70mm가 일반적이고, 물빠짐 구멍을 2m 간격마다 설치해야 한다. 구조체를 벽돌조로 만든 주택에는 이 방법이 많이 사용되었다.

| 참고 ✏ | ALC 란?

ALC(Autoclaved Lightweight Concrete)는 최근 일반 블록 대신에 신축공사에 벽체시공 자재로 많이 사용되는 제품이다. 앞으로 사용량이 점점 더 늘어날 것으로 기대된다. 재료의 특징을 살펴보면,

· 무게가 보통 콘크리트보다 1/4 정도 가볍다(경량성).
· 열전도율이 보통 콘크리트보다 1/10 정도 우수하다(단열성).
· 내화성과 불연성이 뛰어나다(내화재료, 불연재료).
· 흡음률이 10~20% 정도로 뛰어나다(흡음성, 차음성 정도다).

사실 많이 적용해보진 못했지만, 앞으로 성장가능성이 높은 재료인 것은 분명하다.

DIY Tip

조적조 구조로 만든 주택에는 백화현상이 가장 큰 문제다

백화현상은 벽에 침투하는 빗물에 의해 모르타르 중의 석회성분이 공기 중의 탄산가스와 결합해 조적벽면을 하얗게 오염시키는 현상이다. 대책으로는,
· 줄눈의 방수처리를 철저하게 한다.
· 차양, 루버, 돌림띠 등의 비막이를 설치한다.
· 표면에 발수제를 뿌린다.
· 염산과 물을 1 : 5로 섞어서 브러시로 닦아낸다.

백화현상이 있는 주택에는 위의 방법으로 우선 처리를 해보고 안 되면 전문가를 불러야 한다.

▲ 백화현상

미장공사

미장공사는 인체의 피부이식 수술과 비슷하다. 피부가 벗겨져 뼈가 드러나는 부위에 피부를 이식하는 작업이다. 리모델링에서는 미장으로 처리해야 할 부분이 유난히 많다.

▲ 미장 시공

1. 도면

상하수도공사, 난방공사, 균열보수공사, 조적공사 이후에는 보통 시멘트미장작업을 많이 한다.

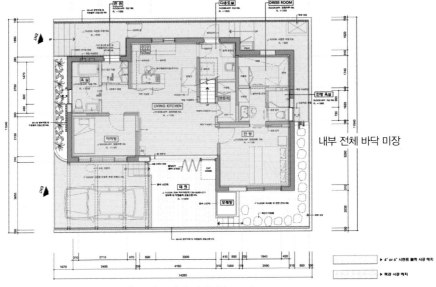

내부 전체 바닥 미장

▲ 1층 도면 – 바닥 미장부분(붉은색)

내부 전체 바닥 미장

▲ 2층 도면 – 바닥 미장부분(붉은색)

NO	품명	규격	단위	수량	재료비 단가	재료비 금액	노무비 단가	노무비 금액	경비 단가	경비 금액	합계 단가	합계 금액	비고
6	미장공사												
	[1층/다락]												
	[바닥 기계 미장]												
	기계미장 장비대 + 미장공	타설+미장	팀	1.0		–	600,000	600,000	400,000	400,000	1,000,000	1,000,000	
	레미콘	몰탈, 70T 기준	m³	7.0	100,000	700,000		–		–	100,000	700,000	
	먹매김+거푸집작업(기계미장준비)		식	1.0	50,000	50,000	350,000	350,000	30,000	30,000	430,000	430,000	
	장비신호수		인	1.0		–	130,000	130,000	15,000	15,000	145,000	145,000	
	[벽체미장/사춤 및 기타공사]												
	소규모시 적용	30평 이하	식	1.0	350,000	350,000	980,000	980,000	90,000	90,000	1,420,000	1,420,000	
	모래	미장사	루베		55,000	–		–		–	55,000	–	
	레미탈/시멘트		포		5,500	–		–		–	5,500	–	
	부자재 및 공구대		식		50,000	–		–	50,000	–	100,000	–	
	소운반		인			–	130,000		15,000		145,000	–	
	시공비	미장공 1:1	팀			–	360,000		30,000		390,000	–	
	[외부]												
	[바닥 기계 미장]	* 전면 마당, 북측, 동측 외부바닥 미장											
	기계미장 장비대 + 미장공	타설+미장	팀	0.5		–	600,000	300,000	400,000	200,000	1,000,000	500,000	동시작업
	레미콘	몰탈, 70T 기준	M3	4.0	100,000	400,000		–		–	100,000	400,000	
	먹매김+거푸집작업(기계미장준비)		식	0.0	50,000	–	350,000		30,000		430,000	–	동시작업
	장비신호수		인	0.0		–	130,000		15,000		145,000	–	동시작업
	[철거 벽면 보수/화단/수돗개]												
	모래		루베	1.0	55,000	55,000		–		–	55,000	55,000	
	시멘트	40KG/포	포	13.0	5,500	71,500		–		–	5,500	71,500	
	부자재 및 공구대		식	1.0	50,000	50,000		–	50,000	50,000	100,000	100,000	
	소운반		인	1.0		–	130,000	130,000	15,000	15,000	145,000	145,000	
	시공비	미장공 1:1	팀	1.0		–	360,000	360,000	30,000	30,000	390,000	390,000	
	1층 소계					1,100,000		2,060,000		535,000		3,695,000	
	외부 소계					576,500		790,000		295,000		1,661,500	
	계					1,676,500		2,850,000		830,000		5,356,500	

※ 지역, 기능공 수준, 사용재료 및 공법에 따라 가격 차이가 있다. 이 견적은 30평 규모의 단독
주택을 기준으로 했다(단, 섬 지역 제외).

주택에서 미장공사는 벽, 바닥, 사춤(틈막이)으로 구분된다. 벽은
조적벽체 미장(양면), 크랙부분 보수, 담장부분으로 볼 수 있으며,

바닥은 건물내부 바닥미장과 외부마당미장으로 나뉘며, 사춤은 창틀, 문틀 및 기타부분에 틈새를 막아주는 것이다.

예를 들어, 앞의 조적공사에서 조적면이 $18.4m^2$이고, 벽체 보수면적이 $30m^2$, 내부바닥미장 면적 $99m^2$(30평), 외부마당미장부분 $10m^2$, 사춤개소 4개소가 있다고 가정하자.

단, 벽두께 기준은 벽체미장두께는 20mm, 내부바닥미장두께는 100mm, 외부바닥미장두께는 50mm라고 가정하자.

1) 재료비 :

• **벽면적** : 66.8㎡(두께 20mm)(조적면적은 양면이라 18.4㎡×2= 36.8㎡ 이다)

  시멘트 : 66.8×0.02×510kg/40kg/포 = 17.034포(모래 1㎥당 시멘트 510kg)

  모래 : 66.8×0.02×1.1㎥ = 1.4696㎥(모래 1㎥당 체적이 1.1배 증가분)

  혼화제 : 20포(시멘트 1포당 대략 1~1.5포 소요)(500원/포)

• **바닥면적** : 109㎡(두께 100mm)

  시멘트 : 109×0.1×510kg/40kg/포 = 138.9포(5,500원/포 정도)

  모래 : 109×0.1×1.1㎥ = 11.99㎥(50,000원/㎥ 정도)

  물 : 건물 내에서 조달

  여유수량 추가계산 반영해야 함.

2) 인건비 :

• **미장공** : 벽 – 기공 1인당 20㎡/일 기준(1인당 18만 원 정도)

  　　　　　　　　보조공 기공 2인당 1명 기준(1인당 15만 원 정도)

  　　　　바닥 – 기공 1인당 30㎡/일 기준

보조공 기공 1인당 1명 기준

사춤 - 기공 1인, 보조공 1인 정도

- **자재운반** : 운반공 1인당 12~13만 원 정도. 운반수량은 운반경로, 숙련도에 따라 차이남. 평지 시멘트 150포당 1인, 모래 2㎥당 1인을 기준을 가정한다.

3) 경비 :

- **재료운반비** : 1회당 5~6만 원 정도. 이 경우 4~5회 정도.
- **소요인원에 따른 지출경비** : 15,000원/인
- **부자재 및 공구임대료** : 10~15만 원 정도

4) 종합견적 :

1) (18포+139포)×5,500원+(2㎡+12㎡)×55,000원+20×500원 = 1,643,500원

+ 2)180,000×(4+4+1)인+150,000×(2+4+1)인+130,000×(2+7)인 = 3,840,000원

+ 3) 50,000×5회+15,000×(9+7+9)인 = 625,000원

= 6,108,500원 정도다.

※현장여건(운반경로 등)과 기능공의 숙련도에 따라 금액은 변동될 수 있다.

3. 재료 및 시공

1) 미장재료

건축에서 미장재의 종류로는 여러 가지가 있지만, 우리가 흔히

미장이라고 하면 시멘트모르터미장을 말한다.

시멘트미장이 필요할 때는 다음과 같다.

· 전체 난방과 기타 설비공사 후 바닥미장
· 발코니 확장 공사 시 난방 후 바닥미장
· 화장실 욕조 철거 시 방수와 바닥미장
· 바닥문틀 제거 시 바닥높이맞춤미장
· 벽체 콘트리트 탈락부위미장
· 새시 시공 시 주변 벽체 파손 부위
  사춤미장
· 조적벽 시공 후 벽체미장

▲ 방문 문턱 미장

시멘트모르터의 조합은 시멘트(1) + 모래(3) + 물의 비율로 섞는다. 물은 모래의 함수율에 따라 차이가 많아서 정확한 비율을 말하기는 힘들다.

미장재를 만드는 방법은 크게 2가지가 있다.

① 손미장

손미장은 사람의 손으로 직접 시멘트, 모래, 물로 모르터를 만들어 작업하는 것이다. 주로 벽체미장이나 소량의 미장작업에 많이 사용하고 기계미장을 할 수 없을 때 작업한다. 손미장은 사람이 배합하므로 품질이 균일하지 못하고 작업시간이 길어진다. 그에 따라 많은 인원이 필요하다. 만약 혼합하는 것이 힘들고 소량이면 시멘트, 모래가 미리 적확한 용량으로 혼합되어 나오는 레미탈 제품을 사용해도 된다. 바닥 같은 경우는 스스로 바닥수평을 잡아주는 수평몰탈 제품도 있다.

② 기계미장(방통)

기계미장은 레미콘 공장에서 시멘트, 모래, 물이 정확하게 적정 비율로 배합된 몰탈을 전용차량(레미콘)을 이용해 운반해서 현장에서 펌프카로 타설하는 것이다. 바닥높이×평균높이를 정확하게 계산해 레미콘량, 동선, 시간 관리를 정확하게 해야 한다. 방통은 주택 한층 전체 바닥에 미장하는 등 일정규모 이상의 바닥미장을 할 때 사용한다. 균일한 제품시공이 가능하고 작업시간이 짧다. 소규모 공사 시에는 손미장보다 오히려 비용이 더 들 수 있으니 판단을 잘 해야 한다. 그리고 작업 전 차량계획 및 신호수를 잘 세워야 하고 미장높이에 따라 거푸집 작업을 철저하게 해놓아야 한다.

시공 후에 양생기간은 최소 2일 이상은 충격 없이 유지해야 한다. 그리고 바닥난방배관의 들뜸이 없도록 잘 살펴봐야 한다.

시공 시 모르터 바름 두께를 살펴보자.

① 벽미장

두께는 2회에 걸쳐 10~15mm 정도가 되도록 한다. 1회 바름 두께는 보통 6mm를 표준으로 한다. 신규 미장 면과 기존 미장 면이 만나는 부분은 홈파기를 한다. 이후 홈파기 부분은 탄성실란트 처리 후 마감해야 한다. 하지만 정확한 수치보다는 숙련공의 손작업에 따라 미장의 완성도가 달라진다.

② 바닥미장
- 기존 바닥 철거 시 흙바닥이거나 울퉁불퉁한 바닥일 경우는 석분+시멘트+물뿌리기를 해 난방바닥 수평을 맞춘다. 그리고 난방배관공사를 하고 손미장 또는 기계미장을 한다.
- 기존 바닥 위 미장일 경우는 난방바닥 수평을 맞추고 난방배관공사를 한 후 손미장 또는 기계미장을 한다.

최근에 많이 사용하는 황토미장재가 있다. 미장면에 황토몰탈로 미장 또는 도장하는 것을 말한다. 최근에 해초, 전분 등의 천연접착제를 섞어 만든 황토제품은 접착력이 좋고, 균열이 거의 발생하지 않는다. 친환경재료에 대한 관심이 높아지면서 콘크리트에서 나오는 라돈이라는 독성을 제거하고 건강한 공간을 만들어주는 데 많이 적용된다. 하지만 비용이 부담스럽고 천연황토제품이 확실한지에 대한 의문이 여전히 존재한다.

DIY Tip

보수미장

바닥미장부분 보수 시 미장 두께를 너무 얇게 처리하면 미장이 깨지는 사례가 많다. 그래서 부분 미장보수공사를 진행할 경우는 깨진 바닥미장부분을 깊이 파서 두껍게 미장을 해야 한다. 부분시공은 오히려 더 조심해야 할 부분들이 많다. 그렇지 않으면 시공해놓고 다시 원점으로 돌아갈 수도 있다. 그리고 초보자는 가급적 레미탈을 이용하는 것이 좋다.

노출미장공사

최근 카페 같은 상업공간이나 사무공간에 가면 시멘트미장만으로 바닥마감을 한 경우를 종종 보게 된다. 시멘트미장 면에 금이 있어도 그것을 멋으로 생각 하기도 한다. 그런데 사실은 시멘트 노출미장은 미장만으로 끝낸 것은 아니다. 미장 면 위에 한 번 더 마감재를 바른다. 보통 실내에서는 미장 면 위에 투명 에폭시를 한 번 더 칠해주고, 실외에서는 우레탄 하도재를 한 번 더 칠해준다. 투명에폭시가 광이 나고 조금 더 예뻐 보이긴 하지만, 실외에 사용하면 햇볕으로 인해 금방 문제가 발생한다. 그래서 실외에서는 우레탄 하도재를 주로 칠해서 마감해 준다. 미장 면 위에 그냥 칠만 해주면 되는 아주 단순한 작업이다. 아무튼 재료 본연의 느낌을 그대로 살리는 마감재의 인기는 앞으로도 계속될 것으로 보인다.

▲ 파이프서포트

07

방수공사

방수공사는 비오는 날 우의를 입는 것과 같다. 비오는 날 우의를 입으면 기존에 입고 있던 옷이 빗물에 젖지 않듯이, 건물에 방수 공사를 해놓으면 빗물이 균열된 건물내부로 침투하지 않는다. 건물에 빗물이 침투하면 더 큰 균열을 일으키고 건물내부에 결로와 곰팡이가 생긴다.

그래서 방수는 나중을 위해서 시간과 비용이 들더라도 원칙을 지키며 꼼꼼하게 시공해야 한다. 물론 리모델링의 한계는 있다. 하지만 차선책을 늘 염두해두고 시공해야 한다.

1. 도면

욕실바닥방수 같은 내부방수가 있고, 옥상방수 같은 외부방수가 있다. 내부와 외부에 따라 방수기법이 다르다. 방수공사는 시방서를 꼼꼼하게 살펴보고 시방서에 쓰여진 원칙에 준해 시공한다.

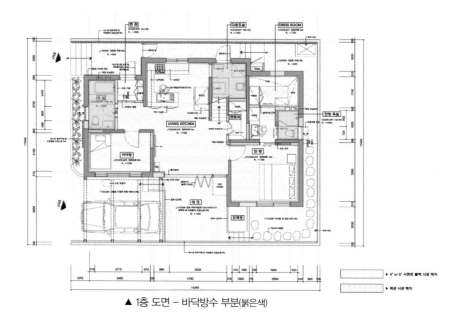

▲ 1층 도면 – 바닥방수 부분(붉은색)

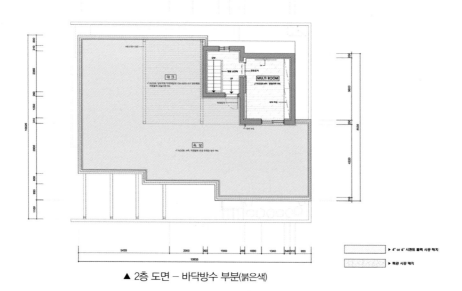

▲ 2층 도면 – 바닥방수 부분(붉은색)

단독주택 리모델링 무조건 따라하기

2. 견적서 및 견적방법

NO	품명	규격	단위	수량	재료비		노무비		경비		합계		비고
					단가	금액	단가	금액	단가	금액	단가	금액	
7	방수공사	전문방수공사											
	[1층/다락]												
	시멘트액체방수 1, 2종	욕실	개소	3.0	80,000	240,000	200,000	600,000	8,000	24,000	288,000	864,000	
	[외부]												
	유성 우레탄 방수	옥상(파라페트 H : 660)/다락 지붕	PY	43.5	110,000	4,785,000	-	-	-	-	110,000	4,785,000	회색/녹색
	1층 소계					240,000		600,000		24,000		864,000	
	외부 소계					4,785,000		-		-		4,785,000	
	계					5,025,000		600,000		24,000		5,649,000	

※ 지역, 기능공 수준, 사용재료 및 공법에 따라 가격 차이가 있다. 이 견적은 30평 규모의 단독 주택을 기준으로 했다(단, 섬 지역 제외).

욕실에는 시멘트액체방수공법 또는 비노출우레탄방수공법이 있고 지붕 및 발코니는 유성노출우레탄방수공법, 수성노출우레탄방수공법이 있다. 그리고 벽돌로 된 외벽에 다른 재료를 덧붙이지 않는다면 보통 수성발수제공법을 많이 이용한다.

1) 시멘트액체방수
보통 욕실/개소당 공사비는 200,000~250,000원 정도 소요된다.

2) 유성우레탄방수
보통 평당 공사비는 100,000~120,000원 정도 소요된다. 물론 바닥 상태에 따라 금액의 변동이 있을 수 있다.

시공방법에 따른 비용부담

구분	직접시공	전문방수업체
비용	직접시공 〈 전문방수업체	
A/S	건물주	책임방수(AS가능)
재료구입 및 인력동원	건물주	업체
공법선정	건물주	전문가 추천

3. 재료 및 시공

파라펫(옥상난간)
옥상바닥

▲ 옥상바닥과 파라펫　　　　　▲ 벽에 매입된 우수관

1) 방수공사(외부)

방수공사를 이해하기 위해서는 우선 주로 발생하는 누수의 위치를 먼저 아는 것이 중요하다. 외부에서 침투하는 누수는 옥상의 바닥, 파라펫(옥상난간), 옥상바닥과 파라펫의 이음매 부분, 우수관과 우수관 주변부가 제일 먼저 확인해야 하는 누수위치다. 그리고 건물외부벽체 크랙(금)과 벽체와 새시틀 이음부에서도 누수가 발생한다.

내부에서 발생하는 누수는 첫째, 욕실바닥, 발코니바닥, 다용도실 바닥 등 물을 바닥에 버리는 장소에서 발생한다. 둘째, 바닥난방 파이프 파열, 상/하수도 배관 파열로 인해 누수가 발생한다.

이 부분만 확인하면 누수를 잡을 수 있는데, 말처럼 그리 쉬운 작업은 아니다.

우선 누수가 잘 일어나는 주요부위를 확인하고 방수공법을 잘 결정해야 한다. 누수가 오래되면 그곳에도 곰팡이가 서식하게 된다. 누수는 거주하는 사람의 몸뿐만 아니라 정신건강에도 해롭다. 또한 누수를 오래 방치하면 건물구조에도 영향을 줄 수 있기 때문에 발견 즉시 해결하는 것이 좋다.

먼저, 방수공법을 이해해보자.

(1) 혼합형 유성우레탄방수재(평지붕 옥상에 적용)

주제와 경화제를 혼합해 시공하는 것으로 마지막에 햇볕 차단을 위해 UV코팅을 한다. 코팅재는 3~4년마다 재코팅을 해야 하며, 유성우레탄방수재는 시공 후 사용기한이 보통 7년에서 10년 사이라고 본다. 탄성재라서 신축성이 우수하고, 두께나 색상의 선택이 자유롭고 보행성이 좋다. 내구성에 조금 문제가 있지만 신축성이 좋아 크랙이 우려되는 곳에 좋다. 우레탄방수재는 대체로 가격이 비싼 편이라, 매월 관리비를 비축해서 시공하는 아파트 같은 공동주택에 주로 사용한다. 하지만 평지붕을 가진 단독주택에도 반드시 유성우레탄방수재를 권장한다. 유성우레탄방수재는 방수시공

▲ 유성우레탄 시공

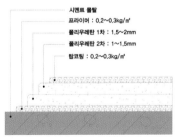
▲ 시공 단면도

된 곳을 만져보면 고무처럼 물렁물렁하고 광이 반짝반짝해서 쉽게 확인할 수 있다.

시공순서는 바탕청소 → 이음부 또는 크랙 보수 → 하도(프라이머) → 중도(우레탄) → 상도(탑코팅) 순으로 시공한다.
특별히 중도는 2~3회 정도 시공해줘야 확실한 방수가 된다.

(2) 일액형 수용성우레탄방수재(평지붕 옥상 또는 벽체에 적용)

바닥 하지정리를 한 후에 하도재를 주제와 경화제를 섞어서 도장한 다음, 보통 6시간 이후에 일액형 상도 수성우레탄을 도장하는 방수재다. 대체로 혼합형에 비해 시공이 간편하고 가격이 저렴해서 주로 소규모로 간편하게 작업하는 단독주택에서 많이 시공된다. 하지만 수용성우레탄방수재는 영하로 자주 떨어지는 중부지방에서는 사용에 신경을 기하는 것이 좋다. 겨울에 깨질 우려가 있다. 수명은 3~5년 정도다. 그래서 주기적으로 관리가 필요하다.

▲ 수성우레탄

▲ 수성우레탄 시공

시공순서는 바탕청소 → 이음부 또는 크랙 보수 → 하도(프라이머) → 상도(수성우레탄) 순으로 시공한다.

(3) 에폭시방수(지하바닥에 적용)

에폭시방수는 시공면의 청결함을 유지시켜주고, 부착력, 내마모성, 내약품성이 뛰어나다. 흔히 지하주차장, 화학공장에 많이 시공한다. 시공 면이 단단한 것이 장점이지만, 너무 단단해서 잘 깨지기도 한다. 특별히 직사광선에 취약해서 외부에는 잘 사용을 안 하고, 주로 그늘진 곳에 사용한다. 에폭시방수는 두 가지 시공방법이 있다.

첫째, 에폭시코팅은 도막층이 얇지만 내마모성과 분진 방진이 요구되는 바닥상태가 평탄한 곳에 시공한다. 굴곡이 심한 면에는 시공하기 어렵다. 공사금액은 에폭시 라이닝공법에 비해 1/3 이상 저렴하다.

시공방법은 바탕청소 → 에폭시 하도 → 에폭시 상도 1회 도포 → 에폭시 상도 2회 도포 순으로 시공한다.

▲ 에폭시 시공

▲ 시공 단면도

둘째, 에폭시라이닝방수는 에폭시 코팅에 비해 두꺼운 도막층을 형성해서 바닥의 거친 부분도 은폐가 가능하다. 두께가 보통 3mm 이상으로 시공되다 보니 재료비를 포함한 공사금액이 많이 비싸다.

시공방법은 바탕청소 → 에폭시 하도 → 에폭시 중도(표준권고두께 3mm) → 에폭시 상도 순으로 시공한다. 에폭시 상도는 내부공간에는 생략이 가능하다.

최근 바닥인테리어는 바닥미장 후 다른 바닥재료 없이 투명 에폭시코팅을 하는 카페, 사무실 등의 공간들이 많이 있다.

(4) 우레탄 실란트 처리(크랙보수재로 사용)

우레탄 실란트는 빠른 경화가 필요한 곳과 균열부위 보수 및 부분적인 보수공사를 위해 사용한다. 시공 후에는 탄성이 있는 고무와 같은 상태로 존재한다. 주로 사용되는 부위는 균열부위 1차적 보수, 수직 수평의 이음매 부위, 함몰 부위 등이다. 누수가 있지만 전체 옥상방수를 하기 힘들 때 눈에 띄는 누수균열부위에 우선 작업을 해놓으면 좋다. 사용방법은 실리콘작업과 비슷해서 비교적 쉽게 시공할 수 있다(실란트를 흔히 소세지라 부른다).

실란트 건 ▶

▲ 우레탄 실란트　　　　▲ 우레탄 실란트 시공

(5) 우레탄폼 발포지수공법(습기가 있는 크랙부위 적용)

콘크리트 구조물의 균열이나 이음매 부분 등에서 누수가 될 때 균열 내부의 물과 반응해 발포됨으로써 누수를 차단하는 공법이다. 주입된 약품은 균열 속에서 물과 만나는 즉시 물을 흡수해 빠른 속도로 경화, 팽창하면서 폼을 형성해 차수한다. 주로 지하공간 누수에 많이 사용한다. 하지만 이 공법은 장비와 숙련된 기술이 필요하기 때문에 누수 전문가에게 맡기는 것이 좋다. 그리고 조적벽체는 사용하지 않는 것이 좋다.

▲ 우레탄폼 발포 장비   ▲ 우레탄폼 발포 시공

(6) 에폭시 주입공법(습기가 없는 건식 크랙부위 적용)

시멘트보다 강도가 높고, 시멘트와 접착력이 좋은 에폭시를 사용해 수밀하지 못한 내부의 크랙부위를 에폭시로 충진시킴으로써 구조물을 보수 보강하는 공법이다. 구조물 보강용 에폭시수지 주입재는 미세한 균열이나 공극에도 쉽게 침투함으로써 강력한 접착력과 완벽한 방수 및 보강 효과가 있다. 운전 중 지하터널을 통과할 때 천정에 주사기같이 생긴 것이 매달려 있다면 에폭시 주입

시공을 하고 있는 것이다.

▲ 에폭시 주입

▲ 에폭시 주입 시공

(7) 우레탄폼 방수공사(경사지붕 옥상에 적용)

우레탄폼 방수는 바닥상태가 불량하더라도 시공이 가능해 주로 슬레이트지붕이나 기와지붕에 많이 사용한다. 도막의 두께를 쉽게 올릴 수 있고 비용이 저렴하다. 사람이 자주 발을 디디게 되는 평지붕에도 이 공법을 사용하기는 하는데 단열을 목적으로 하는 것이 아니라면, 그리 추천할 만한 방수 방법은 아니다. 이 공법 역시 전문가에게 맡겨야 한다.

▲ 우레탄폼 방수 시공

(8) 외벽크랙보수(아파트 또는 주택 외벽)

외부가 페인트칠로 마감된 건물 중에서 구조적으로 문제는 없지만 누수 우려가 있는 작은 크랙이 있다면, 크랙보수재로 해결할 수 있다.

시공순서는 바탕청소 → 프라이머 바름 → 크랙보수재 바름 → 외부수성 페인트칠의 순이다. 우리 주변의 아파트 외벽이나 단독주택 외벽에 페인트 바르기 전에 흰색으로 너저분하게 발라 놓은 것을 본 적이 있을 것이다. 이것이 바로 크랙보수재다.

▲ 크랙 보수

외벽이 벽돌이나 타일로 마감된 경우 일반 크랙보수재를 적용하기는 어렵다. 이런 경우에는 수성 발수재를 사용한다. 참고로 방수재는 주로 바닥에 적용하며 물이 바닥 밑으로 침투하지 않고 고여있게 만들어 나중에 증발하게 만드는 것이고, 발수재는 주로 벽체에 적용하며 물이 벽속으로 침투하지 못하게 만들어 그대로 아래로 흘러 내려가게 해주는 것이다. 이것은 크랙보수재가 아니다.

시공순서는 시공면 물청소 → 큰 크랙부위 실리콘 등으로 보수 → 수성발수제 뿜칠하기 순이다.

▲ 수성발수제 시공

▲ 시공(전)

▲ 시공(후)

2) 방수공사(내부)

(1) 시멘트액체방수(욕실/다용도실/발코니 바닥에 적용)

내부 욕실 바닥이나 발코니 바닥에 가장 많이 사용하는 시공방법이다.

시공순서는 방수시멘트페이스트 → 방수용액 → 방수시멘트페이스트 → 방수용

▲ 시멘트액체방수

액 → 방수시멘트페이스트 → 방수몰탈 순이다.

방수시멘트페이스트는 시멘트+방수액+물을 혼합한 것이고, 방수몰탈은 시멘트+방수액+물+모래를 혼합한 것을 말한다. 방수액은 방수전문점이 아니라도 철물점에서도 쉽게 구할 수 있다. 현장에서는 흔히 액방이라고 부르고 아파트공사에서는 주로 욕조철거 후 바닥방수에 가장 많이 시공한다. 하지만 시공기술에 따라 방수기능이 조금 떨어질 수도 있다.

바닥방수 시공

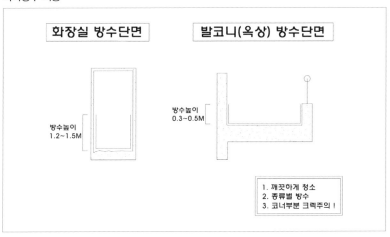

(2) 비노출형 우레탄(욕실/다용도실/발코니 바닥에 적용)

시멘트액체방수만으로 누수가 우려된다면, 액체방수를 시공한 이후에 비노출형우레탄을 한 번 더 도포해주는 것이 좋다. 비노출형 우레탄은 노출형 우레탄과 비슷하지만, 중도

▲ 비노출형 우레탄 시공

재의 두께가 얇고, 상도코팅 대신 누름콘크리트(두꺼운 미장이라 생각하면 된다)로 마감하는 것이 다르다.

시공방법은 시공면 바탕정리 → 우레탄하도도포 → 우레탄중도도포 → 누름콘크리트마감(미장재) 순으로 시공한다.

방수 후 3~4일 이상 건조를 시켜야 나중에 타일줄눈에 변색이 안 생긴다.

(3) FRP방수(목조주택 내부바닥 방수에 적용)

▲ FRP방수 시공 순서도

흔히 FRP하면 옥상에 있는 물탱크를 떠올리겠지만, FRP방수공법도 있다. 주로 목조주택에 많이 사용하긴 하지만, 모든 방수공법 중에서 가장 확실한 방수라 할 수 있다.

시공방법은 벽과 바닥이 만나는 조인트보강 → (FRP방수액+유리섬유)를 여러 번 시공해서 방수틀 형성 → 탑코팅 순으로 시공한다.

한마디로 바닥에 FRP물탱크를 만든다고 생각하면 된다. 건물에 틈이 많고 조금 흔들릴 수 있는 목조주택에 가장 많이 시공된다.

(4) 상하수도관/난방파이프/우수관 파열 누수

마지막으로 난방엑셀파이프, 상하수도PVC파이프, 우수관PVC파이프 등에 구멍이 났거나 깨졌다면, 파열된 부위를 찾아내서 그 부위를 자르고 이음부속으로 새롭게 연결해야 한다. 사실 그 부위를 찾아내는 것이 쉽지는 않다. 그래서 누수탐지기를 이용하기도 한다.

보통 난방파이프가 터졌다면 바닥 표면에서 눈으로 쉽게 확인할 수 있다. 만약 장판재면 걷어 내 확인할 수 있고, 마루재라면 마루가 부풀어 오르거나 검정색으로 썩어 들어가는 것을 눈으로 쉽게 확인할 수 있다.

그리고 옥상 우수관 파열은 우수관이 관통하는 외벽의 특정 부위에 결로와 곰팡이가 많이 생겨서 쉽게 확인이 가능하다. 하지만 상하수도파이프는 쉽게 확인하기 어렵다. 상수도는 갑작스럽게 수도요금이 많이 나오는 경우 누수를 의심할 수 있다. 이럴 경우, 우선 양변기/세탁기/정수기 조절밸브나 수도꼭지를 잠그고 수도계량기를 다시 한번 확인해보기 바란다. 그래도 누수 확인이 어렵다면 누수탐지전문가에게 문의하자. 하지만 하수도는 정말 찾기 어려운 경우가 많다. 이럴 경우 반드시 누수전문가를 찾아가서 조언을 구해보자.

DIY Tip

1. 실리콘과 실란트의 차이

실리콘은 한 번에 사용하는 1액형이고, 실란트는 주제와 경화제를 섞어서 사용하는 2액형이다. 실리콘은 굳는 시간이 비교적 길고, 굳으면 고무처럼 말랑거린다. 주로 인테리어 마감재로 사용한다. 실란트는 굳으면 딱딱해진다. 주로 균열보수용으로 사용한다.

2. 실리콘의 종류

1) 초산형 실리콘은 건축용으로 많이 쓰이며, 단단하게 접착이 잘 되는 반면 시공할 때 특유의 냄새가 많이 난다.
2) 무초산형 실리콘은 시공할 때 냄새가 거의 없고 곰팡이가 잘 생기지 않는 장점이 있다. 물을 많이 사용하는 화장실 또는 씽크대 상판에 많이 사용한다. 그 외에 건축용으로 요즘은 초산보다 더 많이 사용한다. 하지만 건조 후 실리콘 위에 칠이 잘 되지 않는다.
3) 수성실리콘(아크릴 실리콘)이라고 하며 도배시공, 페인트시공 전에 틈을 메꿀 때 많이 사용한다. 건조 후 실리콘 위에 칠이 잘 된다.
4) 탄성실리콘은 도장공정에서 크랙보수 전용으로 나온다. 수성실리콘보다 탄성이 좋아서 균열에 잘 견딘다. 건조 후 실리콘 위에 칠이 잘 된다.
5) 바이오실리콘은 무초산형에서 향균용으로 나온 제품이다. 화장실, 주방씽크대 상판에 주로 사용한다. 주로 흰색과 투명을 많이 사용한다.
6) 내열실리콘은 보일러 연통부분을 고정시킬 때 사용한다. 열에 매우 강한 제품이다.

3. 실리콘시공 방법

실리콘시공 시 기술자는 실리콘총의 압력, 구멍 크기, 일정한 시간을 동시에 경험적으로 구사해서 시공 후 별도의 마무리 작업 없이도 깔끔하게 시공한다. 만약 실리콘시공 후 마무리 작업을 꼭 해야 할 경우는 손가락에 물을 살짝 묻혀서 매끄럽게 닦아 주든지, 실리콘 빈통 뒷부분을 조금 구부려서 긁어 주면 깔끔하게 마무리 된다. 초보자는 처음부터 실리콘을 시공할 부위 위쪽과 아래쪽에 마스킹테이프를 이용해 11자로 깨끗이 부쳐서, 실리콘을 바른 후 손가락에 물을 살짝 묻혀서 매끄럽게 닦아 주고, 마스킹테이프를 천천히 걷어내면 전문가가 바른 것처럼 깨끗하게 마감할 수 있다.

▲ 욕조 실리콘 작업 전 마스킹테이프 작업

08

전기/소방공사

개인적으로 리모델링에서 전기공사는 전체 공정 중에 가장 중요한 공정이라 생각한다. 벽지 도배와 같은 소위 마무리 공정들은 마음에 들지 않아도 시간이 지나면 시각적으로 금방 적응이 된다. 하지만 전기공사를 적절한 곳에 제대로 해놓지 않으면 사는 내내 불편해질 수 있다. 내 책상 근처에 콘센트가 없다고 생각해보시라! 계단조명 스위치가 위층에만 있고 아래층에는 없다고 생각해보라. 전기공사는 어렵다고 생각하지만 알면 쉽다. 하지만 비전문가가 하면 안전에 위협이 되기도 한다. 전기공사는 반드시 전기공사등록업체에게 시공을 의뢰해야 한다.

1. 도면

전기공사는 우리 생활과 밀접하게 관련이 있고 마감을 하면 다시 시공하기 어렵기 때문에 꼼꼼하게 살펴보고 시공해야 한다.

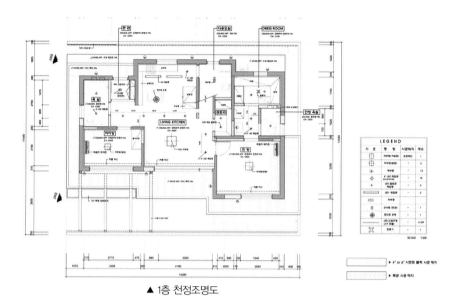

▲ 1층 천정조명도

▲ 2층 천정조명도

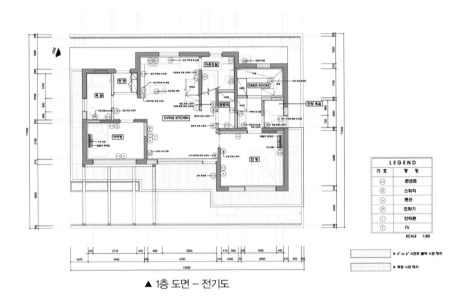

▲ 1층 도면 – 전기도

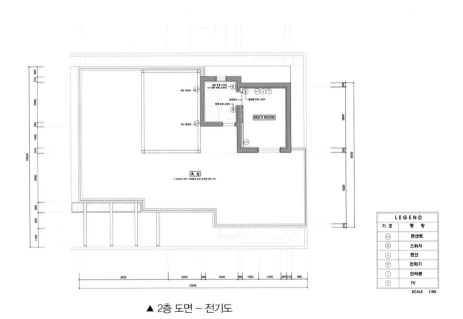

▲ 2층 도면 – 전기도

2. 견적서 및 견적방법

NO	품명	규격	단위	수량	재료비 단가	재료비 금액	노무비 단가	노무비 금액	경비 단가	경비 금액	합계 단가	합계 금액	비고
8	전기공사												
	[1층/다락]												
	배선/배관 공사(주택)	전기/인터넷/통신 외	평	33.0	60,000	1,980,000	50,000	1,650,000		–	110,000	3,630,000	
	인터폰(스크린형)	소형컬러액정, 핸즈프리	조	1.0	280,000	280,000		–		–	280,000	280,000	없음
	분전함	차단기5회로	조	1.0	80,000	80,000		–		–	80,000	80,000	
	[외부]												
	전기용량 증설신청	한국전력	식										별도공사
	전기계량기 교체/증설	한국전력	식										별도공사
	1층 소계					2,340,000		1,650,000		–		3,990,000	
	외부 소계					–		–		–		–	
	계					2,340,000		1,650,000		–		3,990,000	

※ 지역, 기능공 수준, 사용재료 및 공법에 따라 가격 차이가 있다. 이 견적은 30평 규모의 단독
주택을 기준으로 했다(단, 섬 지역 제외).

　　전기공사는 등록된 전문업체에서 시공해야 한다. 전기공사는 리모델링도 신축공사처럼 똑같이 시공해야 하기 때문에 자세히 견적을 내는 것은 무의미하다. 부분적인 공사는 보통 하루 인건비(22만 원 정도)와 재료비(5만 원 정도)를 합해서 정산한다.

　　조명/전열 전기내선작업, TV, 인터넷, 스위치/콘센트 등의 기본적인 작업이 있고, 추가로 인터폰, 전기증설, 분전함 교체 같은 작업도 병행되는 경우가 많다. 지역마다 차이가 있지만 평균적으로 평당 11만 원 정도로 책정한다. 여기에 인터폰, 분전함 등의 비용이 추가된다. 물론 소방 관련 비용은 별도다.

3. 재료 및 시공

1) 전기공사

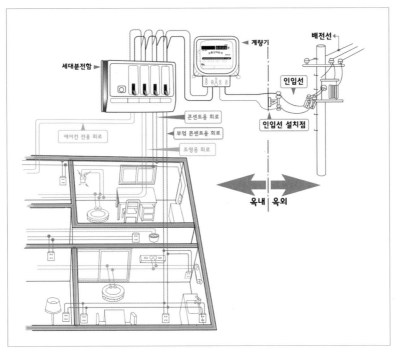

배전선

계량기

세대분전함

인입선

인입선 설치점

콘센트용 회로

에어컨 전용 회로

부엌 콘센트용 회로

조명용 회로

옥내 | 옥외

▲ 전기 흐름도 스케치

그림은 전기가 어떻게 흘러가는지를 이해하기 위해 간단히 스케치한 것이다. 실제 전기작업은 이보다는 복잡하지만 이 정도만 이해해도 작업을 충분히 할 수 있다.

일반 가정에서 사용하는 전기는 교류전기를 사용한다. 교류전기는 플러스 마이너스를 구분하지 않는 전기다(플러스 마이너스를 구분해서 사용하는 전기를 직류전기라 한다).

교류전기의 종류는 크게 단상과 삼상으로 나눌 수 있으며, 단상에는 단상이선식과 단상삼선식이 있다. 일반 가정은 단상이선식을 사용한다. 우리가 흔히 두꺼비집이라고 말하는 분전반은 간선으로부터 각 선로로 갈라지는 분기회로마다 개폐가 가능한 스위치를 한곳에 설치해두고 관리하는 곳이다. 분전반은 전력회사(한전)로부터 가정에 공급되는 전기를 사용하는 기기에 맞게 분배해주는 곳으로 주택의 경우 주로 현관에 설치하고 있으며, 누전차단기 한 개와 배선용차단기 몇 개(보통 4~5개)로 구성되어 있다. 보통 각종 기기의 종류에 맞게 조명기기용, 콘센트용, 용량이 큰 에어컨/전열기기용 등으로 나눈다. 이렇게 나누어 놓으면 콘센트에 연결된 전기기기로 인해 차단기가 차단된다고 해도 조명기기에 빛이 들어오게 되며 반대로 조명기기에 문제가 생겨 차단이 되도 콘센트에 연결된 전기기기들은 사용이 가능해 비상 시 전등기기를 콘센트에 연결해 빛을 비추고 이상부분을 점검할 수 있다.

(1) 전기용량

- 가정용 전기용량 : 계약전력 월 기본 3kwh~5kwh/220V를 기본
- 상가 전기용량 : 계약전력 월 기본 5kwh로 필요량에 따라 증설 사용. 220V 기본사용에 380V 사용제품은 별도 검토해야 한다.

※ 월 전기사용 용량 중 최대치의 용량(kwh)을 450(시간)으로 나누면 증설에 필요한 용량을 산출할 수 있다. 또는 소비전력제품의 수량으로 계산할 수 있다. 자세한 계산법은 다음에 풀어 놓았다.

① 전기 용량 증설비용 산출(2013년기준)

- 전기업체 전기공사비 필요 시 별도/증설 인허가비 별도책정(업체견적)
- 지상(전신주) 이용 시 한전 증설비 : 기본 5KW 542,000원 추가, 1KW당 94,600원
- 지중(지하매립)이용 시 한전 증설비 : 기본 5KW 579,700원 추가, 1KW당 135,300원

만약 상가에서 기본 10kwh를 사용하다가 6kwh가 추가로 필요하다면, 지상이용 시 94,600×6=567,600원의 한전 증설비가 필요하다.

하지만, 20kwh를 사용하다가 4kwh분 만큼의 여유가 생겨 기본을 낮출 경우는 한전에 신청만 하면 추가비용은 발생하지 않는다.

증설 시에는 기본요금과 추가사용분의 요금을 계산해 올리는 것이 현명하다.

② 전기 계량기 증설

- 세대를 분리할 경우나 증축의 경우 계량기를 추가 설치해야 할 경우는 전기증설비용과 별도로 계량기 설치비가 소요된다.
- 한전용 계량기와 사제 계량기로 나눌 수 있다.
- 1대당 설치비는 대략 50~60만 원 선으로 생각하면 된다(계량기 종류에 따라 다르다).

전자식 계량기
(220V/단상2선식)

전자식 전력량계
(220V/단상2선식)

전자식 전력량계
(380V/3상4선식)

가정용 계량기
(220V/단상2선식)

전자식 CT계량기
(220V/380V/5(2.5A))

전자식 피크계량기
(220V/380V/5(2.5))

③ 전자제품의 기본사양 및 용량

주택에서 사용하는 제품 용량

제품	평균 기본전력(W)	사용시간(H/일)	평균 수량(EA)	산출 전(Kwh/월)	비고
에어컨(15평)	1,750	3	1	157.5	
오븐기	1,000	1	1	30.0	
전자렌지	1,000	1	1	30.0	
청소기	600	1	1	18.0	
전기밥솥	500	4	1	60.0	
세탁기	450	2	1	27.0	
프린터	430	1	1	12.9	
김치냉장고	250	24	1	180.0	
냉장고	200	24	1	144.0	
TV	150	8	2	72.0	
컴퓨터	100	4	1	12.0	
모니터	70(40~100)	4	1	7.2	
형광등	21(10~32)	6	5	18.9	
스텐드	20(10~30)	2	2	2.4	
백열전구	60(10~100)	6	40	432.0	
선풍기	50	5	2	15.0	
오디오	40	1	1	1.2	
전화기	10	24	1	7.2	
LED조명	8	12	12	17.3	
소 계				1,244.6	

앞의 계산식을 근거해보면 1,244/450=2.76 즉, 3kwh의 기본 전력이 필요하다.

(2) 전기설비자재

① 차단기와 분전함

누전차단기는 배선이나 전기기기의 누전을 감지해 전기를 자동으로 차단해주는 장치이며 과전류 차단기능을 포함하고 있다. 누전은 한 극에서 출발한 전류가 다른 극으로 100% 돌아오지 않고 다른 곳으로 새는 현상을 의미한다. 배선용 차단기는 전기가 통하고 있는 상태의 전기선을 전기조작 또는 수동으로 연결 또는 차단할 수 있으며 과부하 및 단로 등의 이상상태 발생 시 자동으로 전기를 차단하는 기기다. 보통 가정에서는 한 개의 누전차단기를 사용하고, 상업용 전기를 사용하는 곳은 각 배선마다 누전차단기를 사용한다.

분전함은 차단기의 회로 구성으로 이루어진다. 분전함에 있는 차단기 종류를 살펴보면 다음과 같다.

- 메인차단기 : 옥외전력선을 연결한 곳
- 배선차단기 : 분전반에서 전류를 차단하고 연결(메인과 보조).
- 누전차단기 : 퓨즈와 같은 기능. 과전류 시 자동적으로 전류 차단. 화재방지

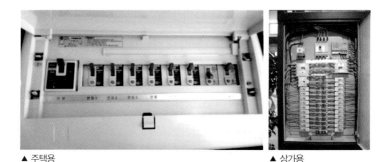

▲ 주택용   ▲ 상가용

차단기를 들여다봤을 때 30A = 5kwh, 40A = 8kwh의 허용전력
이 가능하다는 뜻이다.

분점함/차단기 시공방법은 다음과 같다.

· 층별로 분리한다.
· 조명(전등)용과 콘센트(전력)용으로 분리한다.
· 용량이 높은 제품은 별도 차단기를 구성한다.
· 여유 차단기를 만든다.
· 차단기별 명칭을 적어 놓는다.

② 전선관

강제전선관은 가장 안전한 전선관이다. 소방에 관련된 전선관은
반드시 강제전선관을 사용한다. 하지만 가격의 부담 때문에 보통
의 전선에는 잘 사용하지 않는다. 일반적으로는 PVC전선관을 많
이 사용한다. 절연성이 좋고 시공성이 우수하기 때문이다. 대체로

화재에 약하지만, 시공비가 적게 든다. 가요전선관(flexible)은 일반 전선관과 전등 사이를 연결할 때 사용되는 전선관이다. 위치가 분명하지 않은 전등에 자유롭게 전선의 연결이 가능하다. 대부분의 전기공사는 이 전선관으로 시공한다.

▲ 강제 전선관

▲ 가요전선관(CD관)

③ 전선

절연전선은 동선의 표면을 비닐, 합성수지, 고무 등의 절연물로 피복한 것이다. 주로 전선관 속의 배선에 많이 사용한다. 코드는 여러 가닥의 가는 동선을 꼬아서 묶음으로 만들고 비닐, 고무 등으로 절연 피복한 것이다. 주로 전자제품 선으로 사용하기 때문에 일반인이 직접 시공할 일이 거의 없다. 전자제품에 만들어진 것을 사용만 하면 된다. 케이블은 전연전선이나 코드에 또 한 번 절연물로 피복한 것이다. 물, 가스, 화학약품 등에 피해를 가장 적게 입는다. 케이블 역시 일반적인 전기공사에 잘 사용하지는 않는다.

전선의 종류에 따른 구분

차단기당 적정전력　　　　　　　　　　　차단기용량

단상220V		삼상380V		부하의 최대전류	정격전류 용량	CV케이블(가공용)허용전류A		
Kw	전선굵기	Kw	전선굵기			전선굵기	2C	4C
2Kw	2.5SQ	7Kw	2.5SQ	12A	15A	2.5SQ	36A	32A
3Kw	2.5SQ	9Kw	2.5SQ	16A	20A	4SQ	49A	42A
5Kw	4SQ	14Kw	4SQ	24A	30A	6SQ	63A	54A
6Kw	6SQ	18Kw	6SQ	32A	40A	10SQ	86A	75A
7Kw	6SQ	23Kw	10SQ	40A	50A	16SQ	115A	100A
9Kw	10SQ	28Kw	16SQ	48A	60A	25SQ	149A	127A
11Kw	10SQ	35Kw	16SQ	60A	75A	35SQ	158A	158A
14Kw	16SQ	47Kw	25SQ	80A	100A	50SQ	225A	192A
19Kw	25SQ	59Kw	35SQ	100A	125A	70SQ	289A	246A
24Kw	35SQ	71Kw	50SQ	120A	150A	95SQ	352A	295A
29Kw	35SQ	89Kw	70SQ	140A	175A	120SQ	410A	346A
31Kw	50SQ	94Kw	70SQ	160A	200A	15SQ	473A	399A
35Kw	70SQ	106Kw	70SQ	180A	225A	185SQ	542A	456A
39Kw	70SQ	118Kw	95SQ	200A	250A	240SQ	641A	538A
49Kw	95SQ	142Kw	120SQ	240A	300A	300SQ	741A	621A

※ 전선 중에 1.2mm, 1.6mm, 2.0mm, 2.6mm, 3.2mm라는 것이 있는데 mm의 단위는 전선의 지름이다 (SQ : 전선의 단면적).
※ 전선의 굵기가 허용전력의 크기를 좌우한다.

| 참고 🖊 | 우리집 전선사용 상태 점검하는 법!
1) 분전함 속 차단기의 숫자를 확인해 본다(조명용과 콘센트용의 숫자는?).
2) 앞의 가전제품 용량을 기준으로 계산해본다.

(3) 전기시공

　전기공사는 일반적으로 목공사 전이나 목공사 중에 병행해서 작업한다. 목공사 이후에 작업하면 목공사 부분을 다시 해야 할 수도 있다.

전기공사는 크게 두 가지로 구분된다. 구조변경이 없는 아파트, 빌라, 맨션과 구조변경이 많은 주택, 상업공간, 사무공간 등으로 구분된다. 구조변경이 없는 공사에서 전기공사는 선택사

▲ 분전반 시공

항이고 구조변경이 있는 공사에서는 반드시 해야 하는 필수사항이다. 물론 구조변경과 관계없이 전선이 오래된 건물에는 전선 전체를 교체해야 한다. 아파트 인테리어처럼 전기공사를 거의 하지 않고 부분적인 공사만 할 경우에는 당연히 전기공사비가 적게 든다. 하지만 전선 전체를 교체해야 하는 경우에는 보통 평당 전기시공 견적을 낸다.

① 전기시공 개요/순서

- 목공사 수행 전 또는 병행해 전선관(CD관) 설치를 한다(전선관 고정 및 필요위치에 대한 고려 때문이다).
- 전선관은 분전함~콘센트(스위치), 스위치~조명 등으로 설치한다. 혹시나 하는 부분(변수)이 예상되는 곳은 전선관만 설치한다.
- 전선관에 절연전선을 입선한다.
- 입선한 전선을 결선한다. 결선 즉시 마감 커버(콘센트, 스위치)를 씌운다(전선만 노출될 경우, 전기테이프로 반드시 절연조치한다).
- 전선테스트기로 시운전 및 누전 검사한다.
- 조명을 설치한다.

② 시공 시 배선기구의 설치 위치

사무공간에서 콘센트의 위치는 벽 길이 2m 이내마다 높이 300mm에 배치를 표준으로 한다.

주거공간의 콘센트 위치는 벽 길이 3.6m 이내마다 높이 300mm에 배치를 표준으로 한다. 그래서 방에는 보통 2~3개의 콘센트가 설치된다.

스위치의 위치는 조명이 설치되는 곳에 가장 편리하다고 생각되는 곳에 하나씩 설치된다. 보통 방 조명 스위치는 방 안쪽 입구에서 가장 손이 잘 닿는 곳에 설치하고 바닥에서 높이 1.2m 정도를 표준으로 한다. 복도와 계단은 양쪽 끝에 1개씩 총 2개소 이상 설치한다. 특히 계단 스위치를 한쪽만 설치하면 굉장히 불편해지니 꼭 주의해야 한다.

③ 전기회로 구성하기

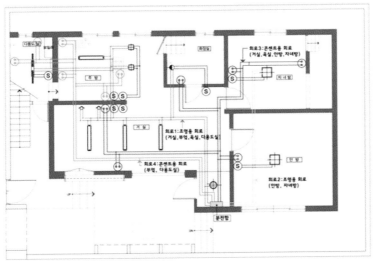

▲ 전기회로 구성 도면

조명회로 : 도면에서 조명의 위치와 스위치에 대한 위치를 선택하자. 한 개의 방에서도 여러 개의 스위치를 사용할 수 있다(메인, 간접). 계단의 경우 3로 스위치를 사용하자.

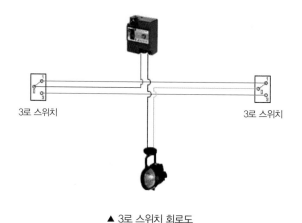

3로 스위치   3로 스위치

▲ 3로 스위치 회로도

전열(콘센트)회로 : 사용위치와 사용전력 용량을 검토하자. 이후 변동 시 전력용량을 검토하자.

통신회로(인터넷과 전화) : 공사지역에 따라 통신회사(SKT, KT, LG, 유선)에서 공급하는 방식이 다르므로 사전 검토해 필요위치에 시공한다.

(4) 전기업체 선정하기

전기업체는 한전에 서류대행 등 규정에 입각한 행정처리가 가능하도록 등록된 업체를 선정한다. 그리고 전기공사는 절대 직영공사로 수행하면 안된다.

기본적으로 신축공사 시 피뢰설비의 접지공사와 내선전기의 접지공사를 한다. 접지의 방법은 건물의 과전류(피뢰, 내선)를 접지선으로 유도해 땅속으로 흘려보내는 것을 의미한다. 인테리어에서는 내선작업 시 접지선 연결로 마무리한다.

2) 소방공사

(1) 소화설비

① 소화기

- 분말소화기는 각 세대별로 각 층 복도에 배치하고 화재 시 수동으로 사용한다.
- 자동확산소화기는 각 세대 보일러 상부에 설치하며 화재 시 자동으로 약제가 분사된다.
- 자동식소화기는 각 세대 주방에 설치하며 가스누설 시 자동으로 가스가 차단되며, 주방 화재 시에는 자동으로 약제가 분사된다.

② 옥내소화전설비

각 라인 층별로 설치하며, 화재 시 소화전내부 밸브를 개방해 수동으로 물을 분무하는 방식이다.

③ 스프링클러설비

각 세대에 설치하며, 각 세대로 가는 배관에는 물이 차 있다. 화재 시 스프링클러 감열부가 녹으면서 자동으로 물이 분사된다.

(2) 경보설비

① 자동화재탐지설비

- 화재수신반은 관리사무소의 방재실에 설치되어 화재 시 모든 상황을 확인 제어한다.
- 발신기는 각 라인 층별로 옥내소화전에 설치되어 화재 시 수동으로 버튼을 누르면 화재수신반에서 화재상황을 확인한다.
- 차동식감지기는 일정 온도 이상의 온도차이가 나면 감지되는 것으로 각 세대 방 및 거실에 설치한다.
- 정온식감지기는 일정온도 이상으로 온도가 올라가면 감지하는 것으로 각 세대 주방에 설치한다.
- 연기식감지기는 연기로 화재를 감지하는 것으로 계단 및 엘리베이터 전실에 설치한다.

② 비상방송설비

화재 시 자동으로 화재 발생층과 그 상위층에 대피안내방송이 된다. 각 세대 스피커에 설치한다.

(3) 피난설비

① 피난기구

- 공기안전매트는 방재실 또는 관리사무실에 설치하고 화재 시 사람이 건물 내에서 외부로 뛰어 내릴 때 사용한다.
- 완강기는 3~10층 각 세대에 설치하고 화재 시 사용자의 중력으로 내려온다.

▲ 완강기

② 유도등(상시 켜두는 곳도 있고, 비상 시에만 켜지는 곳도 있다)

- 피난구 유도등은 11층 이상 출입문에 설치
- 통로 유도등은 11층 이상 계단에 설치

③ 유도표지

- 피난구 유도표지는 10층 이하 출입문에 설치한다.
- 통로 유도표지는 10층 이하 계단에 설치한다.

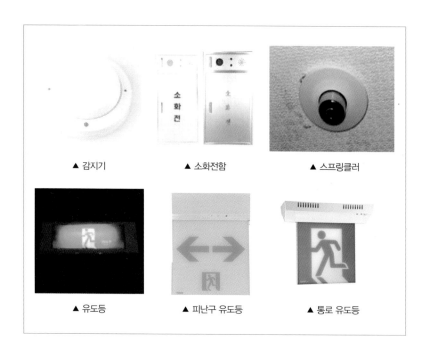

▲ 감지기   ▲ 소화전함   ▲ 스프링클러

▲ 유도등   ▲ 피난구 유도등   ▲ 통로 유도등

(4) 내부소방공사 시 주의사항

소방설비는 신축 시에는 반드시 설치하고 보통 소방전문업체가 시공을 한다. 하지만 인테리어 공사에서는 보통 감지기 정도를 새 것으로 교체한다. 그러나 천정도배를 하면서 감지기를 없애거나 주방 씽크대를 교체하면서 자동식소화기를 없애버리는 일이 많다. 이런 부주의가 화재 발생 시 인명과 재산의 피해를 줄 수도 있다.

(5) 소방설비의 포인트

① 주택의 경우

개별 감지기와 소화기구가 있어 단순 부착식으로 공사가 가능해서 쉽게 소방설비를 마련할 수 있다.

② 상가의 경우

소방설비는 전기소방과 기계소방으로 나뉜다. 전기소방은 제어신호판, 유도등, 감지기(연기,열) 등이 있고 기계소방은 스프링클러, 완강기 등이 있다.

상가는 용도와 면적에 따라 소방법을 검토해 설치해야 한다. 건축에서 적용받는 소방법은 내화성능, 난연등급, 피난동선, 방화문/셔터 등이 있다.

DIY Tip

1. 전기공사에서는 소비자가 꼭 체크해야 할 부분

- 나중에 설치하는 TV선/인터넷선을 위해 전선관을 미리 매립해놓으면 시공 후 마감이 깨끗하다.
- 욕실의 환풍기선, 조명선이 붙어 있다면 타일공사 전에 미리 선 분리작업을 해놓아야 한다.
- 주방설계에 맞게 식탁 등의 위치를 재조정해야 한다.
- 인터폰 위치를 변경 시 목공사 전에 미리 선을 옮겨놓아야 한다.
- 거실 등처럼 등 개수가 많은 조명은 등 스위치를 분할해놓으면 공간의 필요에 따라 밝기를 조절할 수 있다. 책 읽기 좋은 조도가 있고, TV보기 좋은 조도가 있기 때문이다.
- 주방, 거실, 서재처럼 콘센트가 많이 필요한 곳은 미리 적절한 곳에 콘센트를 추가한다. 특히 주방의 콘센트 배치는 삶의 질을 다르게 만든다.
- 보안업체, CCTV, 음향, 스피커 등의 전선들도 목공사 전에 미리 작업해놓아야 한다. 전선들은 미리 배선작업을 해놓아야 나중에 전선이 노출되는 일이 발생하지 않는다.
- 에어컨 종류(스탠드형, 벽걸이형)에 따른 콘센트 위치와 기타배관들도 목공사 전에 작업해놓는다.

2. 주택에서 검토해야 할 전기제품

- 주방 : 후드, 전기렌지, 가스랜지, 냉장고, 김치냉장고, 전자렌지
- 거실 : 에어컨, 전기벽난로, TV, 비디오폰
- 방 : 에어컨, TV, 스탠드, 컴퓨터
- 욕실 : 환풍기, 비데, 드라이기
- 기타 : 세탁기, 펌프
- 전기난방 : 전기온수기, 전기판넬, 필름난방

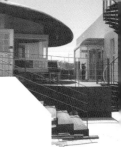

09

금속/유리공사

조적공사는 공사기간이 길고, 목공사는 목재 자체의 재질에 따라 지속성이 떨어질 수 있다. 하지만 금속은 공사기간이 짧고 튼튼하다. 그래서 금속을 사용하는 경우가 점점 늘어나고 있다. 여기에서는 자주 사용하는 금속재료를 중심으로 살펴보도록 하자.

단독주택공사에서 외부는 판넬공사, 데크 하지, 갈바(프레임, 판), 난간대, 계단을 만들 때 주로 적용하고 내부는 경량철골, 경량벽체을 만들 때 적용한다.

판넬은 패널이 표준용어지만 현장에서는 조립식을 판넬, 마감재를 패널이라고 말한다.

1. 도면

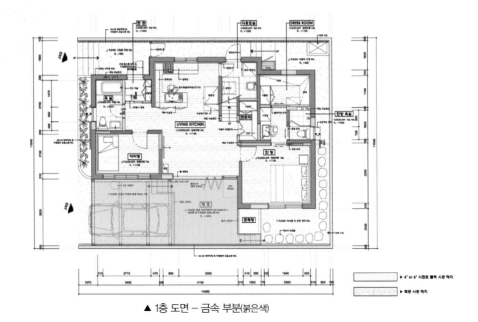

▲ 1층 도면 - 금속 부분(붉은색)

▲ 2층 도면 - 금속 부분(붉은색)

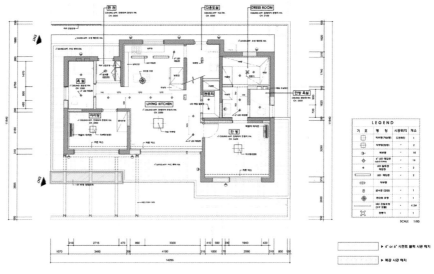

▲ 1층 도면 – 유리 부분(붉은색)

2. 견적서 및 견적방법

NO	품명	규격	단위	수량	재료비 단가	재료비 금액	노무비 단가	노무비 금액	경비 단가	경비 금액	합계 단가	합계 금액	비고
9	금속유리												
	[1층/다락]												
	멀티룸 책꽂이 금속 프레임	분채도장 (2380×340×2500)	식	1.0	250,000	250,000	–		–		250,000	250,000	
	[외부]												
	주차장 지붕공사	각관(H빔)+ 투명 강화 유리(12T)	식	1.0	1,500,000	1,500,000	600,000	600,000		–	2,100,000	2,100,000	
+	옥상 금속 기둥	각관(H빔/ ㅁ자형/ H : 2700)	식	1.0	450,000	450,000	400,000	400,000	30,000	30,000	880,000	880,000	
	옥상 처마(다락방) 연장 공사	각관+폴리카보네이드 (불투명 복층판)	헤베	3.0	100,000	300,000	–				100,000	300,000	
	데크기초공사(10㎡ 이상)	45×45 아연 각 파이프	m²	14.0	60,000	840,000	–				60,000	840,000	
	철재난간대 공사 (데크, 2층계단)	시공높이 1.0m 이하	m	9.0	25,000	225,000	25,000	225,000			50,000	450,000	
	철재난간대 공사 (옥상)	시공높이 0.5M이하	m	38.0	15,000	570,000	25,000	950,000			40,000	1,520,000	
	보일러 창고	75T 샌드위치판넬/ 판넬도어	m	1.0	150,000	150,000	150,000	150,000			300,000	300,000	
	1층 소계					250,000						250,000	
	외부 소계					4,035,000		2,325,000		30,000		6,390,000	
	계					4,285,000		2,325,000		30,000		6,640,000	

※ 지역, 기능공 수준, 사용재료 및 공법에 따라 가격 차이가 있다. 이 견적은 30평 규모의 단독 주택을 기준으로 했다(단, 섬 지역 제외).

3. 재료 및 시공

1) 금속공사

(1) 판넬공사의 종류

조립식판넬은 단열재의 양 측면에 마감재를 붙인 판으로 하나의 경량 구조물을 만드는 것이다. 종류를 살펴보면,

① 스티로폼 패널

스티로폼 패널은 스티로폼을 단열재로 사용해 양 측면에 아연도금강판을 댄 것이다. 일반재와 난연재가 있다. 판, U바, 철판피스로 절단해 조립·제작한다. 폭은 1,000mm이고 길이는 다양하다. 발포 폴리스티렌 두께는 50~200mm까지 있다. 아연도금강판의 두께는 0.4~0.8mm이지만 회사별로 강판의 종류는 다양하다.

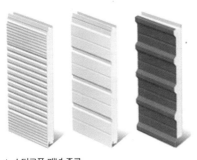

▲ 스티로폼 패널 종류

▲ 스티로폼 패널 시공

② 우레탄 판넬

우레탄 판넬은 우레탄을 단열재로 사용해 양 측면에 아연도금강

판을 댄 것이다. 열전도율이 매우 낮고 내화재, 난연재다. 판, U바, 철판피스로 절단해 조립·제작한다. 폭은 1,000mm이고 길이는 다양하다. 우레탄 두께는 50~150mm까지 있다. 아연도금강판의 두께는 0.4~0.8mm이지만 회사별로 강판의 종류는 다양하다.

▲ 우레탄 판넬

▲ 우레탄 판넬 시공

(2) 벽체 및 데크 하지공사

▲ 금속벽체 시공

▲ 금속바닥 시공

하지는 기초 뼈대 작업을 말한다. 데크 하지를 시공할 때는 아연도금 각관 45×45×2T, 철관+광명단(방청칠한 것), 방부각재(목공) 중에 선택해 시공한다. 내구성 면에서는 아연도금 각관이 가장 좋고 실제로 많이 시공한다. 아연도금된 각관은 이외에도 다양한 공사에 사용한다. 내부 천정이나 벽체공사에 각재 대신으로 사용하기도 하고 계단재, 계단난간, 옥상난간 등에도 사용한다. 용접으로 접합을 하고, 마감재를 부치기에는 조금 힘든 점이 있지만, 목재보다 강도가 뛰어나고 공사 후 문제가 덜 생긴다. 특히 경량벽체는 아연도금 각관으로 벽체틀을 만들고 마감재로 석고보드를 사용한다.

(3) 외부벽체금속공사

외부와 접하는 벽체에 주로 사용하는 금속은 스테인레스 강판, 알루미늄강판, 아연도금강판(함석), 갈바 등이 있다. 스테인리스 스틸과 알루미늄은 깔끔하고 내구성이 좋고 부식이 적다. 주로 외부공간과 접하는 창호와 난간 등에 사용한다. 특히 상업공간 전면창에 많이 적용된다. 하지만 최근에는 갈바를 가장 많이 시공한다.

▲ 갈바 시공 후 페인트 작업

갈바는 갈바륨의 줄임말로 알루미늄+아연으로 만든 도금강판이다. 철판에 전기도금해 부식을 방지한 제품이다. 인테리어에서는 갈바에 방청칠을 하고 도장처리를 많이 한다. 외부디자인 벽, 외부창호, 지붕, 간판, 대문틀 등 매우 다양하게 적용된다. 요즘은 목재 대신 내부 디자인 재료로도 많이 사용한다. 절단, 절곡이 비교적 자유롭고, 곡선가공도 잘 된다. 페인트와 접착력이 우수해 마감이 깔끔하다.

(4) 내부경량철골공사

스틸하우스가 한동안 인기가 있었다. 공사기간이 단축되고 재사용이 가능한 친환경소재라 한동안 사랑받았다. 하지만 단가상승, 결로 등의 문제를 제대로 해결하지 못해서 최근에는 급격히 스틸하우스의 인기가 떨어졌다. 하지만 결로와 관계없는 건축내부에 사용되어지는 경량철골은 매력적인 재료다. 상업공간에 견고하게 시공하면서, 천정내부를 상시적으로 점검이 가능하다.

① M바 천정

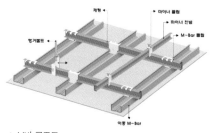

▲ M바 구조도

▲ M바 천정 시공

내부철물로 천정틀을 시공하고, 아미텍스 300×600×6~9T를 피스로 고정한다. 가장 견고하고, 천정 전면을 한 면으로 처리할 수 있어 자연스러운 공간을 연출한다. 텍스 등으로 천정판 이음이 밀착되게 시공할 수 있고 방음효과가 좋다. 디자인보다는 기능적인 요소가 더 중요한 일반 사무실, 회의실, 학원 등에 널리 사용되고 있다. 천정 공간이 넓고 천정모양이 평평할수록 시공비용이 적게 든다. 즉 소규모공간에는 경제적 효과는 없다.

② T바 천정

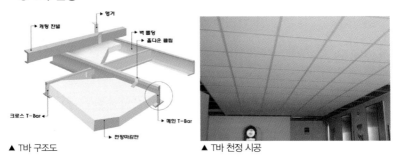

▲ T바 구조도　　　　▲ T바 천정 시공

내부철물로 천정틀을 시공하고, 마이텍스 600×600×12T 또는 마이톤 603×603×15T를 피스로 고정한다.

시공이 간편하고 쾌적한 실내공간을 창출할 수 있는 천정시스템이다. 공공사무실, 호텔, 전시장, 상가 등에 널리 사용되고, 흡음 천정판을 사용한다. 음향효과가 뛰어나고, 천정판을 쉽게 제거하고 설치할 수 있어 시공 이후 천정 관리가 매우 쉽다.

2) 유리공사

보통 유리는 창호공사 견적에 포함되는 경우가 많지만, 금속공사 후에 유리공사만 별도로 진행되는 경우도 많다. 특별히 쥬얼리 매장 같은 상업공간은 유리가 주 인테리어 재료가 되기도 한다.

유리의 종류를 살펴보자.

▲ 투명유리　　　　　　　　▲ 색유리　　　　▲ 미스트유리

　투명유리는 가장 일반적인 판유리이고 맑고 투명하다. 두께는 3, 5, 8, 10, 12mm 등이 있다.

　색유리는 색이 들어간 판유리로 녹색, 황동색, 청색이 있으며 건물내부로 들어오는 빛을 알맞게 차단해준다. 아파트 발코니창호는 대부분 색유리의 이중유리를 사용하는데, 그 이유는 외부에서 실내가 잘 안 보이도록 하는 반사효과 기능이 있기 때문이다. 두께는 5, 8, 10mm 등이 있다.

　미스트유리는 불투명으로 안개효과가 있다. 안팎으로 잘 보이지 않는 것이 단점이기도 하고 장점이기도 하다. 3, 5mm 등이 있다.

건조공기층
HP 스페이서
은(Ag)코팅막
1차접착제
흡습제
2차 접착제
▲ 강화유리

▲ 반사유리　　　　　▲ 로이유리

　반사유리는 외부에서는 거울처럼 보이고 내부가 잘 보이지 않는다. 하지만, 내부에서는 외부가 잘 보인다. 주로 빌딩건물에 많이

적용한다. 두께는 6mm이며 색은 그린, 블루가 있다.

로이유리는 유리 표면에 은 등의 금속 또는 금속산화물을 얇게 코팅한 것이다. 로이 유리는 특성상 단판으로 사용하는 경우보다는 복층으로 가공하는 경우가 많다. 로이유리는 가시광선은 안으로 투과시키고 적외선은 효과적으로 차단한다.

그래서 겨울에는 안에서 발생한 난방열이 밖으로 빠져나가지 못하도록 차단하고, 여름에는 바깥의 열기를 차단하는 역할을 하므로 냉·난방비를 줄일 수 있다. 일반적으로 단판유리와 비교해 약 50%, 일반 복층유리보다는 약 25%의 에너지 절감효과가 있다.

강화유리는 안전유리라고도 한다. 투명유리나 색유리를 고온으로 열처리한 후에 급랭시켜 만든다. 강도가 보통 판유리보다 3~5배 높고 내열성이 뛰어나다. 파손이 되어도 날카로운 면이나 뾰족한 형태가 생기지 않는다. 현장에서 절단, 구멍 내기가 힘들어 정확하게 재단해서 현장에 가야 한다.

판유리
1차접착제
은(Ag)코팅막
HP 스페이서
흡습제
2차 접착제

▲ 복층유리

▲ 격자유리　　▲ 단조유리

복층유리는 페어유리라고도 한다. 두 장의 판유리 사이에 공간을 두어 최소 두 겹 이상으로 만들어진 것이다. 유리와 유리 사이에 아르곤가스와 건조제를 넣어 만든다. 단열, 방음, 결로방지에 좋다.

최근 창호 공사에는 대부분 복층유리를 사용한다. 복층유리는 에너지절약 주택설계의 핵심요소이기도 하다. 만약 16mm 페어유리라면 5+6A+5로 양쪽에 각 5mm의 유리가 있고 가운데에 6mm의 공기층이 있는 것을 말한다. 공기층의 간격은 6mm 간봉으로 형태를 유지시킨다.

최근에 격자유리나 단조유리를 많이 이용하는데, 이런 유리는 페어유리 간격 사이에 격자와 단조를 넣을 것을 말한다. 특별히 단조모양은 무거운 철재 대신 폼보드로 다양하게 만들어 출시되어 시공하고 있다.

▲ 망입유리

▲ 무늬유리

망입유리는 금속망을 유리 가운데 넣은 것으로 화재나 방범에 좋은 제품이다. 최근에는 기능적인 이유보다는 디자인이 예뻐서 시공하는 경우가 더 많다.

무늬유리는 음각, 양각의 무늬가 새겨져 있어 시선을 차단한다.

▲ 에칭유리

▲ 스테인글라스

공예품에 가까운 예쁜 제품이 많다.

에칭유리는 두꺼운 후판유리를 깎아 조각한 유리로 주문 제작해야 한다. 비교적 고급유리에 속하는 제품이다.

스테인글라스는 다양한 빛깔의 유리를 디자인해서 잘라낸 다음 납으로 만든 테두리를 끼워 접합하는 방식이다. 주로 성당 같은 종교시설이나 상업매장에 많이 적용된다.

DIY Tip

1. 눈부심과 결로방지 이야기

눈부심은 틴트처리하면 해결된다. 그리고 결로방지를 위해서는 유리에 low-e 코칭처리를 하고, 페어유리 사이에 아르곤가스를 주입하면 많이 개선된다.

2. 용어정리

· **틴트처리** : 과다하게 실내로 들어오는 빛의 양을 조절해주는 것을 말한다.
· **low-e 코팅** : 금속 또는 금속산화물을 얇게 코팅해서 가시광선은 안으로 투과시키고 적외선은 효과적으로 차단시킨다.
· **아르곤가스** : 페어유리 안에 전도성을 둔화시키는 가스다.

3. 금속공사 비용

금속공사는 목공사와 잘 비교해서 시공방법을 선택해야 한다. 기능과 가격 등이 서로 비슷해서 현장상황을 보고 금속으로 시공해야 할지, 목재로 시공해야 할지를 결정한다.

Chapter 03

단열공사
및 목공사

10

단열공사

아파트와는 달리 단독주택은 겨울에 춥고 여름에 덥다는 인식이 깊이 자리 잡고 있다. 단독주택으로 이사를 가지 않으려고 하는 가장 큰 이유이기도 하다. 하지만 과거의 단독주택과는 달리 현재 새롭게 짓는 신축이나 리모델링 공사를 한 단독주택은 아파트만큼 따뜻하다. 기능 좋은 단열재를 시공원칙에 따라 잘 시공하면 겨울에 따뜻하고 여름에 시원한 주택을 만들 수 있다.

1. 도면

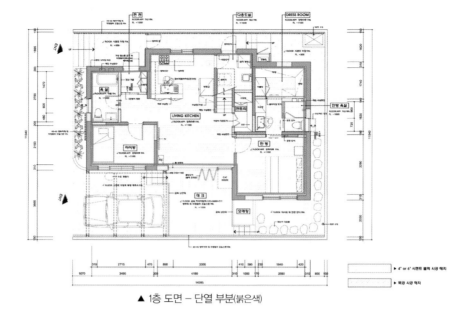

▲ 1층 도면 – 단열 부분(붉은색)

▲ 2층 도면 – 단열 부분(붉은색)

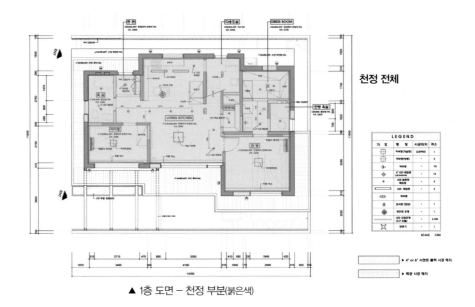

천정 전체

▲ 1층 도면 – 천정 부분(붉은색)

천정 전체

▲ 2층 도면 – 천정 부분(붉은색)

▲ 로이 단열재 시공

2. 견적서 및 견적방법

NO	품명	규격	단위	수량	재료비		노무비		경비		합계		비고
					단가	금액	단가	금액	단가	금액	단가	금액	
10	단열공사												
	[1층/다락]												
	내부천정공사												
	단열재(모그니 10T)	천정 전체	롤	4.0	145,000	580,000	–		–		145,000	580,000	자재 메뉴얼
	내부벽체공사	벽체/선반공사											
	단열재(모그니 10T)	외벽체(내벽 제외)	롤	6.0	145,000	870,000	–		–		145,000	870,000	
	시공비		인	2.0	–		140,000	280,000	15,000	30,000	155,000	310,000	
	[외부]												
	(내용없음)				–		–		–				
	1층 소계					1,450,000		–		–		1,450,000	
	외부 소계					–		–		–		–	
	계					1,450,000		–		–		1,450,000	

※ 지역, 기능공 수준, 사용재료 및 공법에 따라 가격 차이가 있다. 이 견적은 30평 규모의 단독 주택을 기준으로 했다(단, 섬 지역 제외).

이 현장의 단열공사는 내단열과 외단열 중에 리모델링에서 많이 적용하는 내단열을 기준으로 선정했고, 내단열의 부위는 건물 내부에서 바라보는 외벽 부분과 외부와 만나는 천정 부분에 시공한다. 재료의 종류는 스티로폼, 기능성 단열재 등 종류가 많은데 여기서는 기능성 단열재 중 하나를 선택했다고 가정해본다.

예를 들어, 외벽길이가 40m에 높이가 3m 정도이고, 천정면적이 30평이고, 개구부(창문부분)을 무시한다면,

1) 재료비
· 필요면적 : 40m×3m + 30평×3.3m^2/평 = 219m^2
· 기능성 단열재 시공수량 = 219m^2/30롤/m^2 = 7.3롤 (8롤)
· 부자재(철물류) : 5~10만 원 정도

2) 인건비
· 시공 : 2인 1조 시공(1인당 18만 원 정도)

3) 경비
· 공구 임대료 : 1일당 10만 원 정도(콤프레셔 외)
· 소요인원에 따른 지출경비 1.5만 원/인

4) 종합견적
  1) 8롤×150,000원 + 100,000

+ 2) 140,000원×2인

+ 3) 100,000×1일 + 15,000×2인

= 1,710,000원 정도 비용이 든다.

※ 사용제품에 따라서 시공방법, 재료의 두께 및 성능, 금액이 결정된다. 이후 내부목공사와 바로 연계되는 작업이다.

3. 재료 및 시공

1) 단열재 재료

▲ 스티로폼

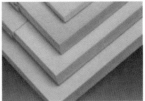
▲ 아이소핑크

(1) 스티로폼(흰색 단열재)
- · 장점 : 재료의 가격이 저렴하고 쉽게 구입이 가능하다.
- · 단점 : 각재와 스티로폼 사이에 틈이 생겨 이음새 처리가 어렵다.
  단열성을 확보하기 위해서는 소요두께가 크다.
- · 특징 : 석고보드와 스티로폼 단열재가 합쳐져 나온 제품도 있다.
  주로 30~100mm 두께로 스티로폼 단열재는 보온을 위
  해 벽면 목공사 각재 사이에 삽입하는 방식으로 시공한
  다. 그래서 각재와 스티로폼 사이에 틈이 많이 생긴다.

(2) 아이소핑크(진공압출발포 폴리스티렌 단열재, 핑크색)
- · 장점 : 압축강도, 내습, 내구성이 강하다.
  습기침투에 강하고 조직 자체의 부패/부식이 없다.
- · 단점 : 아이소핑크 역시 이음새나 모서리 시공에 약하다.
- · 특징 : 스티로폼같이 발포성형된 것으로 스티로폼보다는 강도
  가 더 단단하다. 스티로폼보다 열전도율이 낮다. 각종
  모형제작에도 잘 사용한다.

▲ 티보드

▲ 열반사단열재

(3) 티보드(압축스티로폼+폴리프로필렌표면판+부직포)

· 장점 : 시공이 간편하고, 기후와 관계 없이 후속 작업이 가능하다.

· 단점 : 밀착 시공이 되지 않을 시 내부결로가 발생해서 부식 및 단열성 저하를 초래하기도 한다.

· 특징 : 아이소핑크의 업그레이드 제품이라 생각하면 된다. 간 단하게 설명하면 아이소핑크 위에 플라스틱 골판지를 덧붙인 보드다.

(4) 열반사단열재(로이단열재)

압축 단열판에 알루미늄 코팅막으로 처리된 제품이다.

· 장점 : 스티로폼/아이소핑크보다 훨씬 적은 두께로 같은 효과 를 낼 수 있다(즉, 시공 후에도 공간을 적게 차지). 이음새

시공이 용이하다(즉, 단열성 확보).

· 단점 : 자재비가 상대적으로 고가다.

· 특징 : 최근에 가장 많이 사용하는 재료는 벽산단열에서 나오는 로이단열재(포그니)다. 포그니는 두께가 10mm 정도이지만, 기능은 스티로폼 50mm 정도 기능을 하는 보온재다. 물론 20mm 이상 되는 제품도 나온다.

2) 로이단열재를 중심으로 한 시공방법

(1) 단열재 시공 상세도

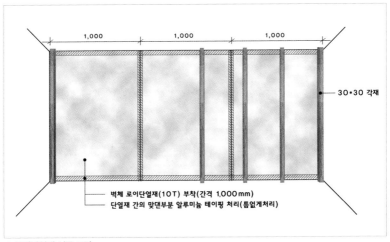

▲ 로이단열재 시공 도면

외벽에 접한 내벽부분의 단열은 사전에 미리 단열재를 붙이고 단열재와 단열재 사이 이음매에 틈이 없도록 알루미늄테이프 처리를 꼼꼼히 한다(열반사단열재 포함).

(2) 단열위치 : 외부공기와 만나는 천정과 벽

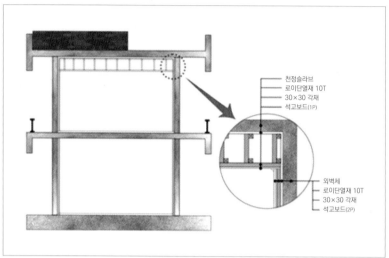

▲ 단열재 시공 구조도

단열재는 외기에 접하는 내벽 외에 천정에도 반드시 시공해야 한다. 옥상바닥에서 침투되는 냉기와 온기가 벽체에서 침투되는 것보다 많다는 것을 생각한다면 천정단열은 반드시 함께 시공해야 한다. 벽체와 천정의 단열재 사이의 틈도 반드시 알루미늄테이프로 밀봉처리한다. 벽체나 천정단열 시 기존에 있는 마감재는 반드시 제거하고 시공해야 효과를 볼 수 있다.

3) 내부 구성재의 단열성

단열재만 단열성이 있는 것은 아니다. 모든 건축재료는 성질에 따른 단열성(열관류)이 있다(참고로 보통 단열재의 열저항은 3~4 m^2h℃/kcal 정도다).

석고보드는 10T 두께로 열전도율 0.16kcal/mh℃, 열저항 0.078 m^2h℃/kcal, 즉 석고보드 1장도 단열에는 효과는 있다. 하지만 재료 자체가 단열재의 열저항과 같은 값을 가지려면, 대략 40~50장의 두께가 있어야 한다.

벽지는 0.5T 두께로 열전도율 0.18kcal/mh℃/열저항 0.003 m^2h℃/kcal, 즉 단열성이 거의 없다고 생각하면 된다.

외벽체는 200mm 두께의 콘크리트 및 조적벽체일 때 열전도율 0.14kcal/mh℃/열저항 0.143m^2h℃/kcal로 어느 정도 단열 효과가 있다.

DIY Tip

단열공사는 다음과 같은 점을 주의해야 한다

- 단열재를 선정 시 지역별로 건물의 부위별 필요한 두께에 대한 고려가 있어야 한다.
- 단열재 시공에서 재료만큼 틈새 처리가 매우 중요하다.
- 외단열 못지않게 내단열도 효과가 있다.
- 단열은 결국 에너지절약(난방비/냉방비)을 위해서 시공하는 것이다.
- 벽과 개구부(창호)의 단열 계획은 함께 수립해야 한다.

단열공사는 기본적으로 내단열보다는 외단열공사가 기능적으로 조금 더 좋다. 하지만 리모델링 시 비용을 생각한다면 내/외부를 쉽게 결정할 수 있는 문제는 아니다(물론 최고의 선택은 내/외부 모두를 단열하는 것이다. 그리고 외단열이 비용이 더 든다). 최근에는 내단열재의 성능이 워낙 좋아서 내단열만으로도 충분히 집을 따뜻하게 만들 수 있다. 하지만 여전히 결로의 문제는 남아 있다.

과거에는 주로 장마철에 습기때문에 내부에 곰팡이가 피었지만, 최근에는 단열기능의 향상으로 내부와 외부의 온도차에 의해서 결로가 생기고 곰팡이가 핀다. 그래서 문제가 되는 공간에 환기구를 천정에 설치하고 공기를 순환시키기는 작업을 하지만, 여전히 현대건축에 쉽지 않은 문제가 바로 결로다.

11

도어공사(방문, 현관문, 현관중문)

   인테리어디자인이 점점 간결화하면서 오히려 도어디자인의 중
요성이 높아지게 되었다. 예쁜 도어만으로도 얼마든지 내부공간
을 멋지게 꾸밀 수 있기 때문이다. 우선 도어의 종류를 살펴보면서
어떤 도어로 우리집을 꾸밀지 고민해보자.

▲ 대문   ▲ 대문   ▲ 중문   ▲ 방문

1. 도면

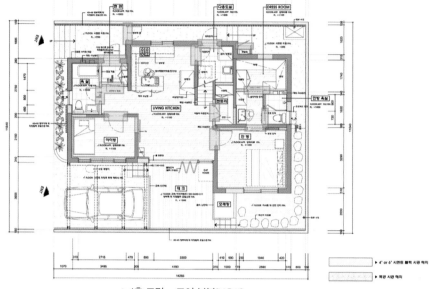

▲ 1층 도면 – 도어 부분(붉은색)

▲ 2층 도면 – 도어 부분(붉은색)

2. 견적서 및 견적방법

NO	품명	규격	단위	수량	재료비 단가	재료비 금액	노무비 단가	노무비 금액	경비 단가	경비 금액	합계 단가	합계 금액	비고
11	도어 공사												
	[1층/다락]												
	현관문(하이바글라스)	클리어팬라이트 0SIDE	조	1.0	409,000	409,000	100,000	100,000	70,900	70,900	579,900	579,900	수입도어
	현관문 전자도어락		조	1.0	130,000	130,000	–		–		130,000	130,000	
–	현관문 방충망	롤형	조	0.0	60,000	–	90,000	–	–		150,000	–	별도공사
	현관중문	3연동식 중문	조	1.0	750,000	750,000	150,000	150,000	–		900,000	900,000	
	방문(ABS도어)	문턱有 1조/문턱無 1조	조	2.0	170,000	340,000	40,000	80,000	–		210,000	420,000	
	방문(ABS타공도어)	다용도실, Cat House	조	2.0	220,000	440,000	40,000	80,000	–		260,000	520,000	
	방문(가구식도어)	펜트리 양개형	조	1.0	260,000	260,000	80,000	80,000	–		340,000	340,000	
	방문부속	손잡이+정첩+스토퍼	조	5.0	28,000	140,000	10,000	50,000	–		38,000	190,000	
	방문(슬라이딩도어/포켓도어)	안방/멀티룸/안방 욕실/드레스룸	조	5.0	230,000	1,150,000	60,000	300,000	–		290,000	1,450,000	
	방화문형	다용도실/ 옥상 출입도어	조	2.0	250,000	500,000	80,000	160,000	–		330,000	660,000	
	[외부]												
	(내용 없음)												
	1층 소계					4,119,000		1,000,000		70,900		5,189,900	
	외부 소계					–		–		–		–	
	계					4,119,000		1,000,000		70,900		5,189,900	

※ 지역, 기능공 수준, 사용재료 및 공법에 따라 가격 차이가 있다. 이 견적은 30평 규모의 단독 주택을 기준으로 했다(단, 섬 지역 제외).

도어공사는 현관중문, 방문 등으로 구분할 수 있으며, 전문 도어 제작업체에서 주문 후 수령해 시공(의뢰)한다. 예를 들어, 방문 6개와 현관중문 1개를 시공한다면 다음과 같다.

1) 재료비
· 방문 : ABS도어 시공 시 평균 17만 원
· 현관중문 : 3연동도어(단조유리) 시 평균 90만 원 정도

2) 인건비

시공비는 종류와 규모에 따라 다르지만 설치 개수당 7만 원 정도

3) 경비

소요인원에 따른 지출경비 15,000원/인

4) 종합견적

1) 170,000원×6개 + 750,000×1개 = 1,940,000원

+ 2) 70,000원×6개 + 150,000×1개 = 570,000원

+ 3) 15,000×3인 = 45,000원

= 2,555,000원 정도다.

3. 재료 및 시공

1) 방문

(1) 방문의 종류 (단, 방문틀은 대부분 방문과 동일 소재 사용)

▲ 원목

▲ 무늬목

원목도어는 집성원목에 투명우레탄도장을 한 것이다. 고급스럽고 친환경적이지만 나무의 소재와 생산지에 따라 뒤틀림의 우려가 있다. 주로 고급형 주거에 많이 시공된다.

무늬목도어는 합판 또는 MDF에 무늬목을 입혀서 제작한 것이다. 다른 재료에 비해 수분에 약한 편이지만 좀 더 다양한 디자인을 만들 수 있다. 무늬목도어 역시 고급주택에 적용된다.

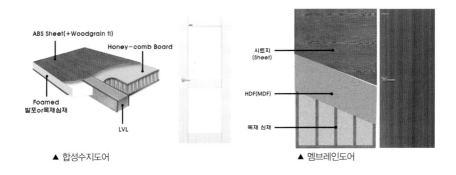

▲ 합성수지도어　　　　　　　　　　　▲ 멤브레인도어

합성수지도어(ABS)는 ABS+데코시트의 구조로 이루어져 있고, 가격이 저렴하고 벤딩과 수분에 강하다. 대체로 욕실과 같은 물 접촉이 많은 공간에 합성수지도어를 사용한다.

멤브레인도어(랩핑도어)는 합판 또는 MDF에 데코시트를 입혀서 제작한다. 디자인이 자유롭고 가격이 저렴해서 도어 종류 중에 가장 많이 사용한다. 현재 공사현장에서 사용되는 대부분의 도어들이 멤브레인도어라 보면 된다. 많이 사용하는 것은 다 이유가 있다.

스킨도어는 기본 판위에 문양을 찍은 판을 덧대어 구성된 것이고, 덧댄 목재 스킨에 도장한 것이다. 대량생산이 가능하고 가격이 비교적 저렴하다. 개인적으로 가장 좋아하는 소재이지만 생산량이 비교적 적은 편이다.

철재도어는 강판에 도장한 것이다. 강판을 접거나 용접해서 도장한 것으로 주로 현관도어로 많이 사용한다.

유리도어는 강화유리+프레임의 구조로 철재

▲ 스킨도어

문틀에 강화유리를 장착한 것이다. 프레임은 스테인레스를 많이 사용한다.

(2) 방문도어 철거 후 시공

문짝은 경첩의 피스만 풀면 금방 철거되지만, 문틀은 쉽게 철거되지 않는다. 문틀은 문틀의 옆면을 톱으로 완전 절단 후 양 갈래로 뜯어 내면 쉽게 철거된다.

문의 시공은 새시의 시공과정과 거의 같다. 문/문틀 시공은 문 전문업체가 현장에 와서 치수를 재고 문 전문

▲ 문틀 철거

공장에 주문하면, 제작 후 출하까지 보통 4~5일의 시간이 소요된다. 현장에 운반 된 문/문틀을 내장목수에게 시공 의뢰하기도 하

【용어정리】

- **ABS** : ABS는 PVC발포를 말한다. PVC에 공기를 주입해서 부풀린 것이다. 오토바이 헬멧도 내부소재가 ABS이다. 헬멧의 기능을 하려면, 가볍고, 충격에 강하고, 물에 강해야 한다. ABS도어가 바로 그런 제품이다.

- **플러시도어** : 플러시도어는 사각틀을 짜고 중간살을 배치하고 양면에 합판 등을 교착해 만든 문이다. 뒤틀림과 변형이 적은 편이다. 우리가 사용하는 대부분의 도어(철재도어, 유리도어 제외)는 플러시도어라고 생각하면 된다.

- **비늘살문** : 비늘살문은 흔히 갤러리도어라고 말한다. 일광의 직사를 막고 통풍이 잘 되게 하는 문이다. 통풍이 되는 갤러리문은 수작업으로 만들어야 해서 비용이 많이 든다. 그래서 모양만 갤러리도어이고 통풍이 전혀 안 되는 제품들이 많다. 붙박이장 같은 가구 도어나 드레스룸 출입문 등에 많이 사용되고 있다.

- **종이창문** : 종이창문은 사각틀에 가는 살을 짜 넣고 창호지를 바른 것이다. 전통주점이나 한옥스타일의 공간에 많이 적용한다. 실제로는 외부와 접하는 면은 창호지 하나로 겨울을 이겨내기 힘들기 때문에 대부분 유리를 끼운다.

고, 문 매장에 바로 시공까지 의뢰하기도 한다. 목공사의 규모가 큰 현장이라면, 기존 목수에게 문 시공을 의뢰하는 것이 시공비를 절약할 수 있는 비결이고, 목공사가 없는 현장이라면 문 매장에 시공까지 맡기는 것이 좋다.

만약 직접 문 제작을 의뢰한 다면 치수 재기를 직접 해야 한다. 문짝과 문틀 한 조를 같이 교체할 경우, 문틀의 가로, 세로, 문틀두께를 재면 되는데, 보통 가로, 세로치수는 최소 20mm 이상 작게 치수를 산정하고, 문틀두께는 벽두께보다 20mm 이상 크게 치수를 산정하면 큰 실수를 하지 않는다.

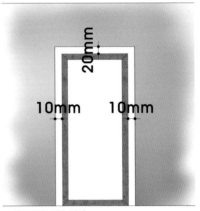

▲ 문틀 주문 치수 간격

만약 문짝만 교체한다면 문짝의 가로, 세로, 각각의 경첩설치 높이, 손잡이 중심선 높이를 정확히 재야 한다. 문짝만 교체 시 일반인이 치수를 재면 실수가 많다. 비용을 줄이려고 시도했다가 오히려 비용이 더 들 수도 있으니 자신 없으면 문 매장에 바로 맡기자. 문틀 시공 방법을 그림으로 살펴보자.

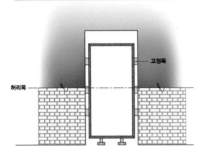

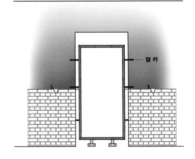

▲ 문틀 세우기 – 고정 작업

▲ 문틀 주변 충전 – 문선 몰딩 시공

    문틀을 고정시키는 작업은 반드시 전문가가 해야 한다. 하지만 우리집 문틀시공을 직접 해보고 싶다면 다음 순서대로 진행하면 실수를 줄일 수 있다.

· 문틀의 수평과 수직을 정확하게 맞춘 후 고정목 등으로 임시 고정한다.
· 임시 고정된 문틀을 일자앵커 등으로 완전히 고정한다.
· 문틀과 개구부 사이의 공간을 몰탈과 우레탄폼 등으로 충진한다.
· 충진된 주위를 잘 마무리하고 문선몰딩을 시공한다.
· 경첩을 이용해 문짝을 문틀에 매달고, 손잡이를 설치한다.

| 참고 ✎ | 도어/문틀치수   (단위 : mm)

1. 안방 1,000×2,100, 작은방 900×2,100, 욕실 800×2,100, 상업공간 1,000×2,100 정도가 일반적인 도어치수이지만, 신축이 아닌 리모델링 현장에서는 치수가 이보다 작아지는 경우가 많다.
2. 문틀은 40×110, 40×140, 40×155, 40×175, 40×195, 40×210, 40×230이 일반적인 규격이다. 하지만 문틀은 세워지는 벽체의 두께에 따라 달라진다. 문틀은 벽체의 두께보다 더 두꺼워야 한다.

2) 현관중문

현관중문은 현관에서 거실로 들어가는 출입문이다. 주거공간에 현관중문을 설치하면, 단열효과에 매우 좋고 공간을 분리해주기 때문에 외부의 오염된 공기를 차단해준다. 공간이 허락한다면 반드시 설치하는 것이 좋다.

▲ 2연동 슬라이딩 방식

▲ 3연동 슬라이딩 방식

▲ 스윙(미닫이) 방식

우선 현관중문의 구조를 살펴보자.

一자 중문은 현관 좌우에 기존 벽체가 있는 경우로, 30평대 이상의 아파트 구조는 보통 一자 중문 형태다.

ㄱ자 중문은 현관 한쪽벽은 기존 벽체가 있고, 반대편의 벽체는 바로 거실로 통하는 구조인 경우로 보통 10~20평대 아파트는 ㄱ자 중문 형태이다. ㄱ자 중문이 一자 중문보다 비용이 보통 1.5배 이상 많이 든다. 없는 벽체를 세워야 하기 때문이다.

현관중문 개폐방식을 살펴보면,

2연동 슬라이딩방식은 가장 일반적인 개폐방식이다. 출입폭이 좁아지는 단점이 있다.

3연동 슬라이딩방식은 3짝의 문이 서로 연동되어 움직이는데, 최근에 소비자가 가장 선호하는 개폐방식이다. 출입폭이 넓어 출입이 편하다. 공사비용이 비싼 편이다.

스윙(미닫이)방식은 일반 방문처럼 출입하는 것으로 예전에 많이 사용하던 개폐방식이다. 문을 여는 공간만큼 죽은 공간이 생기게 되고, 안전의 위험이 있다. 문을 열고 닫을 때 현관문 전체가 조금 흔들리는 경우가 많다.

3) 현관문

▲ 알루미늄　　▲ 방화문　　▲ 스테인레스+유리

현관문은 보통 알루미늄으로 된 기성(공작에서 규격품으로 제작)문을 많이 사용한다. 현장에서 직접 제작하는 경우도 있지만, 틈새를 완벽하게 차단하기 힘들어, 보통은 기성문 샘플집을 보고 선정하는 경우가 많다. 현관문의 주문과 시공방법은 앞서 설명한 방문과 같다.

현관문은 문매장뿐만 아니라 새시업체에서도 취급하는 경우가 많다. 단열, 방화 기능이 우수한 현관문은 대체로 고가다. 특별히 현관중문이 없는 공간에는 현관문의 단열능력이 매우 중요하기 때문에 신중하게 선택해야 한다.

일반적인 현관문은 알루미늄이고 방화문 같은 경우는 철재도어를 사용한다. 철재도어는 강판에 도장을 한 것이다. 즉 강판을 접거나 용접해서 도장한 것이다. 만약 상업공간처럼 기능보다는 디자인이 중요하다면 갈바를 이용하는 것이 좋다. 갈바는 절곡과 도장칠이 비교적 잘 된다. 유리도어는 강화유리+프레임의 구조로 철재문틀에 강화유리를 장착한 것이다. 프레임의 대부분은 스테인레스를 많이 사용한다.

4) 대문

대문은 주택으로 들어가는 관문이다. 대문의 상태를 보고 주택의 상태를 미리 예측할 수 있다. 예전에는 대문을 기성제품으로 대부분 설치를 했지만, 현재는 다양한 디자인으로 제작해서 아름답게 만든다.

▲ 제작 대문(갈바+방부목)

대문은 주물 등의 재료로 만든 기성제품을 많이 사용하지만, 현장에서 갈바 같은 재료로 직접 제작하는 경우도 많다. 보통 금속공사 업체에 의뢰를 많이 한다. 갈바를 재단해서 용접으로 제작한 후에 디자인에 따라 방부목 같은 마감재를 덧붙이고, 금속부분에는 에나멜페인트를 칠하고 방부목에는 오일스테인을 칠한다.

DIY Tip

1. ㄱ자 중문인 경우 출입문 옆 고정벽을 만드는 방법 3가지

1) 기존 출입문과 동일한 소재로 고정벽을 설치한다. 가장 비용이 적게 들고, 시공도 간편하다. 하지만 디자인이 예쁘진 않다.

2) 목재, 블록, 금속 등으로 벽체를 새로 세운다. 원하는 디자인의 고정벽을 얻을 수 있지만, 비용이 많이 든다. 그리고 마감재까지 고려해야 한다.

3) 현관장과 같은 시스템 가구를 바닥에서 천장까지 설치한다. 좁은 평수라면 고정벽뿐만 아니라 수납공간까지 얻을 수 있는 장점이 있다. 대부분의 집들은 현관에 신발장은 기본적으로 설치하는 경우가 많기 때문에 실용적이다. 하지만 시스템 가구를 세울 때 튼튼하게 시공하지 않으면 문제가 많이 생긴다.

2. 문턱을 없애는 것에 대한 고민들

문턱을 없애면 출입하는 데 불편함이 없고, 바닥마감재가 통일되어서 집이 넓어 보인다. 하지만 문을 닫아도 밖의 공기가 유입되고, 소리가 완전히 차단되지 않는다. 프라이버시의 문제가 조금 있는 것이다. 인테리어 공사를 할 때 문턱을 없애는 작업을 대부분 선호했지만, 최근에는 문턱이 있는 문을 설치해달라는 분들이 많이 있다. 이제 경험이 생긴 것이다. 그래도 '어느 것이 좋다'라고 말할 수는 없다. 개인적인 취향인 것이다.

12

목공사

목공사가 인테리어에 차지하는 비중은 점점 낮아지고 있다. 특별히 목구조 공사의 비중이 많이 줄어들고, 경량금속공사와 시스템 가구의 비중이 상대적으로 높아지고 있다. 그래도 여전히 상업 공간과 사무공간에서는 목공사가 절대적인 비중을 차지하고 있다. 사실 건축이나 인테리어를 배워본 적이 없는 이 책을 읽는 대부분의 독자들은 설비, 전기 그리고 목공사 부분이 조금 어려울 수도 있다. 그래서 이 부분들에 대해서는 특별히 그림이나 사진을 최대한 첨부해서 이야기를 풀어나가 보겠다.

1. 도면

▲ 1층 도면 – 목공 부분(붉은색)

▲ 2층 도면 – 목공 부분(붉은색)

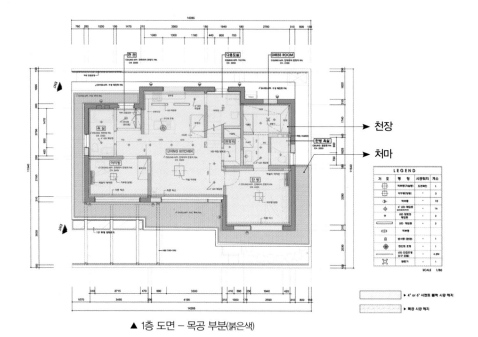

천장

처마

▲ 1층 도면 – 목공 부분(붉은색)

▲ 주방선반 입면도

▲ 팬트리실 선반 입면도

신설벽체를 위한 기본 목작업뿐만 아니라 몰딩작업, 커튼박스, 선반, 제작가구 등 목공사의 범위는 굉장히 넓다.

▲ 목공사 시공

2. 견적서 및 견적방법

NO	품명	규격	단위	수량	재료비 단가	재료비 금액	노무비 단가	노무비 금액	경비 단가	경비 금액	합계 단가	합계 금액	비고
12	목공사												
	[1층/다락]												
	내부천정공사												
	각재	2,700×30×30	단	31.0	28,000	868,000	–		–		28,000	868,000	
	석고보드(천정, 1P)	900×1,800	장	62.0	3,300	204,600	–		–		3,300	204,600	FGD
	몰딩	평45몰딩	EA	76.0	3,000	228,000	–		–		3,000	228,000	
	내부벽체공사	벽체/선반공사											
	각재	2,400×30×30	단	56.0	25,000	1,400,000	–		–		25,000	1,400,000	
	석고보드(벽체, 거실만 2P)	900×1,800	장	163.0	3,300	537,900	–		–		3,300	537,900	FGD
	합판 4×8	9mm	장	8.0	24,000	192,000	–		–		24,000	192,000	
	합판 4×8	5mm	장	3.0	18,000	54,000	–		–		18,000	54,000	
	방수합판 4×8	9mm	장	3.0	28,000	84,000	–		–		28,000	84,000	
	MDF 9mm		장	4.0	11,000	44,000	–		–		11,000	44,000	
	문선 랩핑몰딩(평45)	평45몰딩	EA	54.0	3,000	162,000	–		–		3,000	162,000	
	걸레받이 랩핑몰딩(평100)	장판/데코타일 시공시	EA	0.0	4,000	–	–		–		4,000	–	
	미송합판	선반용	장	3.0	25,000	75,000	–		–		25,000	75,000	
	집성목	18mm/책장, 선반 외	장	10.0	48,000	480,000	–		–		48,000	480,000	
	기타/가구류/시공비												
	계단공사/합판 계단 틀 작업		식	1.0	120,000	120,000	490,000	490,000	30,000	30,000	640,000	640,000	시공비 포함
	계단공사/자작나무 계단 판 작업	1,220×2,440×30T	장	2.0	150,000	300,000	–		–		150,000	300,000	시공비 포함
	부자재	타카핀, 본드 외	식	1.0	320,000	320,000	–		–		320,000	320,000	
	소운반	인력	인	3.0			130,000	390,000	15,000	45,000	145,000	435,000	
	시공비	목공 1:3	팀	8.0	–		860,000	6,880,000	60,000	480,000	920,000	7,360,000	
	[외부]												
	처마공사												
	루바		단	8.0	27,000	216,000	–		–		27,000	216,000	
	시공비	목공	인	2.0	–		230,000	460,000	15,000	30,000	245,000	490,000	
	데크공사	1층 및 옥상											
	방부목	3,600×120×21T/데크	EA	100.0	8,000	800,000	–		–		8,000	800,000	
	방부목	3,000×95×15T	EA	20.0	7,000	140,000	–		–		7,000	140,000	
	방부각재	45×45×3,600/ 하지	EA	15.0	8,000	120,000	–		–		8,000	120,000	
	방부각재	45×45×3,600/ 현관입구 포인트 벽	EA	35.0	8,000	280,000	–		–		8,000	280,000	
	부자재	본드, 타카핀 외	식	1.0	100,000	100,000	–		–		100,000	100,000	
	시공비	목공	인	3.0	–		230,000	690,000	15,000	45,000	245,000	735,000	
	1층 소계					5,069,500		7,760,000		555,000		13,384,500	
	외부 소계					1,656,000		1,150,000		75,000		2,881,000	
	계					6,725,500		8,910,000		630,000		16,265,500	

※ 지역, 기능공 수준, 사용재료 및 공법에 따라 가격 차이가 있다. 이 견적은 30평 규모의 단독 주택을 기준으로 했다(단, 섬 지역 제외).

기본 목공사는 건물 내부 천정과 벽체공사를 말한다. 천정공사는 여러 가지 방법 중 각목(다루끼) 30mm×30mm의 재료를 구조틀로 사용하고 석고보드를 붙이는 방법으로 시공한다고 가정하고, 벽 또한 마찬가지 방법으로 진행한다. 예를 들어 천정면적 30평에 벽 길이 50m, 높이 2.4m로 진행해야 하고 석고보드는 2중으로 시공할 경우 견적을 내어보면,

1) 재료비

· 전체면적 : 30평×3.3 + 50×2.4 = 219m^2(m^2 환산)

· 각재(30×30) : 219m^2×1단/7m^2 = 31.28 = 약 32단(8자 1단에 23,000원 정도)

· 석고보드(900×1,800) : 219/0.9/1.8×2P = 270.37 = 약 280장 (탈황산 석고보드를 기준으로 3,300원 정도)

· 못, 타카핀 등 철물류 = 한 층에 약 25만 원 정도

· 기타 잡철물(목공본드, 칼 등) = 15만 원 정도

· 기타자재는 별도

2) 인건비

· 목공 : 천정 99/15 = 7명(천정은 목수 1인당 15m^2 정도 시공)

　　　　벽 120/20 = 6명(벽은 목수 1인당 20m^2 정도 시공)

　　　　3인 1조 작업으로 계산 시 5일 작업(15명 소요 예정으로 추산)

　　　　목수 하루 인건비 : 1인당 평균 18~20만 원

· 운반공(현장 내 운반) : 약 3명 정도 예정(1인 12~15만 원 정도)

3) 경비

· 공구 임대료 : 1일당 10만 원 정도(콤프레셔 외)

· 소요인원에 따른 지출경비 15,000원/인

4) 종합견적

1) 32단×23,000 + 280장×3,300 + 250,000 + 150,000

+ 2) 190,000×15명 + 130,000×3명

+ 3) 100,000×5일 + 15,000×18인

= 6,143,600원 정도다.

※ 목공작업은 작업변수(재료손실, 작업공간크기 및 동선 외)를 고려해 여유 있게 산정하는 것을 원칙으로 하며, 사용자재의 종류에 따라서 단가 및 수량이 변경될 수 있다. 그리고 작업인원은 작업공간을 고려해 보통 주택 층당 3인 투입을 기본으로 산정한다.

몰딩의 종류는 천정몰딩, 허리몰딩, 걸레받이몰딩(바닥), 테두리몰딩 등으로 나뉘어지는데, 일반적으로 천정몰딩과 걸레받이몰딩을 기본작업으로 한다. 천정몰딩은 삼각형의 크라운몰딩과 일자모양의 평몰딩 중에 디자인에 맞게 선정하고, 걸레받이몰딩은 보통 평몰딩 80mm를 사용한다. 예로 내부 전체몰딩길이가 70m라고 가정한다면,

(1) 재료비

· 천정탭핑몰딩 : 70/2.4 = 30개(몰딩 길이는 2.4m이고 가격은 약 3,500원 정도)

· 걸레받이몰딩 : 70/2.4 = 30개(몰딩 길이는 2.4m이고 가격은 약 3,500원 정도)

· 기타 철물 및 재료 = 기본 목공재료 사용

(2) 인건비

· 목공 : 2인 1조 작업으로 1일 소요

(3) 경비

· 공구 임대료 : 1일당 10만 원 정도(콤프레셔 외)
· 소요인원에 따른 지출경비 15,000원/인

(4) 종합견적

(1) 30장×3,500원 + 30장×3,500원

+ (2) 180,000×2명

+ (3) 100,000×1일 + 15,000×2인

= 700,000원 정도다.

3. 재료 및 시공

1) 목재의 종류

MDF는 목재를 섬유형태로 분쇄한 후 접착제 등을 혼합해 압축시킨 판상재다. 표면가공이 뛰어나고 특별히 곡선가공이 자유롭다. 표면에 페인트 같은 마감재와의 접착력도 좋다. 단열과 흡음에도 어느 정도 효과가 있다. 하지만 물에 지나치게 약한 것이 결

▲ MDF   ▲ 합판   ▲ MDF 및 합판 치수

정적인 단점이다. 물에 젖어 오랫동안 방치하면 MDF가 생각보다 많이 부풀어 오른다. 강화마루가 물에 약한 이유가 바닥판이 MDF 같은 소재이기 때문이다. MDF는 주로 벽체디자인과 현장가구제작에 많이 사용한다. 특히 디자인의 비중이 높은 상업공간 인테리어에서 MDF의 비중은 상당히 높은 편이다.

합판은 원목을 얇게 원주방향으로 깎은 판재를 원하는 두께만큼 홀수층으로 결이 교차되게 접착한 판상재다. 합판은 수축, 팽창, 뒤틀림이 없는 것이 최고의 장점이다. 물에 대체로 강한 편이고 압력에도 강하다. 하지만 표면가공(특히 곡선가공)이 어렵고 가격이 비싼 편이다. 물에 젖으면 MDF처럼 부풀어 오르진 않지만, 시커멓게 썩는다. 온돌마루가 물에 젖으면 시커멓게 변하는 이유이기도 하다. 합판은 구조적인 강도가 필요한 곳과 바닥재로 많이 사용한다. MDF와 합판의 크기는 보통 1,200×2,400mm가 일반적이고, 두께는 3, 6, 9, 12, 15, 18mm…으로 3mm씩 증가한다. 디자인에 맞게 다양한 두께를 선택하면 된다.

석고보드는 가운데에 석고를 두고 양쪽에 두꺼운 종이를 댄 것이다. 단열효과가 뛰어 나고 가격이 비교적 저렴하다. 최종 마감이 종이라서 벽지, 페인트, 필름 등 어떤 재료의 마감재를 사용해도 시공이 간편하고, 마감이 깨끗하다. 충격에 약한 것이 가장 큰 약점이다. 특히 최종마감을 페인트로 칠할 경우

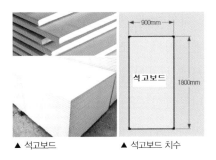

▲ 석고보드   ▲ 석고보드 치수

석고를 두 장(흔히 2P라고 함) 겹쳐 시공을 많이 한다. 주로 천장재로 많이 사용하고 학원이나 사무실 칸막이벽처럼 단순한 모양의 벽체 마감재로 많이 사용한다. 주거공간, 상업공간, 사무공간 등 인테리어에서 가장 많이 사용되는 재료다.

각재는 인테리어 목공사에서 기본 골격을 만들 때 사용한다. 두께는 가로×세로 15mm 단위로 증가하고, 길이는 7, 8, 9, 10자 등 자(300mm)단위로 증가하며 다양하게 출시된다. 일반적으로 벽체나 천장공사에서는 30×30mm두께를 많이 이용하고 바닥재로는 그보다 두꺼운 각재를 사용한다.

▲ 각재   ▲ 각재 치수

집성목 중 소나무집성목은 단단한
편이어서, 구조목이나 가구재로 다양
하게 사용한다. 흔히 집성목 하면 소
나무집성목을 말하고, 친환경 인테리
어와 DIY의 인기로 더욱 사랑받는
자재 중 하나다. 그리고 삼나무집성

▲ 집성목

목은 DIY 가구재로 많이 사용한다.
피톤치드향이 좋아서 도장칠을 하지 않는 경우가 많다.

2) 목공기기 종류

콤프레셔는 근래 인테리어공사의 속
도와 마감성을 높이는 데 중요한 기여
를 했다. 콤프레셔를 카타건에 연결해
서 압축공기를 뿜어내 타카핀을 쏘는 데
사용한다. 콤프레셔는 목공사 외에도 마
루공사, 도장공사, 가구공사 등 다양하
게 사용한다.

▲ 콤프레셔

타카건은 콤프레셔에 타카건을 장착
해서 타카핀을 쏘는 기기다. 타카핀의
종류에 따라 각각의 타카건을 구비해 놓
아야 한다.

타카핀은 권총(타카건)의 총알이라고
생각하면 된다.

▲ 타카건과 타카핀

타카건과 타카핀의 종류를 살펴보면 다음과 같다.

명칭	모양	사용부위	설명
J	ㄷ자	석고보드, 패브릭, 가구 (핀 1통 : 4천 원 선)	– 흔히 422(사둘둘)이라 함 ≒ 스테플러 J422(폭 : 4mm, 길이 : 22mm) – J1022(폭 : 10mm, 길이 : 22mm) 종이박스, 얇은 합판
ST	– 자	철재, 콘크리트 면 (핀 1통 : 4~6천 원 선)	콘크리트못 기능 ST38(길이 : 38mm)
F	– 자	인테리어내장, 가구 (핀 1통 : 4~6천 원 선)	ST, DT보다 가늘고 머리가 작다 F30(길이 : 30mm)
M	– 자	몰딩, 액자, 마감 (핀 1통 : 7천 원 선)	실타카핀, 핀의 머리가 없다. M610(굵기 : 6mm, 길이 : 10mm) M630(굵기 : 6mm, 길이 : 30mm)
DT	– 자	합판, 각목 (핀 1통 : 4~6천 원 선)	목재용 DT38, DT45, DT50, DT64

기타 공구로는 다음과 같다.

▲ 그라인더   ▲ 루터기   ▲ 슬라이딩 톱

▲ 전기원형 톱   ▲ 샌더기   ▲ 대패

명칭	설명
전동 드릴, 헤머드릴	· 콘크리트면, 목재에 구멍을 뚫거나 나사를 조이는 데 사용하는 도구
충전드릴	· 드릴에 그림과 숫자가 표기되어 있어 드릴의 회전속도 및 강도가 조절되어 초보자들이 사용하기 쉽다(7.2V, 15.6V 등 전력의 크기가 힘).
직소	· 목재의 곡선 가공 및 라운드 구멍을 필요시 사용하는 공구 · 철물 및 나무 등을 간단한 날 교체로 절단, 가공할 수 있다(이용 시 회전속도와 기타 스위치 확인).
타카(콤프레셔 포함)	· 에어 타카는 컴프레셔로 압축한 공기를 간단한 스위치 하나로 핀을 박히게 하는 역할을 한다. · 타카총과 핀은 위의 내용 참조
루터 사용방법 및 집진기 이용	· 루터는 목재의 부분 가공 및 층이나 라운드, 몰딩 작업 필요 시 사용하는 공구로써 필요에 따라 날 교체가 가능하다. · 집진기는 루터가 작업할 때 나오는 분진을 모으는 기능을 한다. · 집진기에는 오토기능이 있어 루터가 회전할 때 집진기능이 자동으로 작동되고 정지할 때에는 자동으로 멈춘다.

트리머	· 트리머는 루터와 동일한 역할을 하지만 회전속도가 느림 · 무게가 가벼워 사용이 용이해 간단한 작업에 적합하다.
그라인더	· 톱날로 절단, 연마에 사용(톱날 : 목공용, 타일용, 철재용 등)
샌더	· 목재 절단부분(톱날자국)이나 모서리, 원형부분을 그에 적합한 사포를 이용해 갈아내고자 할 때 사용하는 공구
고정톱	· 목재원판(1,200×2,400mm)을 1차 가공할 때에 사용되는 공구로써 톱에 줄자가 부착되어 있어 필요한 부분을 절단 늑 톱다이
슬라이딩 톱	· 고정톱과 기능은 같으나 크기가 작고, 이동이 편리(작은 목재의 가공) · 톱의 각도 조절이 판재를 사선으로 절단할 때 많이 쓰임(ex : 몰딩재단)
탁상드릴	· 손으로 움직이는 드릴이 아니라 고정되어 있으며, 편의에 따라 날 교체가 가능하다. · 주로 사용되는 기능은 경첩보링, 목심다보 보링 등에 사용한다.
벨트샌더	· 샌더와 기능은 동일하나 벨트샌더 자체가 고정되어 있다. · 두 기둥을 축으로 한 타원의 벨트 형태로 사포가 회전을 하는데, 그 사포면에 목재를 밀어 샌딩을 조절한다. · 집진은 되지 않는 반면 그 크기와 면적이 넓어 많은 부분을 갈아내고자 할 때 적합한 공구다. · 작업효율은 높으나 부주의할 경우 부상의 위험이 있으므로 안전사고에 주의한다.
스카시	· 핸드 직소와 같은 역할을 하며, 다른 점은 글씨 가공(음각, 양각) 등 정교하고 섬세한 부분을 가공시에 적합한 공구다.
에어건	· 에어콤프레셔를 이용해 압축된 공기를 작은 노즐을 통해 강하게 분사 · 가구의 먼지를 제거하거나 콤프레셔에 연결해 쓴다.
클램프	· 목재와 목재를 압축, 고정시켜 결합작업을 용이하게 한다. · 사용방법에 따라 위치를 달리해 목재와 목재 사이의 간격을 유지하는데도 쓰일 수 있다. · 손힘이 약한 여성들에게 꼭 필요한 도구 중 하나다.

3) 시공방법

목공사는 천정공사, 벽체공사, 가구공사, 외부목공으로 나눈다. 기본적으로 작업 면적 및 동선을 기초로 팀을 구성한다. 그리고 자재 사양은 견적서에 준하며, 상태를 검토한다. 부적합 자재는 반입 즉시 반출한다.

천정목공은 보통 30×30mm 각재, 4.8mm 합판, 9.5mm 석고보드 등으로 시공한다. 각재로 천장틀을 시공하고 석고보드 또는 합판+석고보드로 마무리한다. 요즘은 사무

▲ 목재 천정틀 시공

실같이 천정 모양이 단순하고 공간이 넓은 곳에는 M바 같은 경량 철골로도 시공을 많이 한다.

천정목공 순서는 다음과 같다.

· 단열재 부착위치 검토·확인한다.
· 사용각재는 천정 면에 고정을 철저히 한다.
· 천정마감재의 종류와 사용량에 따라 각재 간격을 정한다.
· 천정부분 환기구멍이 있는지 확인하고 없으면 설비를 통해 만든다(결로방지).
· 전기작업 공정과 같이 작업하는 것이 능률적이라 함께하도록 한다.
· 등박스 시공은 디자인계획, 소비자 간의 협의, 검토 후 진행한다(조명 포함).

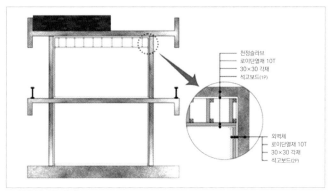

▲ 목재 천정틀 상세도

벽체목공은 30×30mm 각재, 4.8mm 합판, 9.5mm 석고보드를 기본적으로 많이 사용하고, 코너 부위는 주로 9mm 합판과 9mm MDF 같은 재료들을 사용한다. 그리고 요즘은 벽체 마무리재로 나무소재, 컬러유리, 실사출력물을 많이 적용한다. 각재 틀 시공 시 간격을 살펴보면, 합판, MDF 등의 가공판재는 그림①처럼 각재를 400mm 간격을 주고 시공한다. 석고보드는 2장(2P)을 겹쳐서 시공할 경우에는 그림②처럼 450mm 간격을 주고, 1장만 시공할 경우에는 그림③처럼 300mm 간격으로 각재를 배열해서 시공한다.

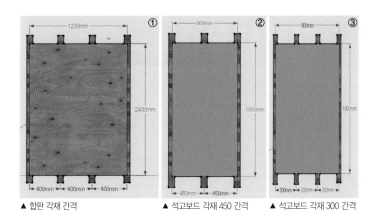

▲ 합판 각재 간격   ▲ 석고보드 각재 450 간격   ▲ 석고보드 각재 300 간격

벽체목공 순서는 다음과 같다.

· 단열재 부착위치 검토·확인한다.
· 사용각재는 벽면에 고정을 철저히 한다.
· 마감재의 종류와 사용량에 따라 각재 간격을 정한다.
· 무지주 선반, 벽걸이 TV, 가구, 화장실 등의 벽에 구조물 설치 시 부
  착되는 위치에 따라 강도에 문제가 없는 자재인지를 확인한다(벽걸
  이 TV가 설치되는 부분은 합판으로 부분 시공한다).
· 전기/기타 필요한 작업 공정과 같이 작업하도록 한다.
· 아트월 예상부분 마감처리에 신경을 써야 한다.
· 몰딩은 내역에 준한 제품으로 할 것(색상 선정 시 발주자와 협의할 것)
· 몰딩사이 틈새 처리를 깔끔히 할 것

▲ 등박스   ▲ 아트월

등박스, 아트월 등의 목공 디자인 시공은 각재와 MDF를 사용
해서 시공한다. 특별히 간접조명을 설치하는 경우에는 다음 단면
도를 참조하자.

▲ 간접조명 상세도

　곡선디자인은 목재로 시공해야 할 경우 각재로 틀을 제작해서 3mm나 4.5mm 합판 또는 MDF로 곡선부분을 처리한다. 왜냐하면 두꺼운 판재는 곡선가공이 힘들기 때문이다. 틀을 제작할 때 각재 대신 금속을 이용하기도 한다. 상업공간과는 달리 아파트 공간에서 디자인 요소가 필요한 곳은 등박스, 아트월, 기둥, 콘솔, 침대머리 정도다.

　욕실천정은 리빙우드(PVC판넬)를 주로 많이 이용하지만 천정에 각재 틀 작업이 안 된 경우는 돔형천정으로 시공하는 것이 더 효율적이다. 돔형천정으로 시공 시에는 타일선

▲ 욕실 리빙우드

이 잘 정돈되어 있어야 한다. 돔형 천정은 전문업체가 따로 있다. 때로는 가격이 저렴한 욕실전용 도배지로 천정을 도배하는 경우도 있다.

　가구목공은 다른 벽체공사와 같이 진행하면 인건비를 조금이라도 줄일 수 있다.

- 벽체목공의 마감과 동시에 제작가구를 만든다.
- 계획된 디자인을 바탕으로 목수와 함께 건축주 미팅을 통해 만든다.

　외부목공은 주로 테크와 담장공사가 대부분이다. 특별히 베란다 목공사는 타카핀으로 인한 누수에 주의해야 한다.

- 외부자재는 방부재질의 자재를 사용한다. 만약 안 될 경우 도장 처리한다.
- 방부목은 38mm 정도의 아연 도금된 피스를 꼭 사용한다(타카핀 사용은 100% 문제를 일으킨다).
- 데크 공간 속에 확인해야 할 설비공간이 있다면, 점검구를 만든다.
- 방수처리된 공간에는 타카핀 사용을 금한다. 방수면에 구멍을 내면 결국 누수로 이어진다.

4) 목자재 단위

현장에서 한 자는 300mm를 말한다. 그리고 한 치는 대략 30mm다.
- MDF/합판은 치수가 일반적으로 2,400mm(8자)×1,200mm(4자)정도이고 두께(t)는 3, 6, 9, 12, 15, 18, 21, 24mm… 등으로 3mm씩 증가한다.
- 석고보드는 치수가 일반적으로 1,800mm(6자)×900mm(3자)정도이고 두께는 9.5mm를 가장 많이 사용한다.

· 각재(다루끼)는 보통 1치×1치×2,400mm(8자) 정도이고, 길이는 7, 8, 9, 10, 11자로 1자씩 증가한다.

아파트 공사의 경우 목자재 운반 시 엘리베이터에는 합판 또는 MDF가 한 장이 쉽게 안 들어가는 경우도 있다. 그럴 경우 세로로 절반을 재단한 후에 운반한다.

5) 목공사 점검포인트

(1) 천정공사 점검 포인트

· 단열공사를 해야 하는가? 되어 있는가?

· 등박스 시공부위는 있는가(거실, 안방)?

· 커튼박스 시공은 어디에 해야 하는가(창문)?

· 마감몰딩의 종류는 무엇인가?

· 천정형 액자레일을 설치하는가? 레일조명을 설치하는가?

· 바닥마감면에서 내부 천정고는 얼마인가?

· 천정마감재는 무엇으로 하나(석고보드, 합판)?

(2) 시공순서

단열재 시공 → 천정틀 설치 → (전기배관) → 천정마감판(석고보드, 합판) → 몰딩

(3) 필요자재 준비하기

- 천정틀 : 각재(다루끼) 8자 또는 9자
- 천정마감판 : 합판 3~9T, 석고보드, MDF, 천정몰딩(점검구)
- 부자재 : 타카핀, 목공본드, 롤비닐
- 작업도구 : PT(틀비계), A형 사다리, 목공도구(목수도구)

(4) 천정틀 간격 정하기

- 석고보드 시공 시 : 틀 간격 300상, 450상/석고보드 규격 900×1,800 mm(3×6사이즈)
- 합판 시공 시 : 틀 간격 400상/합판 규격 1,200×2,400mm(4×8사이즈)

(5) 최종마감에 따른 마감판의 선택

- 도장(페인트) 마감 : 석고보드 2P/합판 1P+석고 1P/석고 1P+ MDF 1P
- 도배 마감 : 석고보드 1P/합판 1P

(6) 벽체공사 점검 포인트

- 단열공사를 해야 하는가, 되어 있는가? 단열재의 종류와 두께는?
- 아트월 시공부위는 있는가(거실, 안방)?
- 걸레받이몰딩의 종류는 무엇인가(마루종류 제외, 목공에서 몰딩시공)?

- 벽걸이형 제품이 있는가? 위치는(TV, 액자 위치 보강 때문에)?

- 내부가구가 정해져 있으면 내경은 나오는가?

- 벽체마감재는 무엇으로 하나(석고보드, 합판, MDF)?

(7) 시공순서

단열재 시공 → 벽체틀 → (벽체전기배관) → 벽체마감판(석고보드,합판) → 걸레받이몰딩

(8) 필요자재 준비하기

- 벽체틀 : 각재(다루끼) 8자 또는 9자

- 벽체마감판 : 합판 3~9T, 석고보드, MDF, 걸레받이몰딩

- 부자재 : 타카핀, 목공본드, 롤비닐

- 작업도구 : PT(틀비계), A형사다리, 목공도구(목수도구)

(9) 벽체틀 간격 정하기

- 석고보드 시공 시 : 틀 간격 300상, 450상/석고보드 규격 900×1,800 mm(3×6사이즈)

- 합판 시공 시 : 틀 간격 400상/합판 규격 1,200×2,400mm(4×8사이즈)

(10) 최종마감에 따른 마감판의 선택

· 도장(페인트) 마감 : 석고보드 2P/합판 1P+석고 1P/석고 1P+ MDF 1P

· 도배 마감 : 석고보드 1P/합판 1P

· 아트보드, 컬러보드 마감 : 석고 1P + 마감보드 1P

· 유리마감 : 석고 1P + 유리

(11) 몰딩공사

몰딩의 재질별 종류를 살펴보면,

▲ 랩핑몰딩   ▲ 우레탄몰딩   ▲ PVC몰딩

랩핑몰딩은 MDF에 필름을 붙인 것이다. 몰딩 중에 가장 많이 사용되는 제품이다. 비교적 가격이 저렴하고 색상이 다양하다.

우레탄몰딩은 ABS에 우레탄 도장을 칠한 것이다. 요즘 친환경적이라고 인기가 좋다. 가격이 조금 비싸지만, 수명이 길고, 디자인이 다양하다.

원목몰딩은 원목에 투명우레탄도장을 한 것이다. 고가이지만 원목 특유의 따뜻함과 우아함이 있다. 고급 디자인에서는 많이 적용된다.

PVC몰딩은 욕실, 세탁실 등 주로 물이 접촉되는 곳의 천정몰딩이나 걸레받이로 사용한다.

몰딩의 위치별 종류를 살펴보면,

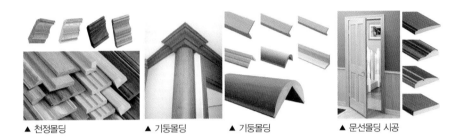

▲ 천정몰딩　　　▲ 기둥몰딩　　　▲ 기둥몰딩　　　▲ 문선몰딩 시공

　천정몰딩은 벽과 천정의 모서리 마감을 위해 사용한다. 보통 거실몰딩은 방몰딩보다 조금 큰 것을 사용한다. 크라운(갈매기)몰딩을 많이 사용해 오다가 최근에는 디자인이 단순한 평판몰딩을 더 많이 사용한다.

　기둥몰딩은 벽의 코너의 깨끗한 마감과 안전을 위해 사용한다. 몰딩 폭은 거실의 크기에 따라 적절하게 조절해야 한다.

　문선몰딩은 벽과 문틀의 접촉부위 마감을 위해 사용한다. 문선몰딩으로 도배의 끝처리를 깨끗하게 할 수 있다. 문틀과 색을 잘 맞춰야 어색하지 않다.

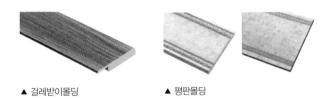

▲ 걸레받이몰딩　　　▲ 평판몰딩

　걸레받이몰딩은 주로 마루시공 후 설치하는 것이 일반적이나, 요즘은 장판이나 데코타일을 시공 후 걸레받이몰딩을 시공하는

경우도 많다. 그러면 저렴하게 마루 시공한 느낌의 공간을 만들
수 있다.

평판몰딩은 목공사 시 판재 대신 다양하게 사용한다. 평판몰딩
으로 목공사를 하면 추가마감이 필요없어 인건비를 줄일 수 있다.

▲ 데코몰딩 시공   ▲ 데코몰딩 샘플   ▲ 루버   ▲ 용머리

데코몰딩은 평판몰딩과 함께 다양한 디자인을 연출한다. 액자
모양 등으로 다양하게 디자인하면 저렴한 비용으로 충분히 멋을
낼 수 있다.

루버는 평판몰딩이 줄눈부위 마감을 할 수 없다는 단점을 보완
한 구조다. 주로 상업용으로 많이 이용하나 요즘은 주거에도 많이
시공한다.

용머리는 천정몰딩과 기둥몰딩의 접촉점을 더욱 아름답게 만
들어 줄 때 사용한다. 하지만 잘못 사용하면 더 어색할 수도 있다.

(12) 몰딩의 치수

몰딩의 폭(주로 60~90mm의 폭을 많이 사용)은 다양하지만, 길이
는 모두 2,400mm다.

MDF 같은 가공판재의 가로×세로치수가 1,200mm×2,400mm 인 것을 알면 몰딩 길이가 왜 2,400mm인지 이해가 된다.

(13) 몰딩의 시공

천정몰딩은 몰딩 뒤쪽 면에 목공용본드를 바른 후 실타카핀으로 고정한다. 실타카핀은 접착제가 마를 때까지 고정시켜 주는 역할만 한다. 장기적으로 몰딩을 고정해주는 것은 접착제다. 그러니 실타카핀을 불필요하게 많이 칠 필요는 없다.

걸레받이몰딩은 뒤쪽 면에 실리콘을 바른 후 빨리 마르는 글루건으로 임시 고정한다. 임시고정은 글루건으로 하고, 장기적으로 몰딩을 고정해주는 것은 실리콘이다.

DIY Tip

1. 몰딩공사 견적

흔히 몰딩공사부터 이후에 진행되는 작업을 마감공사라고 한다. 아파트공사는 보통 천정몰딩 시공만으로 목공사를 끝내는 경우가 많다. 그래서 천정몰딩 부분만 따로 쉽게 견적내는 방법을 살펴보겠다.

예시) 32평 아파트 천정 랩핑몰딩 시공
· 재료비 32개×3,500원 = 112,000원(아파트 평수 = 몰딩개수)
· 부자재 + 타카핀 + 경비 = 70,000원
· 인건비 + 기기료 = 280,000원
  총실행공사비 = 462,000원

걸레받이몰딩 공사비용도 비슷하다.
평균적으로 아파트 평수×15,000원 정도이다.

2. DIY 목공사

최근에는 목공용 전기공구가 워낙 좋은 제품들이 많이 나와서 일반인도 손쉽게 가구나 기타 목작업을 진행하는 경우가 많다. 그런데 마트 같은 곳에서 못, 나사 같은 부속자재를 구매하는 경우를 흔히 보게 된다. 그런데 그런 부속철물들은 집 근처 철물점이 훨씬 저렴하다. 이것은 마트에서 야채를 구매하는 것과 재래시장에서 야채를 구매하는 것과의 가격차이라고 생각하면 된다. 아니 그보다 훨씬 큰 가격의 차이를 보인다.
전동공구의 경우 손안에 잡히는 가정용 공구보다는 일반적으로 시공자들이 사용하는 공구를 구매하는 것이 훨씬 유용하다. 드릴 같은 경우, 가정용 공구는 조금 튼튼한 벽체를 뚫으려고 시도하면 무용지물이 되어 버린다. 나무 같은 재료에 나사만 박는 것이 아님을 안다면 보다 힘있는 공구를 구매해두자.

Chapter **04**

수장공사

13
도장공사

　인테리어 마감자재는 사람피부와 비슷하다. 사람이 어릴 때는 몸에 기름이 많아서 반질반질하고 탄력이 있지만, 나이가 들수록 몸에 기름기가 빠져서 가뭄기의 논두렁처럼 피부가 쩍쩍 갈라지고 거칠어진다. 마찬가지로 페인트, 벽지 같은 인테리어 자재들도 처음에는 기름기가 있어서 탄력이 있지만, 시간이 지날수록 딱딱해지고 탄력성이 줄어든다. 결국에는 갈라지고 찢어지기도 한다. 특별히 페인트가 그런 현상이 가장 많이 일어난다.

　도장공사(페인트)는 누구나 쉽게 할 수 있다고 생각한다. 과연 그럴까? 한번 작업을 해본 사람이라면 이 말이 무슨 의미인지 알 것이다. 도장작업은 결코 쉬운 작업이 아니다. 도장은 눈에 보이는 마감공사이기에 더욱 숙련공의 마무리가 필요한 공사다. 만약 마감이 그리 깨끗할 필요가 없어서 직접 하고자 하는 분들이 있다면 다음의 내용을 참고로 진행하면 된다.

1. 도면

▲ 1층 도면 – 도장 부분(붉은색)

▲ 2층 도면 – 도장 부분(붉은색)

▲ 외부조감도

　외부벽체마감, 외부방부목마감뿐만 아니라 금속공사마감, 목재
가구제작마감으로 페인트를 많이 사용한다.

▲ 실제 준공

2. 견적서 및 견적방법

NO	품명	규격	단위	수량	재료비		노무비		경비		합계		비고
					단가	금액	단가	금액	단가	금액	단가	금액	
13	도장공사												
	[1층/다락]	(공사범위지정)											
	핸드코트		가론	1.0	18,000	18,000	–		–		18,000	18,000	
	락카샌딩	내부목자재마감부분	가론	1.0	15,000	15,000	–		–		15,000	15,000	
	락카페인트(투명)	내부목자재마감부분	가론	2.0	25,000	50,000	–		–		25,000	50,000	
	락카페인트(지정색)	도어 또는 몰딩부분	가론	1.0	25,000	25,000	–		–		25,000	25,000	
	락카시너		가론	2.0	13,000	26,000	–		–		13,000	26,000	
	부자재		식	1.0	50,000	50,000	–		–		50,000	50,000	
	시공비	도장공(여)	인	1.0	–		170,000	170,000	15,000	15,000	185,000	185,000	
	[외부]	(공사범위지정)											
	외부 수성(화이트)	외부용	말	8.0	85,000	680,000	–		–		85,000	680,000	
	락카페인트(조색/Yellow)	현관도어 도색작업	가론	1.0	35,000	35,000	–		–		35,000	35,000	
	고무파티	외부용	가론	4.0	25,000	100,000	–		–		25,000	100,000	
	워시 프라이머	옥상, 데크 난간	통	1.0	25,000	25,000	–		–		25,000	25,000	
	에나멜(블랙)	옥상, 데크 난간	가론	1.0	18,000	18,000	–		–		18,000	18,000	
	에나멜시너	옥상, 데크 난간	가론	1.0	8,000	8,000	–		–		8,000	8,000	
	오일스텐	방부목 칠	가론	2.0	40,000	80,000	–		–		40,000	80,000	
	투명 에폭시	하도+상도/16L	SET	1.0	220,000	220,000	–		–		220,000	220,000	
	부자재	붓, 사포, 롤러	식	1.0	50,000	50,000	–		–		50,000	50,000	
	시공비	도장공(남)	인	4.0	–		200,000	800,000	15,000	60,000	215,000	860,000	
	시공비	도장공(여)	인	2.0	–		170,000	340,000	15,000	30,000	185,000	370,000	
	1층 소계					184,000		170,000		15,000		369,000	
	외부 소계					1,216,000		1,140,000		90,000		2,446,000	
	계					1,400,000		1,310,000		105,000		2,815,000	

※ 지역, 기능공 수준, 사용재료 및 공법에 따라 가격 차이가 있다. 이 견적은 30평 규모의 단독 주택을 기준으로 했다(단, 섬 지역 제외).

도장공사는 사용재료비보다 인건비에 치중된 공사다. 따라서 인력의 소요량을 계산하는 것이 중요한데, 이것의 기준을 정하는 것은 쉽지 않다. 벽체의 상태, 페인트의 종류, 기능공의 수준, 날씨 등 변수가 워낙 많기 때문이다.

1) 재료비

· 내부도장 : 수성페인트(내부용) 1통(4L) : 15,000원 정도

　　　　　　래커페인트 1통(4L) : 25,000원 정도

　　　　　　래커시너 1통(4L) : 13,000원 정도

· 외부도장 : 수성페인트(외부용) 1말(18L) : 85,000원 정도

　　　　　　에나멜페인트 1통(4L) : 18,000원 정도

　　　　　　에나멜시너 1통(4L) : 8,000원 정도

　　　　　　오일스테인 1통(4L) : 40,000원 정도

· 기타 : 붓, 롤러, 커버링, 마스킹테이프 등 재료비 10만 원 정도 책정

2) 인건비

· 도장공 남자 : 1인당 20만 원

· 도장공 여자 : 1인당 17만 원

3) 경비

· 공구 임대료 : 뿜칠기계 1일당 5만 원 정도

· 소요인원에 따른 지출경비 15,000원/인

※ 인건비는 기존의 주택부분 상태에 따라서 작업방법 및 소요시간, 소요인원에 차이가 많이 난다. 평균적으로 단층 30평 주택 외부 도장공사 250~350만 원 선으로 생각하면 된다.

3. 재료 및 시공

1) 도장(페인트)종류

(1) 유성페인트(시공하면서 페인트가 마르면 시너를 조합해 사용)

에나멜은 바니시(니스)를 혼합한 도료이고 주로 금속에 많이 사용한다. 주거공간에서는 현관문, 발코니난간, 대문, 외부계단, 외부난간 등에 시공할 수 있다.

스테인은 목재면의 나뭇결무늬를 그대로 살리기 위해 사용되는 도료다. 주로 외부 방부목을 칠할 때 많이 사용한다.

래커(락카) 중에서 안료를 섞지 않은 것을 투명래커라고 하고, 안료를 섞은 것을 래커에나멜이라고 한다. 칠 마감이 부드럽고, 건조가 빠르다. 또한 칠막이 얇아서 여러 번 칠해도 두께의 부담이 적다. 하지만 부착력이 적고, 가격이 비싼 편이다. 광택의 정도에 따라 유광, 무광 그리고 반광으로 나뉜다. 주로 목재 소재의 마감재로 사용되고, 흔히 주거 공간 인테리어에서 도장재료는 대부분 래커를 사용한다.

(2) 수성페인트(시공하면서 페인트가 마르면 주로 물을 조합해 사용)

내부수성페인트는 주거공간에서는 발코니와 기타 내부벽면에 사용한다. 가격이 비교적 저렴하고 입자가 부드럽다.

수성에나멜래커는 흔히 친환경페인트로 알려져 있다. 도장공사를 DIY 하시는 분들은 잘 알고 있는 페인트의 종류다. 거의 모든 소재에 칠이 가능하고, 수성이라서 독성이 적다. 물로 희석시켜 사용하니 초보자가 칠하기에는 더없이 좋은 재료다. 하지만 칠 마감이 비교적 좋지 않고, 시공 후 변색이 빠르다. 유성래커와 비교해 가격이 비싼 편이지만 시너 대신 물을 사용하는 것을 고려하면 가격차이는 거의 없다.

외부수성(글로리)은 주택 외부벽체와 아파트 외부벽체에 주로 사용한다. 내부수성보다는 가격이 비싼 편이지만, 접착력이 더 우수하다. 그래서 내부수성은 외부에 사용하지 못하지만, 외부수성은 내부에도 사용할 수 있다.

비닐(VP)페인트는 마감이 매우 깔끔하고 작업성이 우수하다. 그리고 오염이 적어서 노출 천정으로 된 상업공간 등에 많이 사용한다. 수성페인트지만 비교적 비싼 편이다.

졸라톤은 무늬코트(다채무늬도료)라고도 한다. 수성페인트를 칠한 후에 무늬텍스를 뿜칠한 것이다. 시공 후 시간이 지나면 때가 많이 탄다. 그래서 반드시 코팅(아크릴코트 투명)을 해주는 것이 좋다.

탄성코트는 비교적 결로에 좋은 뿜칠전용페인트다. 졸라톤처럼 발코니에 주로 사용한다.

2) 도장부자재

▲ 실리콘　　　▲ 핸디코트　　　▲ 에폭시퍼티　　　▲ 시너　　　▲ 바인더

실리콘은 코너부위 마감재로 가장 많이 사용하는 자재다. 도장 공사 시에는 도장이 잘 묻어나는 수성백색 실리콘이 사용한다. 실리콘은 창틀코킹, 유리코킹, 주방가구, 욕실 틈새 부위 마감에 많이 사용한다. 주거에서는 주로 투명색과 백색이 많이 사용되는데, 요즘 욕실에서는 곰팡이가 잘 생기지 않는 바이오 실리콘을 사용한다.

핸디코트는 도장 전에 금간 부위나 면이 고르지 않는 부위에 보수 작업이 필요할 때 사용한다. 한 번에 두껍게 바르면 잘 갈라지고, 얇게 여러 번 바르는 것이 좋다. 비교적 표면이 약한 것이 단점이다.

에폭시퍼티는 주제, 경화제를 섞어서 사용한다. 퍼티는 접촉이 많은 면이나 심하게 마모된 부위를 보수할 때 사용한다. 문틀 등 본 재료가 떨어져 나간 부분을 퍼티로 원형복구하고 사포로 문지른 후 페인트 칠을 하면 감쪽같이 복구할 수 있다. 핸디코트에 비해 표면 강도가 좋다.

시너는 유성페인트를 사용할 때 페인트를 묽게 해 시공성을 좋게 하기 위해 사용한다. 유성페인트 종류마다 시너가 별도로 있다. 래커 시너가 따로 있고, 에나멜 시너가 따로 있다는 의미다.

바인더는 시공 면의 접착력을 높이는 재료다. 페인트가 잘 묻지 않는 곳에 바인더를 먼저 바른 다음 도장작업을 하면 잘 부착된다. 바인더는 도장 공정의 프라이머(접착증강제)로 이해하면 된다. 비슷한 기능을 하는 것으로 믹싱, 젯소 등이 있다. 발코니 천정 등에 페인트가 갈라지고 벗겨졌을 때, 바인더를 바르고 페인트로 마감하면 오래간다. 또한 필름으로 마감된 몰딩이나 문짝 등은 원래 칠이 잘 안 묻는 곳에 바인더를 바른 후 칠을 하면 비교적 오래 간다.

▲ 마스킹테이프　　　　　▲ 커버링　　　　　　▲ 망사테이프

마스킹테이프는 도장을 칠해야 할 면과 하지 말아야 할 면의 구분선을 깔끔하게 보양하기 위해 사용한다. 특별히 도장 초보자에게 많이 필요하다. 주로 붓이나 롤러 작업 시에 사용한다. 다양한 폭이 있지만, 주로 20mm 폭의 마스킹테이프를 제일 많이 사용한다.

카바링(커버링)은 도장할 시공 면 외에 다른 면에 도장이 묻지 않도록 보양하기 위해 사용한다. 주로 뿜칠공사 시 많이 사용되고 450, 600, 900, 1,500mm 등 다양한 길이가 있다. 창호의 틀과 유리의 보호를 위해 가장 많이 사용하고, 기타 공사현장의 먼지 등으로부터 보호를 위해 사용하기도 한다.

망사테이프(조인트프로)는 주로 석고보드면의 이음매 도장 시 이음부위 균열을 방지하기 위해 사용한다. 핸디코트와 함께 여러 공정이 필요하기 때문에 손이 많이 필요하다. 주로 상업공간, 사무공간의 천정공사에 많이 사용한다.

시공순서를 살펴보면 망사테이프 붙이기 → 퍼티작업(1~3차) → 연마작업 순이다. 시공방법에 대해서는 아래에 자세히 소개한다.

사포는 목재의 거친 면을 곱게 만들거나, 핸디 작업 후 면을 고르게 하기 위해 사용한다. 주로 120번에서 200번 사이의 사포를 많이 사용하는데 숫자가 낮을수록 거친 사포다.

최근에는 전기샌더기를 많이 사용한다.

3) 도장시공

(1) 도장시공 순서

▲ 보양   ▲ 면처리   ▲ 도장

· 보양 : 시공 면의 불순물을 제거하고 마스킹테이프나 커버링으로 시공 면 주위를 보호하는 작업이다.

· 면 처리 : 크랙 부위나 불규칙한 면을 핸디코트, 퍼티, 실리콘 등으로 매끈하게 마감하고 사포로 깨끗하게 면을 다듬어 주는 작업이다.

· 3회 도장 : 롤러나 붓으로 얇게 평균 3회 도장을 한다. 필요 시 4회 이상 할 수도 있다.

만약 기존에 백색래커 칠이 된 문에 백색래커 칠을 하면 1~2회 정도만 칠해도 된다. 하지만 기존에 검정색 래커 칠이 된 문일 경우 5~7회 이상 칠해야 될 경우도 있다. 왜냐하면 2~3회를 칠해도 기존 검정색 페인트가 우러나오기 때문이다. 이런 경우는 필름으로 시공하는 것이 더 효율적일 수도 있다.

(2) 도장시공 방법

▲ 뿜칠　　　　　　　▲ 롤러　　　　　　　▲ 붓칠

뿜칠은 작업속도가 매우 빠르다. 좋은 품질의 시공이 필요하거나 넓은 면을 도장해야 할 때 사용한다. 에어콤프레셔에 스프레이건을 연결하고 스프레이건에 페인트를 담아서 분무기처럼 뿜어내는 시공법이다. 하지만 한 공간에 여러 색을 사용할 경우에는 롤러를 이용하는 것보다 더 불편할 수 있다. 기능공에게 뿜칠을 의뢰하면 기계사용료가 추가된다. 도장할 시공 면이 넓고 색이 단순한 현장에서는 뿜칠도장이 적합하다.

롤러는 붓으로 하기에는 시간이 많이 소요되는 넓고 평평한 시공 면에 주로 사용한다. 주거공간에서는 문짝이나, 발코니를 칠할 때 사용한다. 뿜칠공사에 비해 비교적 좁은 공간이나, 한 공간에 다양한 색을 칠해야 할 경우에 유리하다. 전문가가 칠을 하면 뿜칠만큼 마무리를 깔끔하게 시공할 수 있다. 수성롤러와 유성롤러가 있는데, 털이 많은 것이 수성롤러다.

붓칠은 롤러가 들어갈 수 없는 매우 좁은 곳의 칠에 주로 사용한다. 몰딩이나 문틀 같은 곳에는 붓으로 구석구석 마감해야 한다. 붓은 털의 종류에 따라 시공성의 차이가 많이 난다.

그래서 웬만하면 좋은 붓을 구입해서 사용하자. 능력자는 도구를 탓해선 안 되지만, 붓은 도구를 좀 탓해도 된다.

(3) 석고보드 천정퍼티 작업 시공 방법

· 망사테이프를 이음매에 붙인다.

▲ 이음매 망사테이프 시공

▲ 망사테이프 설치

· 퍼티작업을 1차, 2차 또는 3차에 걸쳐 진행한다.

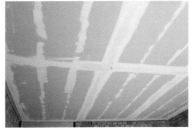

▲ 석고보드 이음매 퍼티 시공

· 연마작업 후 도장 칠을 한다.

▲ 도장 칠 시공

(4) 페인트 용량 단위

페인트는 1, 2, 4, 18L 등의 용량이 있다. 갤런(가롱)은 보통 4L를 한 가롱이라 한다. 말은 보통 18L를 한 말이라 한다.

▲ 페인트 용량(4L, 18L)

| 참고 ✎ | 회벽(STUCO)이란?

석회, 회반죽 등의 미장재를 두께 2~8mm 정도로 바르고, 표면에 자유롭게 문양을 만드는 마무리 미장재다. 바르는 방법에 따라 다양한 문양을 만들 수 있고, 내수성과 접착력이 좋아 시공 부위에 제한이 없다. 주로 테라코트, 핸디코트를 사용한다.

▲ 회벽 시공

DIY Tip

1. 주거공간에서 도장해야 할 면

몰딩은 주로 백색래커 칠로 많이 작업한다. 기존 몰딩 마감재가 필름이면 비교적 부착력이 좋은 에나멜로 칠을 하거나 바인더 작업 후 칠을 하면 된다. 칠하기 전에 몰딩 끝부분에 붙은 벽지는 칼로 미리 제거해야 한다.

목창호는 유리를 마스킹테이프나 커버링으로 잘 보양해서 칠한다. 또한 도장하기 전에 창문이 잘 닫히는지를 확인한다. 만약 창문이 잘 닫히지 않으면, 대패로 미리 창문 위/아래를 깎아 내야 한다. 창틀 하부에 있는 기존 슬라이딩 레일을 교체해야 할 경우도 있다.

방문과 욕실문은 도장하기 전에 문이 잘 닫히는지를 확인한다. 만약 문이 잘 닫히지 않으면, 경첩을 풀어서 대패로 미리 문짝을 깎아 내야 한다. 그리고 손잡이는 커버링으로 잘 보양해서 사용하거나 새롭게 교체한다.

발코니는 도장 전에 물이 새는 곳은 미리 방수작업을 해놓는다. 그리고 결로가 있는 곳은 결로방지페인트를 미리 바르고 시공한다. 아니면 탄성코트로 시공해도 된다.

현관문은 보통 래커 칠을 해도 되지만, 이전에 에나멜 칠을 한 지 얼마 안 되었으면, 동일하게 에나멜로 칠해야 한다.

기타 디자인 목공사 부분은 이음매나 타카핀 자국을 핸디로 잘 마감한 후 래커 칠을 하면 된다.

2. 발코니 도장

발코니 칠은 기본적으로 수성롤러를 이용한다. 하지만 수성롤러는 털이 길어서 도장 면에 털자국이 많이 남는다. 그래서 마지막 칠을 할 때는 유성롤러를 꽂아서 시공하면 도장면의 마감을 훨씬 깔끔하게 시공할 수 있다.

▲ 수성 및 유성롤러

3. 붓 보관

좋은 붓을 한 번 사용하고 버리면 너무 아깝다. 공사 완료 후, 유성페인트가 묻은 붓은 시너로 깨끗하게 씻어서 말려 보관하고, 수성페인트가 묻은 붓은 물로 깨끗하게 씻어서 말려 보관하면 다음에 사용할 수 있다.

4. 거실에 도장 칠을 하느냐, 도배를 하느냐

흔히 페인트칠이 벽지도배 작업보다 더 저렴하다고 생각한다. 그건 시멘트로 미장된 벽체를 칠할 때나 통하는 이야기다. 앞에서 설명한 것처럼 석고보드로 마감된 공간에는 페인트로 마감하는 것이 도배로 마감하는 것보다 2배 정도 더 비용이 많이 든다. 그래도 조금 더 고급스럽게 보이고, 다양한 컬러를 보유한 페인트로 마감하고 싶다면 당연히 페인트를 선택해야 한다. 반대로 조금 더 따뜻한 느낌과 깔끔함이 우선이라면 벽지를 선택하는 것이 좋다. 어느 것이 좋다는 결론은 내릴 수 없다. 하지만 최근에는 거실벽체와 주방벽체만큼은 페인트로 마감하는 사례가 늘어나고 있다.

5. 페인트 공정에 대해

페인트 작업은 일반인이 가장 손쉽게 할 수 있는 작업 중 하나다. 하지만 막상 해보면 가장 힘든 작업이라고 느끼는 공정 중 하나다. 그리고 페인트 작업은 인테리어 공정 중 가장 적은 돈으로 가장 변화를 많이 일으킬 수 있는 작업이다. 매매할 집을 수리해서 매도하려는 사람들이 가장 먼저 접근하는 공정이 바로 도장공사다. 내부에는 벽지 위에 바로 페인트를 바르고, 외부에는 외벽도장 작업을 새롭게 해서 집을 내어 놓는 것이다. 왜냐하면 사람의 눈은 컬러에 빨리 반응하기 때문이다.

6. 아파트 페인트공사 견적 넣기

예시) 32평 아파트 전체 도장공사

1) 내부도장

· 재료비 래커 4갤론×30,000원 = 120,000원(평균 10평당 1갤론 정도 소요)

시너 4갤론×20,000원 = 80,000원(원재료와 시너 비율은 1:1)

부자재　　　　　　 = 100,000원

· 인건비 여자 도장공 3명×170,000원 = 510,000원(대략 10평당 한 분 정도 소요)

· 내부도장 실행비 = 810,000원

(아파트 평당 대략 25,000원 정도 실행비 측정)

2) 발코니도장

· 재료비 수성 1말　　　　 = 70,000원(1말)

부자재　　　　　　 = 30,000원

· 인건비 남자 도장공 1명　 = 200,000원

· 발코니도장 실행비　　　 = 300,000원

(아파트 평당 대략 10,000원 정도 실행비 측정)

14

타일공사

　시중에 출시된 타일 종류가 너무 많아서 일일이 다 눈으로 보고
선택하기는 쉽지 않다. 보통 인테리어업체 또는 디자인회사에 가
보면 다른 재료는 다 사무실에 비치를 해놓는데 도기와 타일은 사
무실에 전시하기 힘들어서 타일자재상으로 고객을 모신다. 이 책
에서도 모든 재료를 열거하기는 힘들고 큰 줄기의 종류들에 대해
서만 살펴보도록 하겠다.

1. 도면

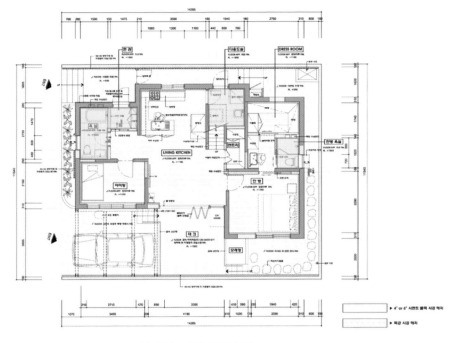

▲ 1층 도면 – 타일 부분(붉은색)

물이 사용되거나 물이 접촉될 수도 있는 바닥이나 벽체는 대부
분 타일로 마감을 많이 한다.

2. 견적서 및 견적방법

NO	품명	규격	단위	수량	재료비		노무비		경비		합계		비고
					단가	금액	단가	금액	단가	금액	단가	금액	
14	타일공사	단가견적											
	[1층/다락]												
	바닥타일												
	현관바닥	600×600	평	0.5	42,000	21,000	–		–		42,000	21,000	
	욕실바닥(거실/안방)	200×200	평	2.0	26,000	52,000	–		–		26,000	52,000	
	다용도실바닥	300×300	평	1.5	28,000	42,000	–		–		28,000	42,000	
	Cat House	300×300	평	0.5	28,000	14,000	–		–		28,000	14,000	
	벽체타일												
	현관걸레받이	300×600	평	1.0	42,000	42,000	–		–		42,000	42,000	
	욕실벽체(거실/안방)	300×600	평	8.5	38,000	323,000	–		–		38,000	323,000	
	다용도실벽체	250×400	평	8.0	30,000	240,000	–		–		30,000	240,000	
	주방벽체(싱크부분)	100×400	m²	8.0	18,000	144,000	–		–		18,000	144,000	
	부자재 및 시공비												
	모래	미장사	루베	1.0	55,000	55,000	–		–		55,000	55,000	
	시멘트	40KG/포	포	5.0	5,500	27,500	–		–		5,500	27,500	
	압착(수퍼멘트)	바닥	포	2.0	4,500	9,000	–		–		4,500	9,000	
	본드(10,000번)	벽	말	16.0	20,000	320,000	–		–		20,000	320,000	
	백시멘트	바닥, 벽	포	1.0	6,000	6,000	–		–		6,000	6,000	
	코너비드 10T		EA	2.0	7,000	14,000	–		–		7,000	14,000	
	코너비드 8T		EA	16.0	2,000	32,000	–		–		2,000	32,000	
	부자재/공구대		식	1.0	–		–		50,000	50,000	50,000	50,000	
	소운반		인	1.0			130,000	130,000	15,000	15,000	145,000	145,000	
	시공비	기공, 보조공 1:1	팀	3.0	–		390,000	1,170,000	30,000	90,000	420,000	1,260,000	
	[외부]												
	바닥타일												
	뒷마당 바닥 타일	400×400	평	5.5	32,000	176,000	–		–		32,000	176,000	
	부자재 및 시공비		.		–		–		–		–	–	
	압착(수퍼멘트)	바닥	포	3.0	4,500	13,500	–		–		4,500	13,500	
	백시멘트		포	1.0	6,000	6,000	–		–		6,000	6,000	
	코너비드 10T		EA	3.0	7,000	21,000	–		–		7,000	21,000	
	부자재/공구대		식	1.0	–		–		50,000	50,000	50,000	50,000	
	시공비	기공, 보조공 1:1	팀	1.0	–		370,000	370,000	30,000	30,000	400,000	400,000	
	1층 소계					1,341,500		1,300,000		155,000		2,796,500	
	외부 소계					216,500		370,000		80,000		666,500	
	계					1,558,000		1,670,000		235,000		3,463,000	

※ 지역, 기능공 수준, 사용재료 및 공법에 따라 가격 차이가 있다. 이 견적은 30평 규모의 단독
주택을 기준으로 했다(단, 섬 지역 제외).

아파트 공사에서 욕실 벽/바닥, 주방벽, 발코니 바닥, 현관 바닥 타일은 기본적으로 시공을 많이 하지만, 발코니 벽, 주방 바닥, 거실 바닥, 아트월 등의 타일은 추가적으로 시공한다. 아파트 타일 시공은 기존 타일을 철거하지 않고 덧방 시공하는 것이 일반적이다. 물론 철거 후 타일 시공도 가능하지만, 철거 비용이 추가된다. 주택리모델링 공사에서는 기존 타일을 다 철거하고 시공한다. 마감재시공은 단독주택보다는 아파트를 기준으로 견적을 내보는 것이 견적을 이해하는 것에 더욱 도움이 될 것 같다.

예를 들어 32평 아파트의 타일을 덧방으로 공사할 경우, 비용을 산출해보자. 공사 범위는 욕실 벽 2곳, 욕실 바닥 2곳, 현관 바닥, 주방 벽, 앞, 뒤 발코니 바닥이다.

1) 타일 양

- 욕실 벽 : 6평×2개소=12평(욕실 벽은 평균 5.5평이지만, 로스율을 감안)
- 욕실 바닥 : 1.5평×2개소=3평(욕실 바닥은 평균 1.3평이지만, 로스율을 감안)
- 발코니 : 앞 4평 + 뒤 3평=7평(발코니 크기는 확장 공사 여부에 따라 달라진다)
- 주방벽 : 평균 2평(싱크대 크기와 상부장 여부에 따라 달라진다)
- 현관바닥 : 평균 1평(전실 공간이 있다면 더 늘어날 수도 있다)
- 총예상 타일 양 = 25평

2) 전체 타일 견적 산정

· 재료비 : 25평×30,000원=750,000원

(국내산 타일 평균 가격은 평당 26,000 ~ 34,000원 사이이다. 물론 가격 폭은 크다)

· 부자재

– 타일본드 : 7말×20,000원=140,000원

(벽타일 붙일 때 사용하는 재료이고, 2평당 1말 정도 소요)

– 기타부자재 : 140,000원

(기타부자재는 타일본드 가격과 비슷하게 든다)

· 인건비 : 타일공 2팀×370,000원=740,000원

(타일공은 주로 팀으로 움직이고, 타일공 + 보조공이 한 팀으로 움직인다. 한 팀이 하루에 할 수 있는 시공 면적은 평균 10~13평 정도다. 물론 공법이나 면 상태에 따라 다르다)

· 전체 타일 실행비 = 1,770,000원

※ **주의** : 타일 시공 시 일반적인 타일 크기나 시공법이 아닌 경우, 또는 덧방 시공이 아닌 경우에는 타일공 1팀이 시공할 수 있는 양이 절반 이하로 떨어질 수도 있다. 특히 에폭시본드 등으로 붙여야 하는 무거운 타일 재료는 인건비가 훨씬 늘어날 수 있다.

3. 재료 및 시공

1) 타일 종류

(1) 세라믹타일

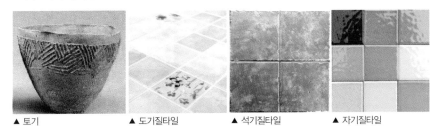

▲ 토기　　　　▲ 도기질타일　　　　▲ 석기질타일　　　　▲ 자기질타일

　세라믹타일은 흙으로 구운 타일, 즉 토기, 자기질, 석기질, 도기질타일을 세라믹타일이라 한다. 타일매장 전시품이나 우리가 시공하는 대부분의 타일이 세라믹타일이라고 보면 된다.

　토기는 800~1,000℃ 정도로 구운 것으로 흡수율은 20% 이상 이다. 주로 저급점토를 원료로 하며 적벽돌, 기와 등에 사용한다. 도기질타일은 1,000~1,250℃ 정도로 구운 것으로 흡수율은 10~20%다. 주로 내장 벽타일로 사용한다. 석기질타일은 1,200~1,350℃ 정도로 구운 것으로 흡수율은 3~10%이다. 주로 외장벽타일, 내장 바닥타일로 많이 사용한다. 자기질타일은 1,250~1,450℃ 정도로 구운 것으로 흡수율 1% 이하다. 주로 자기타일, 모자이크타일, 위생도기 등에 사용한다.

　세라믹타일을 시공 위치별로 분류해보면,
　내부벽타일은 자기질, 석기질, 도기질 등의 타일을 사용한다.

일반적으로 건물 내부 벽에 붙이는 타일이고, 주로 도기질을 가장 많이 사용한다. 하지만 도기질은 흡수성이 높으므로 매우 추운지방에는 동파방지를 위해 자기질을 사용하는 것이 좋다. 대체로 외관이 아름답고, 타일표면에 문양프린트가 가능하다. 크기는 200×200mm, 200×250mm, 200×300mm, 250×400mm, 300×500mm, 300×600mm, 300×700mm 등의 사이즈가 있다. 일반적으로는 저가형으로 250×400mm의 크기를 많이 사용하고, 300×600mm의 크기는 조금 더 고급형으로 사용한다.

내부바닥타일은 자기질, 석기질 등의 타일을 사용한다. 흡수성이 낮고 내마모성, 내충격성이 우수한 타일을 사용해야 한다. 특별히 바닥타일은 표면을 미끄럽지 않게 만든 미끄럼방지 타일을 많이 사용한다. 크기는 200×200mm, 250×250mm, 300×300mm, 330×330mm, 400×400mm, 500×500mm, 300×600mm 등의 사이즈가 있다. 일반적으로는 저가형으로 200×200mm의 크기를 많이 사용하고, 300×300mm의 크기는 조금 더 고급형으로 사용된다.

외장타일은 자기질, 석기질 등의 타일을 사용한다. 건물외부나 바닥에 붙이므로 일반적으로 충격에 강하고 흡수성이 낮을 것을 사용해야 한다.

포인트타일은 흔히 모자이크타일이라고 하는 자기질 타일을 사용한다. 크기가 대체로 가로, 세로 50mm 이하인 타일이 많다. 기능보다는 디자인적 요소가 강한 타일이다.

(2) 기타 타일류

▲ 천연대리석   ▲ 인조대리석   ▲ 복합판   ▲ 폴리싱타일

　천연대리석은 기존 암석이 변성작용에 의해서 결정질이 뚜렷하게 된 변성암의 대표적 석재다. 강도가 생각보다 좋지 않고, 산과 열에 약하고, 내구성이 적어 외장재로는 권하지 않는다. 그래서 천연대리석은 주로 내부공사에 많이 사용한다. 광택과 빛깔, 무늬가 아름다워 장식용, 조각용으로 사용한다. 대리석의 종류는 다양하고, 종류마다 가격차이가 있다. 통행이 많은 장소나 화학약품을 사용하는 장소에는 사용하지 않는 것이 좋다.

　인조대리석은 대리석 알맹이를 접착제와 섞어서 만든 제품이다. 대리석보다 단단하고 내구성이 좋은 편이다. 하지만 흠집이 잘 나서 주로 주방가구 상판이나 안내 데스크 상판으로 많이 사용한다. 최근에는 각종 공간의 마감 인테리어 재료로 다양하게 사용되고 있다.

　복합판은 세라믹타일에 대리석을 얇게 붙인 형태다. 충격에 약한 천연대리석의 단점을 보완한 제품으로 천연대리석 대체 재료로 건축 공사에 널리 사용한다. 대리석의 기성제품이라 생각하면 된다. 특별히 바닥마감재로 널리 시공되고 있다. 복합판은 옆면을 노출하지 않는 시공 방법을 선택해야 천연대리석 느낌을 온전하게 만들 수 있다.

폴리싱 타일의 뜻은 '광택을 만들다'이다. 표면에 광택이 나는 타일 중에 고강도 타일을 말한다. 크기는 주로 300×600mm, 600×600mm의 제품이 많은데, 요즘 주거 공간 바닥재로도 많이 이용되고 있다. 대리석의 저가형 대체재로 사용되기도 하는데, 만약 바닥재로 사용할 경우 미끄러지지 않도록 주의해야 한다.

화강암은 흡수성이 적고 내마모성, 내구성이 크다. 구조용이나 장식용으로도 많이 사용 된다. 압축강도가 큰 것이 장점이고 내화성이 약한 것이 단점이다. 벽마감재, 바닥재, 계단재로 많이 사용되고 특별히 외장재로 많이 적용된다. 대표적인 화강암은 포천석, 문경석, 마천석 등이 있다.

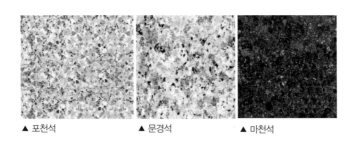

▲ 포천석　　　　▲ 문경석　　　　▲ 마천석

석재의 종류를 조금 더 살펴보면,

화성암은 응용상태에 있던 물질이 냉각, 고열되어 결정체를 생성한 것이다. 화강암, 변려암, 감람석, 안산암, 현무암 등이 있지만, 화강암이 가장 많이 사용한다.

수성암은 흔히 퇴적암이라고 불린다. 기존 암석이 풍화작용과 침식작용을 받고 다른 곳으로 운반 퇴적되어 생성한 것이다. 사암, 점판암, 응회암이 있다.

변성암은 기존암석이 지하에서 열과 압력을 받아 원래의 성질을 잃어버리고 새로운 성질을 가진 암석으로 변한 것이다. 대리석, 석회암, 편마암이 있지만, 대리석을 가장 많이 사용한다.

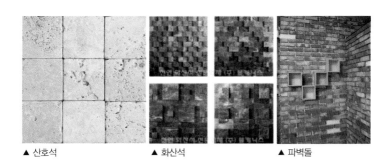

▲ 산호석   ▲ 화산석   ▲ 파벽돌

산호석은 바다에 있는 산호석을 타일모양으로 가공해서 만든 제품이다. 집 안의 습기를 조절하는 기능이 뛰어나다. 최근 친환경 재료로서 많이 사용되기는 하지만, 시공 후 먼지 처리에 신경을 써야 한다. 공간의 분위기를 부드럽게 만들어주고, 현재 다양한 모양으로 출시하고 있다.

화산석은 화산 분출물 중 비교적 다공질이 많은 현무암을 말하며, 자연미가 매우 뛰어나다. 색상은 암질에 따라 다양하지만, 주로 회색계열이 많다. 자연 본연의 색으로 중후한 느낌을 표현할 수 있으며 변질 및 변색이 없어 다양한 용도의 연출이 가능하다. 수학여행 때 선물용으로 많이 구입한 제주도 돌하루방의 이미지를 떠올리면 쉽게 이해가 된다.

파벽돌은 본래 오래된 벽돌 건축물을 허물 때 생긴 낡은 벽돌을 뜻한다. 소재 자체의 까칠한 멋은 그대로 살리고 시공과 면적에 대한 부담감을 줄인 타일형식의 건축 마감재다.

주로 시멘트와 화산재로 만들어져 있다. 시멘트가 새집증후군과 아토피를 유발한다고 보여지고 있어 파벽돌은 대부분 친환경 소재는 아니다. 하지만 최근에는 친환경 소재의 파벽돌도 많이 출시되고 있으니 잘 확인하고 적용하면 된다.

▲ 에코스톤

▲ 에코카라트

에코스톤은 주재료인 천연 석재가루에 산호석, 질석, 황토석, 화산재를 첨가해 습도조절과 냄새제거 등의 기능이 있다. 에코스톤은 다양한 부조, 판재를 가지고 아트월 등을 꾸미는 데 사용되고 있다. 하지만 가격이 비싸고 시공이 쉽지 않다. 에코스톤은 타일기능공보다는 목수가 시공하는 것이 더 좋다. 시공 시 타카핀은 꼭 스텐, 아연도금을 된 것을 사용해야 한다. 아니면 시공 후 녹물이 생길 수 있다. 에코스톤은 물 접촉이 있는 욕실, 건물 외벽 등에는 시공하지 않는 것이 좋다.

에코카라트는 일본 가공석재로 에코스톤과 같이 냄새제거와 습도 조절의 기능을 가지고 있다. 좋은 기능과 디자인으로 선호하긴 하지만 높은 가격이 다소 부담스럽다. 에코카라트는 물 접촉이 되는 곳에도 시공이 가능하다. 한 박스당 여러 가지 크기의 에코카라트가 담겨 있어 다양한 조합의 시공이 가능하다. 주로 포인트 타일로 사용한다.

2) 타일 부자재

▲ 타일본드　　▲ 에폭시본드　　　　　▲ 압착시멘트　　▲ 백시멘트

타일본드는 벽면에 덧방(기존 타일 위에 바로 타일시공하는 것을 흔히 지칭) 시공할 때 사용한다. 세라픽스, 드라이픽스 등의 다양한 제품들이 출시되고 있다. 일반 사이즈의 타일을 붙이는 경우에는 세라픽스를 사용하고 300×600mm 이상의 무거운 타일을 붙이는 경우에는 드라이픽스를 사용한다. 타일본드마다 경화도가 다르니 잘 확인하고 사용하자.

에폭시본드는 주제와 경화제를 섞으면 돌처럼 단단하게 굳는 재료다. 보통 600×600mm 이상 크기의 대리석, 화강석 같은 무거운 자재를 벽면에 붙일 때 사용한다.

압착시멘트는 흔히 타일바닥에 덧방 시공할 경우에 사용한다. 흔히 슈퍼멘트라는 말로 알려졌다.

백시멘트는 타일과 타일 사이의 줄눈(메지)을 메우기 위해서 사용한다. 다양한 색의 조색가루를 첨가하면, 타일과 비슷한 색상의 줄눈을 만들 수 있다.

시멘트와 모래는 덧방 시공이 아닌 경우, 바닥 단 높이의 조절이 필요한 곳 등에 사용한다. 모르타르(시멘트+모래+물)로 바닥을 고른 후 타일 시공을 한다.

▲ 화산석 외벽 시공

 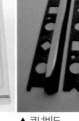

▲ 유가   ▲ 코너비드

유가는 하수구에서 악취나 벌레가 못 올라오도록 하는 덮개다. 욕실 등의 바닥 배수구에 타일 시공 시 설치한다. 유가를 구입하면 스티커가 붙어 있는데, 하수구에 이물질이 못 들어가도록 공사가 완료될 때까지 붙인 채로 두는 것이 안전하다. 방수콘센트처럼 세탁기 전용 유가가 별도로 있다.

코너비드는 벽모서리를 보호하거나, 재료 간의 분리를 위해 사용한다. 스테인레스와 플라스틱 등의 재료가 있다. 재료분리대라고도 한다.

3) 타일의 공사범위와 시공

욕실은 벽과 바닥에 타일을 설치한다. 샤워실을 제외한 벽면에는 1m 이하 아래 부분만 타일을 붙이기도 한다. 바닥은 미끄럼방지타일로 시공하는 것이 좋다.

현관은 바닥과 현관걸레받이 부분에 타일을 시공한다. 현관타일은 때가 잘 타지 않아야 한다. 그래서 최근에는 폴리싱 타일을 많이 이용한다.

▲ 욕실 벽 및 바닥 타일 시공

주방은 주방상부장과 하부장 사이 벽에 타일을 붙인다. 평수가 적은 공간은 집의 전체 분위기를 좌우하니, 신중하게 선택하자. 모자이크 타일을 시공하기도 하지만, 줄눈에 때가 많이 타서 관리하기 힘들다. 최근에는 주방바닥에도 타일을 시공하는 사례가 많다. 마루가 물에 취약한 단점이 있어서, 씽크볼이 있는 주방바닥에 타일을 시공하면 안심이 되기 때문이다. 물론 디자인상의 이유도 있다.

발코니는 발코니 바닥 전체, 걸레받이 그리고 벽면에 부분적으로 시공한다. 쪽마루타일(마루모양으로 생긴 타일을 지칭)을 바닥에 가장 많이 시공한다.

거실은 아트월(흔히 TV가 설치된 벽)에 타일을 붙이는 경우도 많다. 그리고 최근에는 거실 바닥에도 폴링싱타일, 복합판 등의 제품을 시공하기도 한다. 하지만, 거실바닥에 타일시공은 노약자가 있는 경우에 신중하게 선택해야 한다. 미끄러졌을 때 크게 다칠 수도 있다.

이제 타일시공방법을 살펴보자.

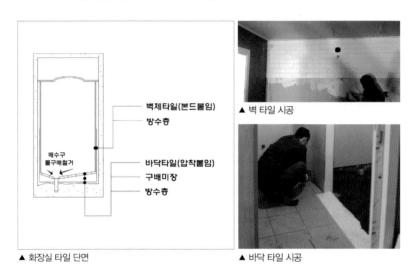

| 벽체타일(본드붙임) |
| 방수층 |
| 배수구 물구배철거 |
| 바닥타일(압착붙임) |
| 구배미장 |
| 방수층 |

▲ 화장실 타일 단면

▲ 벽 타일 시공

▲ 바닥 타일 시공

이틀 이상 시공해야 할 공사량이라면, 두 팀이 하루 만에 마치는 것보다는 한 팀이 이틀 시공하는 것이 마무리가 더 깔끔하다. 타일시공은 크게 건식시공법과 습식시공법이 있다. 건식시공법은 전문가에 반드시 맡겨야 한다. 습식시공법은 덧방 시공과 떠붙이기(떠발이) 시공법이 있는데, 비전문가가 시공가능한 시공법은 덧방 시공이다. 그래서 DIY Tip에서 습식시공법 중 덧방 시공을 자세히 소개하겠다.

덧방 시공은 인테리어 공사 시 기존 타일이 단단하게 붙어 있는 경우에 타일을 철거하지 않고, 바로 위에 새 타일을 붙이는 방식을 말한다. 철거나 방수공사가 필요없고 시공법도 간편해서 일반인도 쉽게 시공이 가능하다. 하지만, 바닥 타일 시공은 바닥기울기(구배)를 맞추어야 하기 때문에 조금 힘들 수도 있다. 인테리어공사 시 대부분은 덧방 시공을 기본으로 한다.

DIY Tip

1. 덧방타일 시공방법

1) 시공할 면에 구멍이 있다면 메우고 깨끗하게 처리한다.

2) 타일헤라를 이용해 타일본드를 벽면에 빗살무늬 형태로 골고루 발라준다.
   이때 톱니모양이 헤라를 이용해야 본드의 접착력이 높아진다.

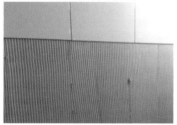

▲ 빗살무늬 모양   ▲ 타일헤라

3) 타일을 크기에 맞게 잘라 가면서 위에서 아래로 간격을 맞추어서 붙여 나
   간다. 타일을 자를 때는 타일 커터기를 이용하지만, 커터기가 없다면 그라
   인더를 이용한다.

4) 다 붙였으면 3시간 이상 건조시킨다.

5) 백시멘트에 물을 섞어 밀가루 반죽처럼 만든다. 치약 정도의 농도가 적당
   하다.

6) 타일과 타일 사이의 줄눈에 반죽된 백시멘트를 꼼꼼히 채워준다.

7) 회색이던 백시멘트가 백색으로 변해가면 물에 적신 스펀지로 백시멘트를
   부드럽게 닦아낸다.

8) 그 후 2~3번 더 닦아내면 타일 시공이 완성된다. 그 후에도 지속적으로 닦
   아줘야 흰색자국이 사라진다.

2. 일반인 타일시공

비전문가의 타일시공은 위에서 소개한 벽체 덧방 시공 말고는 직접 하지 않는

게 좋다. 물론 손재주를 타고나신 분은 철거된 벽 바닥 모두를 직접 시공해도
된다. 단, 우리집 공사에 한해서다. 의뢰받은 집을 무턱대고 시공해서 손해를
입히는 일은 없기를 바란다. 아무튼, 타일시공 방법은 유튜브에 자세하게 소개
하고 있으니 글로 자세히 표현하지 못한 부분은 타일시공 동영상을 찾아서 시
공방법을 익히기 바란다.

3. 욕실에서 타일만 교체를 한다?

욕실에서 위생기구나 욕실천정재는 부분적으로 교체시공이 가능하다. 하지
만 타일시공은 부분적인 공사가 일반적으로 힘들다. 왜냐하면 타일시공을 하
기 위해서는 먼저 기존 위생기구를 철거해야 마감이 깔끔하게 나오기 때문이
다. 즉, 기존 위생기구를 철거하고 타일을 시공한 후 다시 철거한 위생기구를
재설치해야 한다.

이런 이유로 타일만 별도로 시공하는 것을 포기했다면, 아직 이르다. 타일을
새로 시공하려는 이유는 보통 타일줄눈이 지저분해졌기 때문이다. 그래서 타
일줄눈만 새롭게 보수해도 타일이 깨끗해 보인다. 타일은 줄눈코팅제(타일박사
등)를 그 위에 발라도 되고, 기존 타일줄눈을 벗겨내고 백시멘트로 새로 줄눈
을 입혀도 된다. 물론 그렇게 한다고 완전히 새제품처럼 보이지는 않지만, 그
래도 훨씬 깨끗한 욕실을 만나게 될 것이다.

▲ 욕실 타일 완공

15

도배공사

벽지를 중심으로 내부벽체마감에 대해서 살펴보고자 한다. 사실 앞의 공정들을 아무리 잘 시공해도 마감재 시공을 잘못하면 전체 공사에 대해서 안 좋은 소리를 들을 수 있다. 깔끔한 마감은 그래서 중요하고 특별히 가장 많이 적용되는 벽지의 컬러와 시공은 더 중요하다.

1. 도면

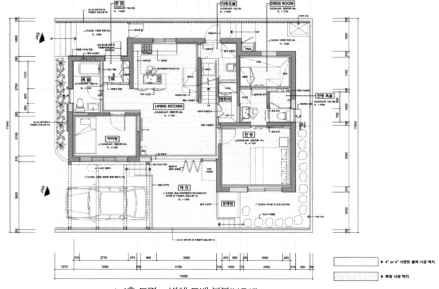

▲ 1층 도면 – 벽체 도배 부분(붉은색)

▲ 2층 도면 – 벽체 도배 부분(붉은색)

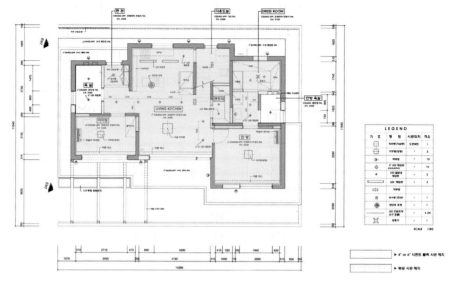

▲ 1층 도면 – 천정 도배 부분(붉은색)

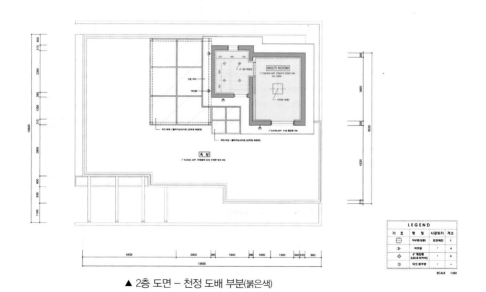

▲ 2층 도면 – 천정 도배 부분(붉은색)

2. 견적서 및 견적방법

NO	품명	규격	단위	수량	재료비 단가	재료비 금액	노무비 단가	노무비 금액	경비 단가	경비 금액	합계 단가	합계 금액	비고
15	도배공사												
	[1층/다락]												
	천정지	실크벽지 10평	롤	4.0	40,000	160,000		–		–	40,000	160,000	
	안방, 드레스룸	실크벽지 5평	롤	4.0	30,000	120,000		–		–	30,000	120,000	
	거실, 부엌, 현관, 계단	실크벽지 5평	롤	6.0	30,000	180,000		–		–	30,000	180,000	
	아이방	실크벽지 5평	롤	2.0	30,000	60,000		–		–	30,000	60,000	
	멀티룸	실크벽지 5평	롤	2.0	30,000	60,000		–		–	30,000	60,000	
	부자재	도배풀, 싱, 부직포 외	식	1.0	125,000	125,000		–		–	125,000	125,000	
	시공비	도배공	인	5.0			180,000	900,000	15,000	75,000	195,000	975,000	
	[외부]												
	(내용없음)					–		–		–		–	
	1층 소계					705,000		900,000		75,000		1,680,000	
	외부 소계					–		–		–		–	
	계					705,000		900,000		75,000		1,680,000	

※ 지역, 기능공 수준, 사용재료 및 공법에 따라 가격 차이가 있다. 이 견적은 30평 규모의 단독
　주택을 기준으로 했다(단, 섬 지역 제외).

1) 벽지 산출량

　주택 내부의 모든 벽과 천장의 평수를 도면 없이 산정하기는 많
은 시간이 소요된다. 그래도 대략적으로 계산하면 천장 벽지량은
바닥 평수를 알면 쉽게 계산되고, 벽체 벽지량은 안방이 보통 3롤,
작은방이 2롤 정도 소요된다. 안방은 포인트 벽지 유무와 관계없
이 3롤이 소요되고, 작은방은 포인트 벽지가 들어가면 1롤이 더 필
요하다. 실크 벽지나 광폭 합지는 벽지 디자인에 따라 차이가 있지
만, 한 롤로 가로 5m 정도 시공할 수 있다. 이 말은 1롤로 5평 정도
시공이 가능하다는 이야기가 된다. 만약 아파트라면 여기 더 간편
하게 계산하는 방식이 있다.

· 보통 분양 면적의 2.5배다. 예를 들어 아파트 분양 평수가 32평이
면 32평×2.5배 = 80평의 벽지가 소요된다. 실크 벽지나 광폭 합
지일 경우 80평이면 '80평÷5평=16롤'이 된다.
· 더 쉽게 계산하면 분양 평수의 1/2롤을 기억하면 된다. 예를 들어
32평이면 16롤이 필요하다.

2) 인건비 산출량

· 광폭 합지, 소폭 합지의 정배시공은 도배공 1인이 하루 평균 40평
을 시공한다. 정배란 벽지를 위에서 아래로 붙이는 작업을 말한다.
· 하지만 실크 벽지의 정배시공은 도배공 1인이 하루 평균 25평을 시
공할 수 있다. 실크 벽지는 벽지를 붙이기 전에 싱(운영지)을 붙이
는 작업을 꼭 먼저 해야 한다. 그래서 합지보다 하루 시공량이 적다.
· 초배작업은 도배공 1인이 하루 평균 40평을 시공할 수 있다. 초배
란 거칠고 불규칙한 시공 면을 고르게 하기 위해 PVC 부직포를 붙
이는 작업을 말한다.

(1) 재료비

실크 벽지는 1롤에 평균 40,000원 정도 하고, 광폭 합지는 한 롤
에 평균 20,000원 정도 한다. 그리고 소폭 합지는 주로 박스 단위
로 판매되는데, 한 박스에 평균 80,000원 정도 한다. 물론 브랜드
에 따라 가격의 폭이 크다.

소폭 합지의 경우 1롤로 2평 시공 가능하다. 한 박스에 20롤이
있으니 한 박스로 40평 시공이 가능하다. 벽지 가격을 평당 가격

으로 계산해 보면 실크 벽지(8,000원) 〉광폭 합지(4,000원) 〉소폭 합지(2,000원) 순이다. 부직포, 운영지(싱지), 풀, 본드, 실리콘 등의 부자재는 벽지 재료비의 20% 정도로 계산된다.

(2) 인건비

지역마다 인건비의 차이가 있지만, 남자 도배공은 일당이 보통 20만 원이고, 여자 도배공은 18만 원이다. 초배작업은 시공 면 상태에 따라 다르지만, 평균적으로 전체 도배량의 50% 정도를 시공한다. 그래서 32평 아파트라면 도배 평수는 80평이지만, 초배작업 평수는 평균 40평 정도 책정한다. 물론 80평 전체를 초배작업하는 경우도 있다.

(3) 종합 견적

32평 아파트 전체 실크 벽지 시공

-재료비 16롤×40,000원=640,000원(롤 개수는 분양 평수의 1/2)

-부자재 : 640,000원×20%=128,000원(벽지비의 20%)

-인건비 : 4명×180,000원=720,000원(초배작업 1명 + 벽지작업 3명)

-식비 : 4명×15,000원=60,000원

-총예상 공사비=1,548,000원

도배해야 할 평수는 32평×2.5배로 계산해서 총 80평이다. 실크 벽지는 도배공이 하루에 평균 25평 시공이 가능하므로 25평×3명으로 계산하면 75평이 나온다. 대략 80평 정도 시공한다고 보면 된다.

초배작업은 전체 도배량의 50%를 한다고 보면, 80평×50%=40평이다. 초배작업은 도배공이 하루에 40평 시공 가능하므로 1명만 있으면 된다. 만약 전체를 초배작업할 경우 2명이 투입되어야 한다. 그러면 도배공은 총 5명이 필요하다.

32평 아파트 전체 광폭 합지 시공

- 재료비 : 16롤×20,000원=320,000원(롤 개수는 분양 평수의 1/2)
- 부자재 : 320,000원×20%=64,000원(벽지비의 20%)
- 인건비 : 3명×180,000원=540,000원(초배작업 1명 + 벽지작업 2명)
- 식비 : 3명×15,000원=45,000원
- 총예상 공사비=969,000원

도배해야 할 평수는 32평×2.5배로 계산해서 총 80평이다. 광폭 합지는 도배공이 하루에 평균 40평 시공이 가능하므로 40평×2명=80평이다. 초배작업은 전체 도배량의 50% 정도이므로 80평×50%=40평이다. 초배작업은 도배공이 하루에 40평 시공 가능하므로 1명만 있으면 된다. 만약 전체를 초배작업한다면 초배작업에 2명이 투입되어야 하며, 도배공은 총 4명이 필요하다.

32평 아파트 전체 소폭 합지 시공

- 재료비 : 2박스×80,000원=160,000원(1박스에 40평 시공)
- 부자재 : 160,000원×20%=32,000원(벽지비의 20%)
- 인건비 : 2명×180,000원=360,000원(초배작업 0명 + 벽지작업 2명)
- 식비 : 2명×15,000원=30,000원
- 총실행 공사비=582,000원

도배해야 할 평수는 32평×2.5배로 계산해서 총 80평이다. 소폭 합지는 도배공이 하루에 평균 40평 시공이 가능하므로 40평×2명 =80평이다. 초배작업은 80평×50%로 계산해 40평이다. 초배작업은 도배공이 하루에 40평 시공 가능하므로 1명만 있으면 된다. 하지만 소폭 합지는 주로 전셋집, 월세 등 주로 저렴하게 시공해야 할 경우에 시공한다. 그래서 초배작업을 생략하는 경우가 많다. 물론 초배작업을 한다면 도배공이 광폭 합지처럼 3명이 투입되어야 하고, 부자재의 견적도 광폭 합지 기준만큼 소요된다.

3. 재료 및 시공

1) 벽지의 종류

실크벽지의 사이즈는 보통 폭이 1,060mm이고 길이가 15.6m다. 실크벽지라는 고급스러운 이름과 달리 실크벽지는 종이벽지 위에 PVC를 입힌 것이다. 보통 한 롤을 가지고 5평 정도 시공이 가능하다. 주거공간의 천정높이가 2.5M 정도 되는 것을 감안해보면 벽체 가로길이 기준으로 평균 5~6m 정도 시공이 가능하다.

광폭합지의 사이즈는 보통 폭이 930mm이고 길이가 17.75m이다. 종이벽지 중에 폭이 넓은 것을 말한다. 보통 한 롤을 가지고 5평 정도 시공이 가능하다. 최근에는 색을 내기 위해 유성잉크 대신 수성잉크를 사용하기 때문에, 친환경벽지라 생각해도 무방하다. 광폭합지 역시 주거공간의 천정높이가 2.5m 정도 되는 것을 감안해

보면 벽체 가로길이 기준으로 평균 5~6m 정도 시공이 가능하다.

소폭합지의 사이즈는 폭이 530mm이고 길이가 12.5m이다. 종이벽지 중에 폭이 좁은 것을 말하고, 종이의 질은 광폭합지에 비해 조금 떨어진다. 보통 1롤을 가지고 2평 정도 시공이 가능하다. 그리고 소폭합지는 한 박스에 20롤이 들어 있다. 일반적으로 박스 단위로 판매한다.

기타 방염벽지, 뮤럴벽지, 발포벽지, 야광벽지, 천정전용벽지, 띠벽지, 타일벽지 등 다양하게 출시하고 있다. 특별히 뮤럴벽지는 실사출력한 것처럼 디자인이 고급스러워 고가이지만, 벽체 포인트로 많이 사용하고 있다.

▲ 뮤럴벽지　　　▲ 띠벽지　　　▲ 타일벽지

2) 벽지 부자재

부직포(T/C지)는 도배해야 할 면이 고르지 않거나 금이 있거나 할 때 바르게 펴기 위해 사용하는 부재료다. 흔히 이 작업을 초배작업이라 말한다. 부직포를 사용하지 않는 것과 비교해서 고급 시공법이라 일반적으로 실크벽지를 시공할 때 많이 적용하지만, 종이벽지로 도배를 할 경우에도 깨끗한 마감을 위해 초배작업을 많이 한

▲ 부직포

▲ 운용지

▲ 풀

다. 특별히 페인트 바탕인 경우에는 기름부직포를 사용한다.

운용지(싱지)는 실크벽지의 접착강도를 높이기 위해 초배작업할 때 사용하는 부재료다. 재질은 저렴한 한지라고 생각하면 쉽게 이해가 된다.

풀은 벽지를 붙이기 위한 부재이다. 주로 재단과 풀바름이 동시에 되는 기계(도배박사가 대표적 제품)를 이용해 벽지 뒷면에 풀을 바른다. 실크벽지를 도배할 경우에는 접착력을 높이기 위해 본드를 추가적으로 넣는다.

▲ 본드

▲ 네바리

▲ 아크졸

본드(접착제)는 부직포(초배작업)를 붙이거나, 몰딩 부위, 콘센트 부위, 창문틀 부위 등 도배지 끝 면의 접착경도를 높이기 위해 사용한다. 실리콘은 벽이 일직선으로 똑바로 시공하지 못해서 떠 있는 몰딩 부위 틈새 등을 메꾸어주는 역할을 한다. 이것 외에 기타 다른 틈새들을 메꾸어 주면 도배작업이 한결 수월하고 마감이 깨끗하게 나온다. 수성백색실리콘을 사용한다. 도배 외에 모든 작업이 마찬가지겠지만 도배는 벽지를 바르는 정배작업보다는 초배작업 등 그전에 하는 작업이 더 중요하다.

네바리는 석고보드와 석고보드 간의 이음매를 부드럽게 보강하기 위해 사용하는 부재다. 물론 석고보드 외의 재료 간의 이음매를 위해 사용되기도 한다. 네바리는 뒷면에 풀이 미리 발라져 있어, 일반 테이프처럼 붙이기만 하면 된다.

아크졸은 도배공정의 프라이머(접착증강재)라고 생각하면 된다. 벽지를 접착하기 어려운 표면에 아크졸을 먼저 바르고 벽지를 시공하면 강하게 붙는다.

3) 도배공사에 사용되는 도구

▲ 도배풀 기계   ▲ 칼받이(위) 이음새롤러(아래)   ▲ 커팅칼(위) 도배붓(아래)

도배기계는 흔히 도배박사라고 알려져 있고, 재단과 풀바름이 동시에 이루어지는 기계다. 붓으로 벽지 풀을 바르던 예전보다 이 기계를 사용하고부터 작업 속도가 굉장히 빨라졌다.

칼받이와 커팅칼은 도배지 마무리선을 재단할 때 사용한다.

이음새롤러는 벽지와 벽지 간의 이음매를 더 강하게 접착시키기 위해 사용한다. 도배공사는 도배지 간의 이음매 마감이 굉장히 중요하다.

마무리솔(도배붓)은 도배 시공 시 도배지를 펴줄 때나 벽지에 풀을 바를 때 사용한다.

4) 벽지 시공방법

(1) 밀착 시공(온통풀칠)

벽지에 전면 풀칠해 벽면에 밀착해서 바르는 작업이다. 벽면에 고르지 못한 부분의 작업 시에는 심한 돌기가 생기는 단점이 있지만, 시공방법이 간단해서 벽지는 주로 이 방법을 이용한다.

(2) 봉투바르기 시공(공간도배)

벽과 벽지 사이에 공기층을 주는 작업으로 초배작업 시 벽과 부직포를 띄워 초배작업을 한 다음 벽지작업을 한다. 벽면이 고르지 못한 부분을 평평하게 해줘서 고급작업에 속하는 반면 경비가 2배 가까이 든다.

자, 그럼 밀착 시공과 봉투바르기 시공을 모두를 해야 하는 실크벽지를 중심으로 시공순서를 구체적으로 살펴보자.

▲ 콘센트커버 제거

▲ 벽지 제거

· 스위치/콘센트 커버를 벗긴다.

· 벽지를 제거한다.

기존 벽지가 실크벽지 또는 발포벽지인 경우에는 표면에 PVC로 코팅되어 있어 풀로 접착이 힘들다. 그래서 실크벽지는 속지부분은 그대로 두고 코팅되어 있는 겉면(PVC)만 벗겨낸다. 만약 전체를 다 벗겨 내었다면 부직포를 새로 붙여야 할 수도 있다.

기존 벽지가 합지면 그 위에 바로 도배해도 된다. 하지만 이음매가 표시날 수 있으므로 되도록 벗겨내거나 부직포작업을 하는 것이 좋다.

· 부직포 붙이기(초배작업)

벽면의 절반 하단부분을 목공용 본드로 100mm정도의 폭으로 벽면의 테두리 부분만 바른다. 그리고 부직포를 붙인다. 본드를 안 바른 부직포 위쪽 부분만 들뜨지 않게 남겨 놓는다.

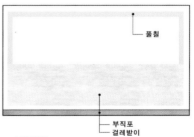

풀칠

부직포
걸레받이

▲ 초배작업

벽면의 절반 상단부분도 하단부분과 똑같이 진행하면 된다. 그러면 벽면의 ㅁ자 부분에만 본드가 접착되어진다. 부직포를 붙이는 초배작업은 꼭 해야 하는 공정은 아니다. 도배면 상태가 좋다면 굳이 안 해도 된다. 물론 합지로 시공할 경우는 도배면 상태가 안 좋아도 초배작업을 하지 않는 경우가 많다.

· 도배풀 만들기

도배풀을 만들 때(실크벽지 시공 시), 풀에 약간의 본드를 섞는다. 그리고 나서 물을 10% 정도 넣고 거품기를 이용해서 잘 저어준다. 20%, 30%까지 순차적으로 물을 부으면서 섞어준다. 풀 덩어리가 없어질 때까지 진행한다.

· 운용지 붙이기

이 작업은 실크벽지 시공 시에만 한다. 합지는 이 과정을 완전히 생략한다. 운용지 붙이기는 실크벽지의 이음매의 터짐방지를 위해 시공하는 것이다. 운영지는 조금 묽은 풀을 사용해야 한다. 벽지 폭이 대략 1,000mm 정도되므로, 1,000mm 간격으로 미리 선을 그어놓으면 운영지를 붙이기 편하다. 일반적으로 사용하는 운용지는 폭이 300mm 정도 되고 벽지와 벽지가 맞닿는 이음부분에 붙인다. 시공은 그어진 선의 가운데로 오면 된다.

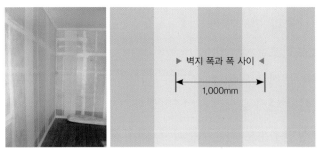

▲ 운용지 시공　　▲ 운용지 바름 이격거리

· 벽지에 풀바르고 붙이기(정배작업)

벽지에 풀칠을 한 후, 풀칠한 면끼리 맞닿게 접어놓는다. 이때 벽지 겉면에 풀이 묻지 않도록 조심해야 한다. 왼쪽부터 한 폭씩 위에서부터 아래로 시공한다. 다음 폭부터 차례차례 무늬를 맞추면서 붙인다. 실크벽지는 이음매가 맞물리게, 합지는 10mm 정도 겹쳐서 붙인다. 마무리솔로 도배지를 평평하게 편다. 이음매 부분을 롤러로 여러 번 문질러 준다. 벽지 아래와 끝부분은 칼받이와 칼을 이용해 잘라낸다.

벽지는 시공 후 풀이 마르면 팽팽해진다. 너무 당겨 붙이지는 말고 상온에서 건조시킨다.

도배 후에는 직사광선 또는 통풍을 피한다. 특별히 도배 후 바람에 의해 벽지의 이음매가 벌어질 수 있기 때문에 창문을 꼭 닫는다. 보통 도배지는 천천히 마르면서 주름이 펴지는데, 갑자기 마르면 주름이 있는 상태로 말라버리거나 찢어질 수 있다. 그래서 도배공사 후 난방을 절대 틀어서는 안 된다.

5) 기타 내부벽체 마감재료

필름은 주로 상업용으로 많이 사용하지만, 가정에서 가구를 짜거나, 등박스, 아트월 등 목공사를 진행한 부위의 마무리재로 많이 사용한다. 작업속도가 빠르고, 마감이 깔끔한 장점이 있지만, 자연미는 조금 떨어진다. 목공사가 많고 장사를 하루라도 빨리 진행해야 하는 상업공간에는 필름 시공을 아주 많이 하는 편이다.

▲ 필름　　　　　▲ 무늬목　　　　　▲ 패브릭

　무늬목은 원목의 결을 살려 종이와 같이 얇게 켠 것으로 필름처럼 붙이는 방식은 비슷하다. 일반 필름보다 재료비와 시공비가 많이 들긴 하지만 원목의 자연미를 그대로 느낄 수 있다. 최근에는 다양한 필름들이 생산되고 있어 무늬목 사용이 비교적 줄어든 편이다. 천연원목은 비용이 많이 들고, 습도에 의한 뒤틀림의 문제가 있다. 하지만 합판이나 MDF 같은 가공재에 마감으로 붙여 사용하는 무늬목은 그런 원목의 단점을 해소해주기 때문에 여전히 고급 공간에 많이 사용하는 좋은 마감재료다.

　패브릭은 방음공사나 주거공간 아트월 등의 마무리재로 많이 사용했다. 하지만 시공 후 관리의 문제 때문에 요즘은 패브릭 모양의 필름지로 많이 대체하고 있다.

　이 중에 일반 소비자가 가장 많이 시공하는 필름의 시공방법을 DIY Tip에서 살펴보도록 하겠다.

DIY Tip

1. 벽지종류와 시공법 구별하는 방법

이미 시공된 벽지를 보고 벽지종류와 시공법을 구별하는 방법이 있다. 만약 벽지가 10mm 정도 겹쳐져 있는데 약 500mm 정도의 간격으로 겹침이 보이면 소폭합지다. 동일하게 벽지가 겹쳐져 있는데 900mm 정도의 간격으로 겹침이 보이면 광폭합지다. 아무리 찾아봐도 겹쳐 있는 곳이 없다면, 실크벽지다. 그리고 시공된 도배면을 두드려 보았을 때, 벽지가 떠 있는 느낌(공기가 있는)이라면 초배작업을 한 것이다. 역시 두드려 보았을 때 딱딱한 느낌만 들고 손만 아프다면 초배작업 없이 바로 도배한 것이다.

2. 벽지를 고르는 요령

같은 색상의 짙고 옅음, 패턴의 크고 작음 등으로 변화를 주면서 공통점이 있는 벽지를 고르면 밋밋하지 않은 공간을 만들 수 있다. 특별히 최근에는 무지벽지(패턴이 없는 것)를 많이 선호한다. 그리고 색상이 2~3가지 이상 조합되는 벽지를 사용하지 말자. 종이벽지는 태양광선에 약한 대신 통기성이 좋다. 실크벽지(비닐벽지)는 시공 시 본드를 섞어 사용하는 대신 내수성이 뛰어나서 물, 기름을 사용하는 주방공간에 적용하면 좋다.

3. 아파트 도배공사 평균견적(벽지종류, 시공방법에 따라 다소 차이가 있다)

· 실크벽지 : 평당 48,000원 정도
· 광폭합지 : 평당 30,000원 정도
· 소폭합지 : 평당 20,000원 정도

4. 도배만 업체에 맡기는 경우

보통 인테리어 관련업체는 지물포(도배집), 종합인테리어, 디자인업체로 나뉜다. 지물포는 도배와 장판을 전문으로 시공하는 업체이고, 주로 재래시장 안이나 오래된 단독주택단지 안에 있다. 종합인테리어는 아파트인테리어를 전문으로 시공하는 업체이고, 주로 아파트단지 주변에 밀집해 있다. 디자인업체는 리모델링과 상가인테리어를 디자인하는 업체이고, 상가 1층에는 거의 없다. 주로 사무빌딩 2층 이상에 위치해 있다. 각각의 업체가 잘하는 일이 조금 다르다. 지물포는 다른 업체보다 도배/장판을 저렴하게 시공해준다. 그래서 도배만 업체에 맡기려고 하면 여기에 찾아가는 것이 최선이다. 하지만 인테리어 전체를 맡기려고 하면 종합인테리어 업체를 찾아가는 것이 좋겠다. 특별히 아파트 인테리어는 워낙 많이 시공해본 노하우가 있을 것이다. 그리고 리모델링이나 상업공간인테리어는 디자인 업체를 우선 방문해서 좋은 디자인을 뽑아내는 것이 급선무이다.

5. 필름시공방법

1) 시공할 면의 먼지 등을 깨끗하게 닦아낸다.
2) 프라이머를 시공할 면에 바른다. 프라이머는 나무소재나 실크벽지 등 접착하기 힘든 면에 접착력을 증가시키기 위해서 반드시 바른다.
3) 시공할 면보다 여유 있게 재단한다.
4) 필름의 이형지(접착력이 없는 부분)를 조금씩 벗겨가면서 시공 면에 기포가 생기지 않도록 필름의 중심부에서 바깥쪽으로 상하좌우로 밀면서 붙여준다.
5) 필름은 수축이 일어날 수 있으므로 이음매 부분을 조금 겹쳐서 붙인다.
6) 기술부족으로 생긴 기포는 칼끝을 이용해서 기포에 구멍을 내고, 공기를 빼면서 붙여 주면 된다.
7) 시공 후에 필름의 끝을 칼로 깔끔하게 자른다.

사실 시공방법을 글로 배운다는 것은 쉬운 일이 아니다. 시공하는 순서만 간단하게 읽어보고 직접 한번 해보아라. 여러 번 필름을 떼었다 붙였다 하다가 버리기도 하겠지만, 몇 번 해보면 금방 익힐 수 있다. 물론 손재주나 눈썰미가 있는 사람이 빨리 배우긴 한다.

6. 다양한 필름의 활용방안

1) 목공사 후 페인트 도장 대신 필름으로 마무리 시공을 한다.
2) 씽크대, 붙박이장, 신발장 등 시스템 가구의 문짝이나 몸통을 필름으로 새롭게 마감한다.
3) 새시틀의 색이 마음에 안 들면 새시틀만 원하는 색의 필름으로 붙인다.
4) 기존 중문과 문/문틀이 필름으로 마감되어 있으면 페인트 대신 필름으로 재시공한다.
5) 기타 DIY 제품과 부분적으로 수리할 곳에 필름을 다양하게 활용할 수 있다.

16

바닥공사

주거공간에서 사람의 몸과 가장 많이 접촉되는 부분이 바닥재다. 어떤 바닥재를 선택하느냐에 따라 삶의 질은 완전히 달라질수 있다. 그래서 바닥재의 종류와 장단점에 대해서는 꼼꼼하게 살펴볼 필요가 있다. 우리나라는 아직 좌식생활에 익숙하기 때문에바닥의 촉감은 공간에 사는 사람의 마음까지 변하게 만들 수 있다. 우선 현재 바닥재로 가장 많이 사용하는 마루를 중심으로 살펴보자.

1. 도면

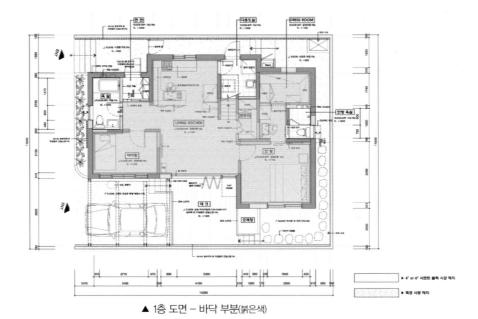

▲ 1층 도면 – 바닥 부분(붉은색)

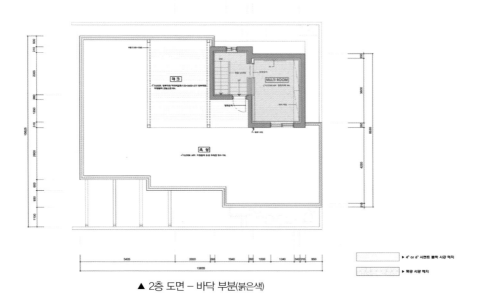

▲ 2층 도면 – 바닥 부분(붉은색)

단독주택 리모델링 무조건 따라하기

▲ 마루헤링본 시공(갈매기 시공)

2. 견적서 및 견적방법

NO	품명	규격	단위	수량	재료비		노무비		경비		합계		비고
					단가	금액	단가	금액	단가	금액	단가	금액	
16	바닥재 공사												
	[1층/다락]												
	강화마루(중폭)	동화자연마루 엑셀렌	PY	25.0	65,000	1,625,000	20,000	500,000		–	85,000	2,125,000	
	[외부]												
	(내용없음)					–		–		–		–	
	1층 소계					1,625,000		500,000		–		2,125,000	
	외부 소계					–		–		–		–	
	계					1,625,000		500,000		–		2,125,000	

※ 지역, 기능공 수준, 사용재료 및 공법에 따라 가격 차이가 있다. 이 견적은 30평 규모의 단독
주택을 기준으로 했다(단, 섬 지역 제외).

바닥재는 보통 대리점에서 재료비와 시공비를 포함한 가격으로
출시된다. 그러므로 실제로 바닥재가 들어가는 바닥 평수 산정만
잘하면 된다. 우리가 할 일은 공간에 맞는 적절한 바닥재를 선택
하는 일이다.

1) 바닥재 평당 가격(브랜드 가격 차이를 감안해 업체 평균가로 계산)

(1) 강화마루
 · 대폭(약 200mm폭) : 평당 70,000원(재료비 + 시공비 + 걸레받이
  시공 포함)

· 중폭(약 150mm폭) : 평당 80,000원(재료비 + 시공비 + 걸레받이
시공 포함)

· 소폭(약 100mm폭) : 평당 90,000원(재료비 + 시공비 + 걸레받이
시공 포함)

(2) 온돌마루

평당 120,000원 - 130,000원(재료비 + 시공비 + 걸레받이 시공 포함)

(3) 강마루

평당 110,000 - 120,000원(재료비 + 시공비 + 걸레받이 시공 포함)

(4) 원목마루

평당 180,000원부터 650,000원까지(재료비 + 시공비 + 걸레받이 시
공 포함)

원목마루는 수종, 수입국, 브랜드, 원목 두께에 따라 가격 폭이
매우 크다.

(5) 데코타일

· 브랜드 : 재료비 평당 30,000원 + 시공비 평당 8,000원=38,000원

· 비브랜드 : 재료비 평당 23,000원 + 시공비 평당 8,000원=31,000원

(마루와는 달리 걸레받이가 필요하다면 시공은 별도)

(6) 모노륨

미터당 재료비와 인건비를 산출하는 것이 정확하지만, 모노륨
은 같은 평수라도 주택 구조에 따라 다른 경우가 많다. 아래의 장
판 평당 단가는 평균치일 뿐 현장 상황에 따라 달라진다. L사 제
품 중 두께와 브랜드를 기준으로 재료비와 시공비를 포함해서 본
다면 다음과 같다.

· 1.8T : 평당 25,000원~30,000원

· 2.2T : 평당 35,000원~40,000원

· 3.0T : 평당 45,000원~50,000원

· 4.5T : 평당 70,000원~75,000원

3. 재료 및 시공

1) 마루의 종류

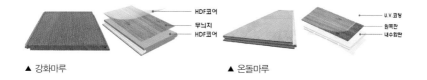

▲ 강화마루   ▲ 온돌마루

강화마루는 MDF보다 밀도와 내구성이 뛰어난 HDF를 소재로 재료표면강도와 유지관리의 편리성을 높인 소재다. HDF 위에 라미네이팅 처리를 통해 내마모도, 내구성, 내오염성을 높였다. 장점은 표현강도가 뛰어나고, 눌림 자국이 생기지 않는다는 점이다. 바닥에 본드를 사용하지않고 클릭시공방식으로 시공해서 친환경적이고 새집증후군에 대한 걱정이 비교적 덜하다. 시공 및 철거도 편리하다. 하지만 자연스러운 목재 특유의 질감이 떨어지고 물에 약하다. 시공 시 바닥 수평레벨이 좋지 않으면 층간소음의 원인이 되기도 한다. 그리고 바닥을 충분히 말리지 않고 시공하면 마루가 부풀어 오르기 때문에 충분히 건조시키고 시공해야 한다.

온돌마루는 흔히 합판마루라고 한다. 0.5~0.6mm 무늬목을 합판 위에 접착한 후 표면을 강화시키고 도장처리를 해서 만든 제품이다. 질감이 좋고, 수분이나 열에 의한 변형이 적은 편이다. 국내 온돌시스템에 접합하게 제작되어 열전도율이 가장 높다. 그러나 표면이 무늬목이라 잘 찍히고 긁힌다. 에폭시본드를 바닥에 발라서 부착하는 접착 시공법으로 인체에도 좋지 않다. 겉으로 보면 원목마루와 구별하기 힘들다. 어쩌면 이점이 온돌마루의 가장 큰 장점일지 모른다. 그리고 원목마루에 비해 온도변화에 의한 수축, 팽창, 뒤틀림이 적다. 하지만 온돌마루는 스크래치가 잘 일어나고 변색이 빠르다. 또한 하자부분 교체도 힘들다. 그래서 수요가 조금 줄어든 편이지만 원목의 느낌을 최대한 살렸다는 점이 모든 단점들을 덮고 여전히 사용하고 있다. 실제로 온돌마루를 시공해놓고 원목마루로 시공했다고 광고를 한 분양사고도 있었다.

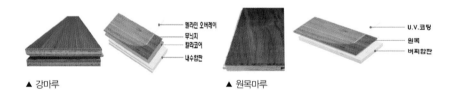

▲ 강마루   ▲ 원목마루

강마루는 고밀도 멜라민판을 합판에 붙인 것이다. 강화마루의 장점인 표면강도를 살렸고, 온돌마루의 장점인 수분과 열에 적응력을 높인 제품이다. 강마루에 시장에 처음 나왔을 때는 멜라민판과 합판의 부착 문제로 불량이 많았다. 하지만 지금은 많이 개선하여 인테리어 바닥재로 많이 사용하고 있다. 특별히 어린아이가 있

어 바닥에 스크래치가 많은 주거공간에 시공하면 좋다. 최근 가장 많이 시공하는 재료이다.

원목마루는 2~5mm의 원목을 합판에 접착한 제품이다. 역시 최대 장점은 원목의 자연스러운 질감과 색상이다. 보행 시 쿠션감과 촉감도 좋다. 원목이 지저분해지면 샌딩과 재도장을 할 수 있어 수명이 길다. 습기나 온도에 의한 변형이 있지만 원상회복이 가능하다. 그래서 결로가 있는 집에는 결로를 어느 정도 해소해줄 수도 있다. 최대의 단점은 가격이 비싸다는 것이다. 그리고 습기와 열변화에 굉장히 민감하고 유지관리에 많은 주의가 필요하다. 온돌마루처럼 나무의 변색이 일어날 수 있다. 만약 원목마루에 합판을 사용하지 않고 통째로 원목을 사용했다면, 변형이 심하게 발생해서 시간이 지나면 비틀어지고 단차가 발생했을 것이다. 그래서 변형이 없는 합판을 바닥판으로 사용하는 것이다.

2) 마루 부자재

가장 부자재가 많은 강화마루를 중심으로 살펴보겠다. 사실 대부분의 마루 부자재는 마루에 비해 질이 떨어진다. 소규모 업체에서 생산하다 보니 개발을 함으로써 경쟁력을 올리기보다는 낮은 가격으로 경쟁하고 있다. 마루에 비해 무늬가 선명하지 못하고 표면 처리가 깨끗하지 못하다. 그리고 마루와 부자재 간 색의 차이를 조절하기 힘들다. 하지만 이 점도 현재는 많이 개선하고 있다.

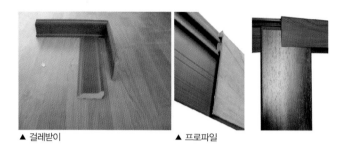

▲ 걸레받이　　　　　　　　　　▲ 프로파일

　걸레받이(현장에서는 하바끼)는 마루를 완전히 마무리한 후에 시공한다. 마루판은 습도변화에 따른 수축과 팽창 현상이 있다. 특별히 강화마루는 그 현상이 심하기 때문에 마루 시공 시 벽과 약간의 공간을 확보하게 되는데, 걸레받이가 그 틈을 가려 주는 역할을 한다.

　프로파일은 강화마루 시공에만 사용한다. 걸레받이를 시공할 수 없는 문지방(문턱)이나 거실중문새시 앞에 시공되는 마감프로파일이 있고, 마루판과 마루판을 분리하는 확장프로파일이 있다. 그리고 다른 바닥재와 연결되는 재료분리용 프로파일도 있다. 아무튼 프로파일은 강화마루의 확장 공간을 확보해주고, 수축에 의해 생긴 틈을 감추기 위한 것이다.

▲ 피폼

▲ 에폭시본드

피폼(PE- FOAM)은 보온효과를 위해 강화마루의 깔개로 사용되고, 쿠션효과로 보행성을 높여준다. 또한 폴리에틸렌비닐은 습기방지를 위해 미장바닥에 강화마루를 시공할 때 제일 먼저 깔개로 사용한다.

에폭시본드는 온돌마루, 강마루, 원목마루를 시공할 때 사용하는 접착제다. 강화마루는 클릭시공방식이라 본드가 필요 없다.

3) 마루시공방법

(1) 강화마루시공

· 습기가 있는 바닥은 최대한 말리고, 먼지가 없도록 깨끗이 청소한다.

· 시공 전 마루판이 들어가도록 문틀의 밑부분을 일부 갈아낸다.

· 피폼을 깔아준다. 단, 바닥에 습기가 있으면 비닐을 먼저 깐다.

· 사방 벽으로부터 10mm 정도 띄우기 위해, 스페이스바를 끼우며 마루를 깐다.

· 클릭부분에 맞춰 마루를 계속 이어준다.

▲ 강화마루 시공

- 마루를 조립해 나갈 때 계단식으로 시공한다.
- 문턱이나 거실중문 등에는 마감프로파일로 처리한다.
- 문턱이 없거나 마루시공 공간이 큰 경우는 중간중간에 확장프로파일로 처리한다(주로 거실과 주방 사이 또는 거실과 방 사이).
- 강화마루가 충분히 수축팽창할 수 있도록 시공을 마친다.
- 걸레받이 시공을 하고 프로파일 커버를 끼운다.

(2) 온돌마루, 강마루, 원목마루 시공

▲ 강마루 시공

- 습기가 있는 바닥은 최대한 말리고, 먼지가 없도록 깨끗이 청소한다.
- 시공 전 마루판이 들어가도록 문틀의 밑부분을 일부 갈아낸다.
- 에폭시본드를 빗살무늬모양으로 바닥에 발라준다.
- 마루를 고무망치를 이용해 바닥에 붙이며 끼워 나간다(특별히 원목마루는 갈매기 시공(혜링본 시공) 등의 다양한 모양으로 시공).
- 마루를 끼워 나갈 때 계단식으로 시공한다.
- 마루 시공이 끝나면 걸레받이를 시공한다.

4) 기타 바닥마감재

▲ 비닐장판

▲ 데코타일

(1) 비닐장판

펫트와 모노륨으로 크게 분류할 수 있다.

펫트는 현장에서 보통 막장판이라 불린다. 전/월셋집에 주로 사용한다. 가격이 저렴하고 합지처럼 장판을 겹쳐서 시공하기 때문에 시공이 간편하다. 하지만 눌려지거나 꺾이면 복구가 어렵다.

모노륨은 전셋집 또는 자가집인 경우에도 사용한다. 이음매를 맞물려 시공하기 때문에 마감이 깨끗하다. 눌려지거나 꺾여도 복원이 된다. 마루무늬, 한지무늬 등 다양한 디자인과 다양한 두께의 장판이 출시되고 있다. 쿠션감이 있어 보행성이 우수하고, 관리하기 좋다. 하지만 습도나 온도가 높을 경우 접촉감이 좋지 않다. 장판은 두께에 따라 가격차이가 많이 난다. 보통 폭은 1.8m 정도이고, 두께는 1.8T, 2.2T, 2.5T 등 다양하다(T=mm).

(2) 데코타일

마루모양의 우드데코와 타일모양의 사각데코가 있다. 크기는 다양하고 두께는 보통 3mm 정도 된다. 표면강도가 뛰어나고 다양한 디자인을 가지고 있다. 주로 사무공간, 상업공간에 사용되었지만 최근에는 주거공간에도 많이 적용한다. 시공방법이 마루시공과 비슷하고, 비교적 시공이 간편해서 누구나 쉽게 할 수 있다. 물론 전문가와 마감의 차이는 있지만, 최근 인테리어 DIY 재로 많이 활용하고 있다.

시공방법을 자세히 살펴보면,

· 시공면을 먼지까지 깨끗하게 청소한다.
· 프라이머를 바닥에 빗살무늬 모양으로 최대한 얇게 바른다.
· 동선을 고려해서 데코타일을 붙여 나간다(출입문 대각선 맞은편에서부터 시공한다).
· 시공을 마무리하고 벽 끝선에 실리콘을 쏜다.

(3) 카펫

장판처럼 롤로 말린 롤카페트와 데코타일처럼 조각조각 붙이는 타일카페트가 있다. 카페트는 쉽게 지저분해지고, 청소하기 어려운 점 외에는 장점이 많은 바닥재다. 특별히 롤카페트는 파일(두께)의 길이에 따라 가격 차이가 많다.

▲ 카펫 시공

▲ 카펫 샘플

카펫의 재료를 살펴보면,

· 울은 양의 털을 말한다. 양모는 흡진성과 보온성이 월등히 뛰어나다.
· 레이온은 목재펄프로 만든 섬유이고 흔히 재생섬유라고 부른다. 양모 다음으로 많이 사용하고 비교적 저렴하다.
· 나일론은 색상과 내구성이 뛰어나고 세탁하기도 편하다. 하지만 흡습성인 나쁘고 정전기가 많이 발생한다.
· 아크릴은 가장 많이 사용하는 재료 중 하나다. 양모와 가장 비슷하고 때가 묻지 않는다. 세탁을 해도 원형이 그대로 유지가 된다.
· 사이잘은 잎에서 섬유를 추출해낸 제품이다. 내구성이 좋고, 자연스러운 느낌이다. 노란빛을 띤 흰색으로 가늘고 부드럽다.

카펫의 장점을 살펴보면,

· 보행 시에 충격을 부드럽게 흡수해준다.
· 반사도가 낮기 때문에 부드러운 조명 빛을 만들어 눈의 피로를 적게 해준다.
· 단열에 필요한 충분한 공기를 품고 있어 냉/난방에 필요한 에너지를 크게 줄일 수 있다. 난방 시 12%, 냉방 시 6%의 전력을 절약한다.
· 미끄러짐 등의 위험에 가장 안전한 바닥재다.
· 방음효과가 뛰어나다.
· 전 세계적으로 다양한 색상과 모양으로 출시되고, 표면 질감

이 매우 뛰어나다.

(4) 종이장판

▲ 한지장판지

흔히 한지장판이라 부른다. 가로 1m, 세로 1m 정도의 천연한지를 두껍게 처리하고 콩기름을 바른 형태다. 바닥재로는 가장 친환경재료이긴 하지만, 일반 주거공간에는 거의 시공하지 않는다. 최근에는 콩기름 대신 왁스를 사용해서 친환경적 기능을 살리지 못하고 있다. 보통 도배사분들이 종이장판을 시공하는데, 최근에는 수요가 감소해서 젊은 도배사분들은 시공 경험이 없는 경우가 많다.

DIY Tip

1. 바닥평수 산정 방법(분양평수=전용면적+공용면적)

만약 32평 아파트 전체 바닥에 마루를 시공한다면, 32평의 마루를 소비하는 것이 아니다. 아파트 같은 공동주택에서는 전용 면적만큼만 마루를 시공하고, 전용면적 중에서도 타일 등이 시공되는 욕실이나 현관의 면적을 제외해야 한다.

예) 32평 아파트의 바닥 공사 평수

32평(분양평수) - 7평(공용면적) - 4평(욕실 2곳, 현관)

= 21평(실제 시공면적) × 1.1(로스율 10%)

= 23평

2. 마루 구별법

1) 원목과 합판마루 구별

원목마루의 표면은 원목 자체가 최소 2mm 이상 들어가지만, 합판마루의 경우 원목에서 추출해 낸 0.5mm 정도의 무늬목이 접착된다. 그래서 마루의 옆면 원목 두께를 보면 쉽게 확인이 된다.

2) 강화마루와 강마루 구별

강화마루의 밑판은 HDF이지만 강마루는 합판을 사용한다. 그리고 강화마루는 클릭방식으로 시공하기 때문에 다른 마루들과 옆면이 확연히 차이가 난다.

3) 바닥 마감재의 선택 조건

· 걷기에 불편한 바닥은 불쾌하며 피로가 누적된다(보행성).
· 미끄러지거나 발이 걸리지 않도록 되어야 한다(안정성).
· 마모나 오염에 강해야 한다(내구성).
· 관리와 유지가 편해야 한다(편리성).
· 불, 물, 열에 강해야 하고, 소음도 고려해야 한다(차단성).
· 무거운 하중이나 큰 충격을 이겨내야 한다(강도).
· 디자인과 질감도 고려한다. 디자인과 질감은 일반적으로 제일 중요하게 여기지만, 사실 바닥재를 선택할 때는 제일 나중에 고려해야 할 사항이다.

4) 기존 마루 철거 시 견적(철거비 + 폐기물처리비)

· 강화마루 : 평당 15,000원
· 온돌마루, 강마루, 원목마루 : 평당 35,000원
· 문턱제거 : 개소당 30,000원

Chapter **05**

마감공사

가구공사

집 안 분위기 연출에 있어서 가구 디자인이 매우 중요하다. 기능적, 미적으로 우리 생활에 가장 밀접하기 때문이다. 가구는 일반적으로 공사와 별도로 시공하는 경우가 많았다. 하지만 입식주방, 붙박이장 등 시스템 가구의 등장으로 가구는 건축, 인테리어와 함께 진행해야 하는 공정이 되었다. 전체 공사에서 가구 공사비 비중은 매우 높다. 전체 공사비용을 생각한다면 소홀히 생각할 수 없는 중요한 공정인 것이다.

1. 도면

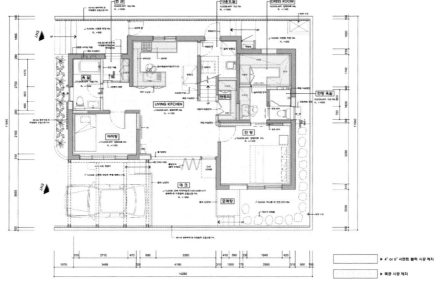

▲ 1층 도면 – 가구 부분(붉은색)

▲ 1층 도면 – 가구 부분(붉은색)

2. 견적서 및 견적방법

NO	품명	규격	단위	수량	재료비		노무비		경비		합계		비고
					단가	금액	단가	금액	단가	금액	단가	금액	
17	가구공사	사재가구											
	[1층/다락]												
	부엌 싱크대	상부장+하부장	자	8.0	140,000	1,120,000	–		–		140,000	1,120,000	
	(하이그로시+국산인조대리석)	하부장(물턱 공사)	자	6.0	120,000	720,000	–		–		120,000	720,000	
	부엌 싱크대	싱크수전	조	1.0	110,000	110,000	–		–		110,000	110,000	
	부엌 싱크대	통후드	조	1.0	200,000	200,000	–		–		200,000	200,000	
	부엌 싱크대	동양 가스쿡탑 3구	조	1.0	250,000	250,000	–		–		250,000	250,000	
	세탁싱크볼 SET	하이그로시, W600	조	1.0	550,000	550,000	–		–		550,000	550,000	
	신발장(하이그로시)	현관/여닫이형	자	4.0	95,000	380,000	–		–		95,000	380,000	
	펜트리 수납장(하이그로시)	펜트리/여닫이형	자	3.5	100,000	350,000	–		–		100,000	350,000	
	PB장	안방드레스룸	자	16.0	60,000	960,000	–		–		60,000	960,000	
–	붙박이장(하프갤러리)	여닫이형/아이방	자	4.0	120,000	480,000	–		–		120,000	480,000	별도
	아붙장(하이그로시)	여닫이형/드레스룸	자	4.0	100,000	400,000	–		–		100,000	400,000	
	수납장(PB장)	욕실 전실	조	1.0	300,000	300,000	–		–		300,000	300,000	
	씽크 절수형 페달(바닥용)	260×62×16.6	조	1.0	140,000	140,000	–		–		140,000	140,000	
	[외부]												
	(내용없음)				–		–		–		–		
	1층 소계					5,120,000		–		–		5,120,000	
	외부 소계							–		–			
	계					5,960,000		–		–		5,960,000	

※ 지역, 기능공 수준, 사용재료 및 공법에 따라 가격 차이가 있다. 이 견적은 30평 규모의 단독
　주택을 기준으로 했다(단, 섬 지역 제외).

　　주방가구업체에 문의하면 주방 디자인과 몇 가지 제품만 선정해
서 견적을 내 준다. 보통 우리가 사제라고 부르는 비브랜드 업체
는 아직까지 대부분 자(300mm) 단위로 견적을 낸다. 하지만 한샘,
에넥스 같은 브랜드 업체는 주방 전용 캐드로 정확하게 설계한 후
견적을 산출한다. 그리고 이른바 시스템 가구업체들은 하이그로시
제품을 기본 옵션으로 한다.

1) 주방 견적내기(하이그로시 기준, 빌트인 별도)

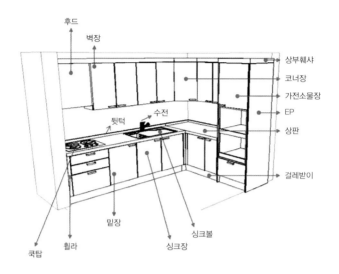

주방 가구 견적

종류	내용	치수	가격
하이그로시	상·하부 별도	1,000mm당	90,000원
시공비		1,000mm당	25,000원
훼샤		2,400mm당	20,000원
걸레받이		2,400mm당	30,000원
EP	상·하부 별도	개당	30,000원
키큰장 EP		개당	70,000원

저가 주방 가구의 몸통과 문짝만 견적 낼 때의 표이다. 여기에 후
드, 싱크볼, 수전, 쿡탑, 상판, 빌트인 가전, 액세서리 등을 더하면
전체 주방 가구 견적이 나온다. 사실 주방 가구만큼 견적의 폭이
큰 공사가 없다. 같은 도어라도 디자인과 빌트인 제품에 따라 수천
만 원까지 차이가 날 수도 있다.

주방 가구 견적을 일반인이 정확하게 내기는 어렵다. 하지만 최소한의 기준이 필요하기에 최근에 가장 많이 시공하는 제품들로 구성된 싱크대 자당 가격을 제시한다. 하지만 이것도 어디까지나 평균일 뿐이다.

주방 견적 기준 : 하이그로시 도어, 13T 인조 대리석, 스테인리스 언더싱크볼이 있다. 단, 쿡탑, 후드, 수전같은 빌트인 가전과 액세서리는 별도 견적이다.

자당 가격 : 자당 140,000원(1자=300mm)

예를 들어,
가로 길이 3m의 주방이 있다면, 10자 주방이 된다.
10자×140,000원=1,400,000원이고,
여기에 쿡탑과 같은 빌트인 가전과 액세서리 가격을 더하면 된다.

2) 시스템 가구 견적

붙박이장, 현관장 등의 견적을 내는 방식은 주방 가구와 비슷하다. 특히 빌트인 가전 등의 부가적인 요소가 없기 때문에 견적 내는 방식이 아주 단순한 편이다. 붙박이장과 현관장 같은 것들을 시스템 가구라고 하는데, 이런 시스템 가구 역시 하이그로시 제품을 기준으로 자당 견적을 내어 본다. 보통 아파트의 천장 높이는 비슷하다. 그래서 자 치수는 벽의 가로 길이만 재면 된다. 깊이는

600mm로 붙박이장도 규격화되어 있다. 그리고 내부 공간은 서랍장을 추가하지 않는 한 추가 비용이 크게 들진 않는다. 가구는 사용자의 성향에 따라서 수납의 기능을 충분히 검토하고, 수납의 배치 및 크기를 잘 결정해야 가장 효율적으로 사용할 수 있다.

(1) 붙박이장(하이그로시 비브랜드 제품)
  · 스윙도어 : 자당 100,000원(10자 붙박이장이면 100만 원)
  · 슬라이딩도어 : 자당 150,000원(10자 붙박이장이면 150만 원)

(2) 현관장(신발장)

현관장은 일반 붙박이장과 자당 견적이 거의 같다. 그 이유는 현관장은 깊이가 얇은 대신 선반이 많이 들어가기 때문이다.

▲ 붙박이장   ▲ 현관장

3. 재료 및 시공

1) 주방가구재료

(1) 몸통자재

① PB(파티클보드의 약자)

목재의 작은 칩을 분쇄해 접착제 등으로 혼합하고 압축시킨 판상재다. 생산하기 쉽고 가격이 저렴하다. 뒤틀림이 없어 주방가구 같은 시스템 가구의 선반, 측판, 천판, 도어로 많이 사용한다. 특별히 폐목재를 다시 재활용할 수 있다는 점에서 친환경 재료로 통하기도 한다. 하지만 물에 약하고 상당히 무거운 편이다. 나사못을 강하게 유지하진 못하고 곡면가공이 어렵다. 특별히 모든 인테리어 자재 중에 가장 포름알데히드가 많이 방출된다. 그래서 아토피가 있거나, 후각이 민감하신 분들은 독성에 힘들어한다. 포름알데히드의 방출량에 따라 친환경 기준을 나누기도 한다(SUPER E0 〈 E0 〈 E1 〈 E2 〈 E3으로 나누고 오른편으로 갈수록 방출량이 많은 재료). 시스템 가구의 몸통은 대부분 파티클보드다. 주로 두께 15mm, 18mm가 주로 사용되며, 주방가구는 주로 백색이 사용되고, 붙박이장은 오크나 월넛계열이 주로 사용한다.

② 집성목

원목가구 재료의 대부분을 차지한다. 미송원목을 50mm 폭으로 자른 후 접착제로 붙인 제품이다. 주로 DIY재료로 많이 사용되고 페인트로 마무리한다. 대형가구회사가 아닌 공방에서 주방가구를 만들 때 몸통을 집성목으로 많이 사용한다.

③ MDF(Medium Density Fiberboard)

나무의 섬유질을 뽑아서 압축한 목재라서 나무의 느낌이 없지만, 가격이 저렴하고 제작하기 편하다. 필름, 무늬목을 붙이거나 페인팅해서 마무리한다. 주로 현장제작 가구재로 많이 사용한다.

(2) 도어자재

▲ 원목   ▲ 무늬목

① 원목도어

오크, 메이플 등의 천연원목을 폴리우레탄도장으로 마감한 것이다. 대부분 고가제품이다. 원목의 품종이나 상태에 따라 품질 차이가 크다. 원목가구라 해서 몸통까지 원목인 경우는 거의 없다. 대부분 도어만 원목이니 이 점을 잘 확인해야 한다.

② 무늬목

원목을 종이처럼 얇게 슬라이스해 MDF 위에 붙여 도장 마감한 것이다. 원목의 느낌을 그대로 살릴 수 있다. 원목의 한계를 극복

하고 보다 다양한 디자인의 제품을 생산할 수 있다. 무늬목 도어
역시 비교적 고가제품에 속한다.

PVC시트
난연제가첨가된 특수접착제
목재

▲ MDF도어   ▲ PB도어

③ MDF도어

다양한 모양으로 성형해 필름이나 도장으로 마감한다. 하이그
로시, 멤브레인도어 등 중저가 제품의 대부분은 이것을 사용한다.

④ PB도어

대부분 필름으로 마감하고 저가제품에 주로 적용된다.

| 참고 ✎ | 도어가공법으로 살펴보면,

· 도장은 UV도장(MDF에 UV수지를 프레스해 자외선을 통과시켜 제작), 우
  레탄도장, PET 등이 있다.
· 멤브레인은 가공된 MDF 위에 정해진 시트지를 압력으로 프레스해
  제작하는 방식이다.
· 래핑은 프레임 하나하나를 지정 시트지로 래핑해서 조립해 제작하
  는 방식이다.
· 열전사는 전사필름을 일정한 압력과 온도를 가해 프레스한 후 투명
  도장하는 방식이다. 자연무늬목에 가깝게 표현할 수 있고, 무늬목도
  어의 보급형으로 보면 된다.

---

(3) 상판자재

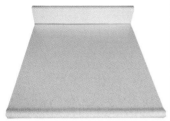
▲ PT상판

▲ 인조대리석

① PT상판

PB 위에 플라스틱 재질의 두꺼운 필름을 입힌 것이다. 가격이 저렴하지만, 열에 약한 것이 단점이다. 저가씽크대(막장)의 대부분이 이 상판을 사용한다.

② 인조대리석

대리석 알갱이를 본드로 접합해서 샌딩 가공한 것이다. 가공하기 쉽고 실용적이라 씽크대 상판뿐만 아니라, 매장 안내데스크, 선반 등 다양한 곳에 사용한다.

▲ 고급형 인조대리석

▲ 스테인레스

③ 천연대리석

고급스러워 과거에는 고가 주방에 많이 사용되었지만, 이음새 표시가 많이 나고 잘 깨지는 단점이 있다. 그래서 최근에는 고급형 인조대리석으로 대체 사용되고 있다.

④ 스테인레스

씽크볼과 일체형으로 출시되는 저가 제품이 있고, 반대로 상판만 독립적으로 발주하고 스테인레스 두께도 뚜꺼운 고가제품도 있다. 스테인레스는 가격 차이가 많이 나는 제품이다. 위생적이고 세련된 디자인이 장점이지만, 조금 딱딱하고 차가운 느낌이 드는 단점이 있다.

2) 주방가구 부자재

(1) 부속 철물류

▲ 경첩　　　　　　　　　　　　　　　▲ 다보

- **경첩** : 도어의 개폐장치이고, 몸통과 도어를 연결하는 부속철물이다.
- **다보** : 선반을 받쳐 주는 부속품이다.

▲ 스무브　　　　　　　　　　　　　　▲ 유압봉

· **스무브** : 도어 개폐 시 소음방지를 위해 설치하는 부속품이다.

· **유압봉** : 쇼바라고도 하고 씽크대 플랩장에 적용된다.

▲ 도어손잡이 종류

· **도어손잡이** : 원볼, ㄷ자, C찬넬바, 스마트바 등의 종류가 있다.

(2) 빌트인가전(built in appliances)

주방가구와 일체되도록 가전의 마감재를 주방가구의 도어와 동일하게 제작한 제품을 말한다. 빌트인가전의 종류로는 냉장고, 후드, 쿡탑, 오븐, 식기세척기, 식기건조기, 도마살균기, 드럼세탁기, 하이라이트쿡탑 에스프레소머신, TV 등이 있다.

▲ 빌트인

3) 주방설계

주방은 물, 가스, 불, 전기 등이 밀집되어 있어 설비가 가장 복잡한 곳이기 때문에 가스배관, 전기설비, 상하수도설비, 환기구 등에 대한 기본적인 지식이 있는 사람이 설계하는 것이 좋다. 주거공간 내의 안전사고 발생의 40%가 주방에서 일어난다. 그리고 잘못된 주방설계는 그곳을 이용하는 당사자에게 불편함을 주기 때문에 충분한 노하우가 있는 전문주방설계자에게 맡기는 것이 좋겠다. 하지만 직접 해보고 싶다면, 다음 내용을 참조해서 설계해보자.

(1) 설계 전 미리 알아두어야 할 사항

· 가족 구성원의 연령, 자녀 수, 외식과 손님 초대 횟수, 식생활 습관 등의 체크와 빌트인되어야 할 기기들과 기존의 냉장고 등의 위치와 크기를 확인하자.

· 일반적으로 준비 → 개수 → 조리 → 가열 → 배선 순으로 배치한다. 냉장고 → 씽크볼 → 가열대가 이루는 삼각형을 트라이앵글이라 한다. 실제로 조리공간(준비 → 개수 → 조리 → 가열), 냉장고 그리고 식탁공간의 동선이 중요하다.

(2) 치수재기

· 동선파악과 가전배치를 위해 가능한 주방의 모든 벽면의 치수를 잰다.
· 벽장의 높이 조절을 위해 창문의 위치를 잰다.
· 가스, 수도, 배관의 위치를 정확히 잰다.
· 밑장 도어를 열고 분배기의 위치와 크기를 잰다.
· 환풍기 구멍의 위치를 체크한다.
· 사용할 주방가전의 종류와 콘센트 위치, 개수를 체크한다.
· 바닥공사를 하지 않을 경우 걸레받이를 열고 바닥의 마감선을 확인한다.
· 타일공사를 하지 않을 경우 주방 철거 후 타일의 마감선을 확인한다.

(3) 주방구조

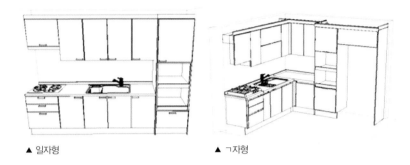

▲ 일자형   ▲ ㄱ자형

· 일자형은 각종 배관을 집중시킬 수 있지만, 긴 주방일 경우 작
  업동선이 너무 길어져 불편하다. 주로 작은 주방에 적용된다.
  되도록 3m를 넘지 않도록 설계하자.
· ㄱ자형은 작업동선이 합리적이고 효율적이다. 주거공간에서
  가장 많이 적용되는 주방구조다.

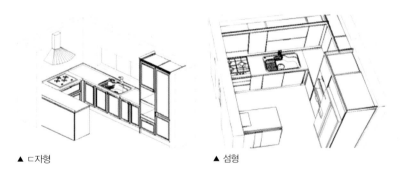

▲ ㄷ자형   ▲ 섬형

· ㄷ자형은 대규모 주방설계에 주로 적용된다. 작업동선이 짧아 주방구조 중에서 가장 효율적이다. 통로 폭은 900~1,300mm 가 적당하다.

· 섬형은 아일랜드형이라고 한다. 주방의 구조에 따라 ㄱ자형 주방에 연장(반도형)시켜 배치하기도 하고 독립적으로 배치하기도 한다. 특별히 독립형 아일랜드는 수납공간과 작업 공간을 넓게 확보하고 식탁 겸용으로 사용하기도 한다. 가사작업 중에도 어린자녀의 학습을 같이 돌볼 수 있는 구조라서 최근 많이 선호되고 있다.

(4) 공간의 분류

· K(kitchen) : 독립형 주방, 조리작업 전용구간이다

· DK(Dining Kitchen) : 식사공간 + 주방, 주부의 노동력을 줄이는 이상적인 형태다.

· LD(Living Dining) : 거실 + 식사공간, 거실과 식사실을 하나의 공간으로 하고 주방은 분리한다. 가족수가 많거나 손님이 많은 주거에 적합하다.

· LDK(Living Dining Kitchen) : 거실 + 식사공간 + 주방, 거실과 식사실 그리고 주방을 하나의 공간으로 설계되었다. 가족수가 적은 가정이나 원룸시스템에 적합하다.

· UK(Utility Kitchen) : 다용도실 + 주방, 세탁과 재봉 그리고 다림질 등의 작업까지 포함 일상적인 가사노동이 능률적이고 유기적일 수 있다.

4) 주방시공

(1) 자재

· 몸통과 도어는 씽크대 공장
에서 설계치수별로 주문한다.
여기에 기타부속철물은 같이
포함된다.

· 상판이 인조대리석이면 대리
석가공업체에 주문하고, PT
상판이면 몸통 공장에 같이

▲ 주방시공 후

주문한다. 씽크볼은 상판에 붙어서 나온다. 그래서 보통은 상
판과 같이 주문된다.

· 후드, 쿡탑같은 빌트인가전은 주방기기 전문업체나 전자제품
매장에서 구입한다. 설계 시 빌트인가전의 치수를 미리 파악
해 적용해야 한다.

(2) 시공자

· 몸통 및 도어 시공은 전문 주
방 시공 팀이 시공하고 대부
분 회사에 소속되어 있다.

· 상판시공은 전문 대리석 시
공 팀이 시공하고 이분들도
회사에 소속되어 있다.

· 철거(씽크대), 수전내림(벽수

▲ 주방벽타일 시공

전에서 입수전으로 위치변경), 타일시공(주방벽) 이 세 가지 공정을 한 번에 전문으로 시공하시는 분들이 있다. 사실 이 3가지 일을 공정별로 따로 시공하면 최소 3명의 인력이 필요하지만, 한 사람의 다기능공이 있다면 하루 만에 시공을 마감할 수 있다. 생각보다 이 특화된 일을 하는 분이 많지가 않다.

5) 기타 시스템 가구

(1) 붙박이장

붙박이장 몸통구조는 블록화되어 있어 선택하면 된다. 붙박이장은 씽크대와는 달리 견적내기도 간단하고 시공도 비교적 간단하다. 보통 자당으로 견적을 낸다. 문짝은 씽크대 문짝 재료라인과 거의 같은 제품을 사용하고 있다. 내부공간 구성은 설계에 따라 달라질 수 있다. 문을 여는 방식은 스윙도어방식과 슬라이딩도어방식이 있는데 최근에는 공간이 적게 차지하고 열기가 편한 슬라이딩도어방식을 많이 사용한다. 하지만 스윙도어에 비해 비교적 가격이 비싼 편이다.

붙박이장 실측 시

· 붙박이장이 들어갈 벽면의 가로 길이를 잰다. 걸레받이가 설치된 경우 높이와 두께를 고려해서 실측한다.

· 바닥에서 천장까지 높이를 잰다. 천정몰딩이 설치된 경우 높이와 폭을 고려해야 한다. 그리고 커텐박스가 있는지도 반드시 체크해야 한다.

· 설치될 위치에 스위치나 콘센트가 있다면, 사용 유무를 확인하고 필요하다면 스위치/콘센트 이동 시공을 미리 해두어야 한다.

(2) 현관장

현관장 또는 신발장이라고 한다. 현관장도 붙박이장과 같이 몸통구조를 선택만 하면 된다. 일반적으로 도어 개수가 2~3개 정도인 경우가 많지만, 요즘 분양아파트들은 현관장을 양쪽벽면을 꽉 채워 설치를 한다. 현관장의 열림방식은 대부분

▲ 현관장 내부

스윙도어를 적용하고 내부공간에 많은 물품을 보관하기 위해 다양한 부속자재를 사용하기도 한다.

현관장 실측 시

· 현관장이 들어갈 벽면의 가로와 높이를 잰다. 만약 중문을 교체한다면 중문틀을 시공 후 재실측하는 것이 좋다. 바닥부터 천장까지 벽면 전체를 시공하는 것이 아니라 바닥에서 띄워 시공하는 경우는 띄우는 치수를 고려해 실측을 한다. 현관장 하단부분에 간접조명을 설치하거나 신발을 정리하기 위해 장을 띄워 시공하는 경우가 많다.

· 현관천장에 설치된 조명의 두께를 고려해 몰딩의 두께를 조절한다. 아래로 많이 내려오는 조명일 경우 문에 걸릴 수도 있다.

· 현관문 상부 도어스톱의 위치도 점검이 필요하다.

DIY Tip

1. 주방의뢰하기

인테리어업체도 최소한 두 가지 공정은 전문업체에 맡긴다. 바로 새시공사와 주방가구공사다. 직접 공사(DIY)를 진행하는 독자라도 주방공사는 주방가구업체에 그냥 맡기면 된다. 물론 주방가구까지 직접 설치하시는 분들도 있다. 브랜드제품은 대표적으로 한샘, 에넥스, 리바트가 있다. 고가, 중가, 저가 다양하게 출시되고 캐드도면으로 정확한 설계와 견적을 내어주는 것이 장점이다. 비브랜드는 흔히 사제업체라고 하는데 주로 중저가 위주의 제품이 많다. 과거에 비해 좋은 제품을 많이 출시한다.

2. 주방설계하기

기존에 인테리어설계를 했다고 하더라도, 주방설계는 한 번 더 주방설계전문가에게 맡기는 것이 좋다. 주거공간 인테리어에서 주방의 비중을 생각한다면 말이다. 특히 ㄷ자형 주방이나 아일랜드형 주방 같은 경우는 조금만 더 참신한 아이디어를 적용한다면 훨씬 편리하고 세련된 주방을 만날 수 있다. 키친디자이너가 괜히 있는 것이 아니다.

3. 주방가구 부분 교체

주방전체를 바꾼다면 좋겠지만 비용이 부담스럽다. 하지만 방법이 있다. 60~80만 원대의 최저가 씽크대를 설치하면 된다. 이런 씽크대는 문짝을 몸통과 똑같은 저렴한 자재로 설치한다. 소위 막장 또는 도날드장이라고 하는데 실제로 경매물건이나 전세놓을 때 이런 씽크대를 설치하는 경우가 많다. 하지만 주방가구를 부분적으로 수리하는 방법도 있다.
부분수리 방법들을 살펴보면,

1) 씽크대 문짝만 교체 시

씽크대는 문짝만 교체해도 새것처럼 보인다. 현관장이나 붙박이장도 마찬가지다. 문짝교체는 모든 문짝의 치수를 재고 씽크대공장에 주문해야 한다. 주변 씽크대 업체에 문의해 보자.

2) 씽크대 문짝만 리폼 시

원목이나 무늬목 문짝이라면 페인트칠로 리폼이 가능하지만 고급 씽크대에 칠을 한다는게 조금 아까운 마음이 든다. 하이그로시 등 기타 다른 문짝에는 칠이 잘 안 된다. 그럴 때는 필름으로 리폼을 해보자. 직접 필름을 붙인다면 저렴하게 씽크대를 리폼할 수 있겠지만 필름시공자를 불러서 필름작업을 한다면 차라리 문짝을 교체하는 게 낫다. 인건비 비중이 그만큼 크다는 뜻이다. 단, 직접 필름을 붙일 때 굴곡이 있는 문짝은 작업을 하지 않는 것이 좋다. 일반인이 예쁘게 붙이기 힘들다.

3) 씽크대 상판만 교체 시

씽크대 상판만 별도로 교체가 가능하다. 하지만 상판 교체 시에는 씽크볼도 같이 교체해야 하는 점을 기억하자.

4) 씽크대 상판 리폼 시

PT상판(라미네이팅 처리)은 리폼이 불가능하지만 인조대리석 상판의 경우 리폼이 가능하다. 인조대리석의 스크래치나 상처 부위를 샌딩하고 왁싱 처리하면 새 상판처럼 깨끗해진다.

5) 씽크대 상판과 문짝을 같이 교체 시

씽크대 상판과 문짝을 같이 교체하느니 차라리 씽크대 전체를 새로 설치하는 것이 현명하다.

6) 문짝 손잡이 교체 시

씽크대의 손잡이만 교체해도 훨씬 예뻐 보인다.

손잡이 교체방법을 살펴보면,

· 기존 손잡이 나사구멍 두 곳의 중심간격을 기준으로 사이 치수를 잰다.
· 씽크대 문짝의 두께도 치수를 재고, 문짝두께보다 3mm정도 더 긴 볼트를 구매한다. 물론 중심간격이 같은 손잡이도 같이 구매한다.
· 전동드릴로 기존 손잡이 나사를 풀어 제거하고, 새 손잡이를 설치한다.

18

조명공사

인테리어디자인은 조명 하나만으로 모든 걸 끝낼 수 있다. 조명이 주는 음영, 컬러, 분위기는 어떤 다른 재료보다 시선을 모을 수 있는 재료다. 어떤 조명을 선택하느냐에 따라 우리의 인테리어는 승패를 가름한다. 비싼 조명만이 아름다움을 만들어내지는 않는다. 이케아 매장을 찾아가보라. 조명의 가치는 가격으로 나타나지 않는다는 것을 금방 알 수 있다.

이제 최적의 조명을 찾아보자.

1. 도면

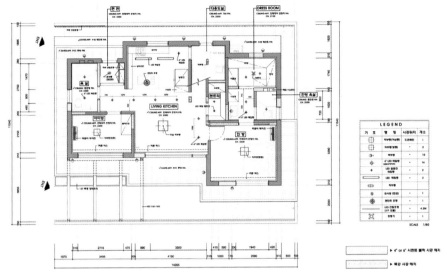

▲ 1층 도면 – 조명 부분(붉은색)

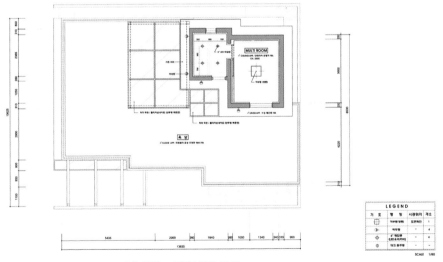

▲ 2층 도면 – 조명 부분(붉은색)

2. 견적서 및 견적방법

NO	품명	규격	단위	수량	재료비 단가	재료비 금액	노무비 단가	노무비 금액	경비 단가	경비 금액	합계 단가	합계 금액	비고
18	조명공사	LED변경시 차액분 정산											
	[1층/다락]	단가견적											
	거실/부엌	LED 거실등	조	1.0	200,000	200,000	–		–		200,000	200,000	유리커버
	거실/부엌	3파장 레일등(5구)	조	1.0	80,000	80,000	–		–		80,000	80,000	유리커버
	거실/부엌	3파장 팬던트등	조	1.0	200,000	200,000	–		–		200,000	200,000	
	거실/부엌	6"LED 매입등	조	9.0	18,000	162,000			–		18,000	162,000	
	펜트리	LED할로겐등	조	2.0	35,000	70,000			–		35,000	70,000	
	방(안방/아이방)	LED 직부등	조	2.0	100,000	200,000			–		100,000	200,000	
	드레스룸/욕실전실	6"LED 매입등	조	4.0	18,000	72,000			–		18,000	72,000	
	욕실(거실, 안방욕실)	LED 다운라이트	조	4.0	18,000	72,000			–		18,000	72,000	
	다용도실	3파장, 벽부등	조	2.0	22,000	44,000			–		22,000	44,000	
	Cat House	6"LED 매입등	조	1.0	18,000	18,000			–		18,000	18,000	
	현관	3파장, 크라운센서등	조	1.0	36,000	36,000			–		36,000	36,000	
	현관	간접조명/LED3구 모듈	m	1.2	12,000	14,400			–		12,000	14,400	
	계단실	6"LED 매입등	조	4.0	18,000	72,000			–		18,000	72,000	
	멀티룸	3파장 레일등(4구)	조	1.0	70,000	70,000			–		70,000	70,000	
	시공비	타공포함	인	1.0	–		200,000	200,000	15,000	15,000	215,000	215,000	
	[외부]	단가견적											
1층	벽부등		조	10.0	45,000	450,000			–		45,000	450,000	
옥상	벽부등		조	4.0	45,000	180,000			–		45,000	180,000	
	시공비		인	1.0	–		200,000	200,000	15,000	15,000	215,000	215,000	
	1층 소계					1,310,400		200,000		15,000		1,525,400	
	외부 소계					630,000		200,000		15,000		845,000	
	계					1,940,400		400,000		30,000		2,370,400	

※ 지역, 기능공 수준, 사용재료 및 공법에 따라 가격 차이가 있다. 이 견적은 30평 규모의 단독 주택을 기준으로 했다(단, 섬 지역 제외).

1) 조명 공사비(32평 아파트 기준, 저가형 조명 가격)

(1) 자재비

· 거실등 : 1EA × 120,000원 = 120,000원

· 방등 : 3EA × 40,000원 = 120,000원

· 욕실등 : 2EA × 30,000원 = 60,000원

· 주방등 : 2EA × 40,000원 = 80,000원

· 식탁등 : 1EA × 130,000원 = 130,000원

· 발코니 : 3EA × 20,000원 = 60,000원

· 현관등 : 1EA × 20,000원 = 20,000원

· 벽등 : 1EA × 30,000원 = 30,000원

(2) 인건비

· 전기공 : 220,000원

(3) 총비용

620,000원 + 220,000원 = 840,000원

2) 스위치·콘센트 공사비

스위치·콘센트 전체 교체 비용은 평당 1만 원선이다.

32평 아파트일 경우, 32평 × 10,000원 = 320,000원이다

3) 일반 조명판매점에서 구입 시

구분		가격대	사용빈도	비 고
방	일반	3~15만 원	☆☆☆☆☆	
	포인트	2~4만 원	☆	LED할로겐등 추천함
거실	일반	7~30만 원	☆☆☆☆☆	
	포인트	2~4만 원	☆☆	LED할로겐등 추천함
주방	일반	7~15만 원	☆☆☆☆☆	
	포인트	10~30만 원	☆☆☆	팬던트등
화장실		1.5~3만 원	☆☆☆☆☆	방습등
현관		1.5~4만 원	☆☆☆☆☆	센서등
외부마당		1.5~4만 원	☆☆☆	벽부등 추천

3. 재료 및 시공

1) 광원(빛을 내는 장치)의 종류

▲ 백열등   ▲ 형광등   ▲ 할로겐

  백열등은 1879년 에디슨이 발명한 것으로 알려져 있고 가장 먼저 개발된 광원이다. 필라멘트에 전류를 흘려서 높은 온도로 가열해 거기서 나오는 열의 복사를 이용해서 빛이 나오도록 만든 것이다. 백열등은 크기가 작아 조명기구를 디자인하기 좋고, 광색도 비교적 다양하다. 따뜻한 느낌으로 공간을 편안하게 만든다. 하지만, 전기에너지의 90% 이상이 발열로 인해 소실되므로 굉장히 비효율적인 에너지다. 그래서 각 나라마다 백열등 사용금지 정책을 내어놓고 있다. 일반 가정이나 분위기 있는 레스토랑 등에는 아직 사용되고 있다.

  형광등은 백열등의 단점을 보완해 만든 것이다. 그러나 전압변동에 영향을 많이 받기 때문에 안정기와 점등을 위한 장치(초크)가 있어야 한다. 백열등에 비해 발열이 적고 효율적이다. 형광등은 아르곤과 수은 증기의 혼합기체로 채워진 유리관으로 이루어진다.

따뜻하고 부드러운 빛, 뛰어난 연색성(태양빛에 가까운 정도를 말한다)을 보인다. 같은 밝기의 백열램프에 비해 수명이 8배 길어 램프를 자주 갈 필요가 없다. 현재 가장 많이 사용하고 있는 삼파장등은 안정기가 내장된 내장형형광등이다. 일반가정, 판매점, 레스토랑, 사무실 등 현재 가장 많이 사용되는 광원이다.

할로겐(halogen)은 백열등의 1/200까지 축소 가능하며 작고 가벼워 작은 공간에 적합하다. 또 초소형이기 때문에 설계상 편리하게 디자인이 가능하다. 할로겐 사이클에 의해 필라멘트 소모가 방지되므로 수명이 길고(백열등의 1.5~2배) 사용하는 동안 조도가 일정하다. 하지만 실제로 사용해보면 수명이 길다고 못 느낀다. 생각보다는 자주 갈아 주어야 한다. 보통 할로겐조명은 빛의 각도 조절이 쉽도록 만든다. 백화점, 미술관, 레스토랑, 전시장, 무대조명 등에 많이 사용한다.

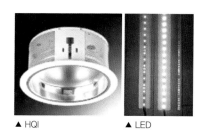

▲ HQI ▲ LED

HQI(metal-halide lamp)는 연색성이 뛰어나고 광효율이 높은 메탈할라이드 램프다. 수명이 길고 광속이 높으며 열부하가 적다. 빛이 깊어서 내/외부 체육시설, 천정이 높은 매장, 교회 건물내부에 많이 사용한다. 층고가 높은 백화점, 전시장 등에 사용되고, 간판 등에도 적용 된다.

LED는 반도체의 pn접합에 전류를 흘려 빛이 방출되도록 한 발광다이오드로 작은 점광원이다. 매우 견고하고 수명이 길며 친환경적인 광원이다. 빛의 손실이 작고 색상의 변화가 자유로워 장식조명으로 많이 이용되고 있다. 백색, 주황, 황색, 녹색, 청색 등이 있다. 기존의 전구보다 열에너지를 적게 소비하기 때문에 점점 많은 공간들이 LED로 대체되고 있는 중에 있다. 상업공간에는 이미 많이 적용되었고 주거공간에도 최근에는 LED를 사용하는 추세다. 내/외부 전시가구나 간판 등에도 수요가 점차 늘어나고 있는 광원이다. 실제로 광원은 백열등 → 형광등 → LED 순으로 발전하고 있는데, 앞으로 다른 차세대 광원이 나오지 않는 이상 LED를 가장 많이 사용하게 될 것이다.

2) 배광(각방향에 대한 빛의 배분)의 특성에 따라 분류

▲ 직접조명   ▲ 반직접조명   ▲ 전반확산조명

직접조명은 빛의 90~100%가 아래로 향하고 0~10%가 위로 향하는 조명이다. 그래서 조명기구의 갓이 불투명하다. 조명률은 좋

은 편인데 눈부심 현상이 있고 그림자가 생길 수 있다.

반직접조명은 빛의 60~90%가 아래로 향하고 10~40%가 위로 향하는 조명이다. 그래서 조명기구의 갓이 반투명하거나 투명하다. 천장의 마감재에 따라 반사율에 의한 밝기가 영향을 받는다.

전반확산조명은 위, 아래, 옆으로 빛이 비추는 양이 거의 비슷하게 나간다. 그래서 보통 조명기구가 둥글다.

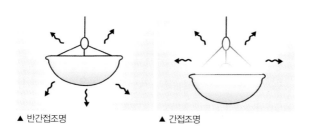

▲ 반간접조명   ▲ 간접조명

반간접조명은 빛의 60~90%가 위로 향하고 10~40%가 아래로 향하는 조명이다. 그래서 조명기구가 반투명하거나 투명하다. 조도가 균일하고 부드러워 눈부심이 적은 편이다.

간접조명은 빛의 90~100%가 위로 향하고 0~10%가 아래로 향하는 조명이다. 그래서 조명기구의 갓이 위를 향하고 불투명이다. 조도분포가 균일하며 부드러운 분위기를 연출하나 비효율적이다. 일반적으로 건축화 조명은 대부분 간접조명이라 보면 된다.

3) 건축화 조명(공간 디자인의 필수)

건축화 조명이란? 일반적인 조명기구의 형태를 취하지 않고 천장, 벽, 기둥 등에 목공사 또는 금속작업을 통해서 건축 구조체로

▲ 건축화 조명 시공

보일 수 있도록 만들어 내부에 광원을 집어넣어서 비추는 조명 방식을 말한다. 좀 더 쉽게 표현하면 간접조명처럼 빛은 흘러나오되 조명기구는 보이는 않는 것을 말한다. 1930년대에 독일에서 먼저 시작되어 널리 알려진 방식이지만, 형광등처럼 열이 적은 광원이 발명된 이후에는 별로 특별한 방식은 아니다. 하지만 건축, 인테리어, 조명디자이너들에게는 여전히 다양한 디자인으로 접목할 수 있는 기법이다. 건축화 조명은 보통 목공사 또는 금속공사가 같이 이루어지는 경우가 많아 조명디자이너는 이 부분에 대해서도 잘 알고 있어야 한다.

천정 매입 방식은 크게 3가지로 나뉜다.
코퍼조명은 천장에 원형, 사각형 등의 구멍을 뚫어 단차를 주고 시공한 후, 단차 내부에 조명을 설치하는 방식이다. 완전히 매입하면 천장이 어두워져 더 매력적이다.

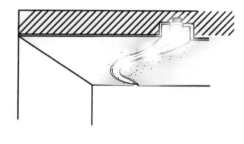

▲ 코퍼조명

광량조명은 천장에 일렬로 조명을 매입해 시공한다. 아래에서 보이는 하부에는 플라스틱이나 유리를 설치해 빛을 부드럽게 만들어 준다.

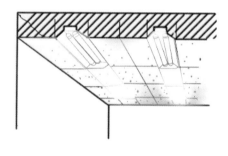

▲ 광량조명

다운라이트조명은 빛이 주위로 퍼지지 않고 중심 부분만 집중적으로 비추는 스팟조명을 매입하거나 천장에 매달아 설치한다. 직사광선이나 별빛 같은 느낌이 난다.

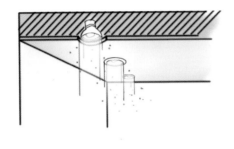

▲ 다운라이트조명

천장면 광원 방식은 크게 3가지로 나뉜다.

광천장조명은 천장면 전체에서 밝은 빛이 고루게 비춰는 것을 말한다. 그림자 없는 공간을 만들 수 있고, 하늘에서 자연빛이 비추는 것 같아서 많이 적용되고 있다.

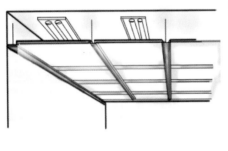

▲ 광천장조명

루버조명은 천장에 격자모양의 루버를 설치하고, 그 안쪽에 직접 조명을 설치한다. 눈부심이 적고 예쁜 천장을 만들 수 있지만, 루버의 청소와 조명의 교체가 어렵다.

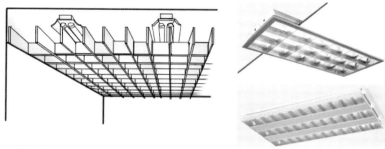

▲ 루버조명

코브조명은 벽에 조명을 감추어서 천장면을 향해 빛이 비추도록 하는 것을 말한다. 빛이 은은하게 확산되어 눈부심이 없고 밝기가 균일한 공간을 만들어 준다. 하지만 충분한 밝기를 위해서는 보조 조명을 추가로 설치해야 한다.

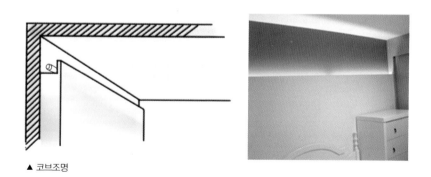

▲ 코브조명

벽면 광원 방식은 크게 3가지로 나뉜다.

밸런스조명은 벽면에 조명을 설치하고, 투과성이 낮은 마감재료로 조명이 보이지 않도록 막아준 것을 말한다. 상부의 천장과 하부의 벽면을 비추어 주어 상당히 분위기 있는 공간을 만들어 준다.

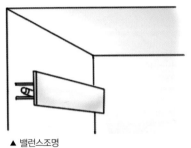

▲ 밸런스조명

코니스조명은 천장 가까이에 있는 벽면에 목재나 금속으로 돌출 형태로 만들어 준 후 내부에 조명기구를 설치하는 것을 말한다. 빛이 상부벽과 천장을 비추어서 공간 전체를 은은하게 만들어준다.

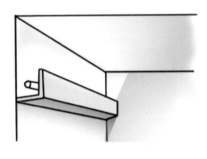

▲ 코니스조명

광벽조명은 벽의 일부에 창문 모양으로 조명을 설치해 낮에 창으로부터 빛이 비춰는 느낌이 들게 만든다. 특별히 창이 없는 지하실에 설치하면, 지상층 창에서 외부 빛이 들어오는 느낌이 든다.

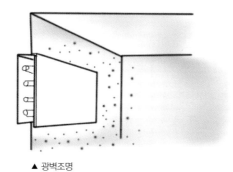

▲ 광벽조명

4) 공간별 조명

(1) 거실등

팬던트나 샹들리에등을 부착하기도 하는데 보통 아파트 거실에는 안 어울린다. 주거공간의 천장 높이가 보통 2.3~2.5m 정도로 그리 높지 않기 때문에 공간이 더 낮게 느껴진다. 넓은 거실일 경우에는 거실 중앙에 일반 천정조명을 설치하고 벽면에 벽부등을 설치하는 것이 좋다. 만약 너무 심플하다고 생각이 들면 한쪽에 플로어스탠드를 놓아 분위기 연출을 하는 것도 좋다. 그런데 최근에는 거실 천장에 등박스(건축화조명)를 기본적으로 설치하는 경우가 많기 때문에, 이것만으로 디자인적 요소는 충분하다.

▲ 거실등

(2) 방등

침실은 조명기구를 리모컨으로 작동하게 설치하는 것이 좋다. 잠자리에 누워서도 조명을 켜고 끌 수 있어 편리하다. 또한 침실가구는 가구 속에 조명기구를 설치하면 전반조명을 켜지 않더라도 가구 문을 열면 필요한 빛을 확보할 수 있어 좋다. 침대 머리맡에 스탠드 조명을 설치하면 편리하고 부부관계가 더 좋아진다.

자녀실 중 영유아와 같이 어린아이일 경우에는 안정이 제일 중요하다. 콘센트에는 반드시 커버를 씌워서 감전사고를 막아야 한다. 취학 후 아동의 방은 전반조명과 국부조명을 함께 설치하는 것이 좋다. 전반조명만으로 책상에서 책을 읽으면 뒤쪽에 위치한 조명이 그림자를 만들어서 장기적으로 시력을 상하게 만든다. 침대가 있다면 역시 침대 머리맡에 조명을 설치한다.

서재는 기능적인 측면이 더 중요하다. 전반조명과 국부조명이 모두 필요한 곳이다. 자녀방처럼 책을 보는 책상은 국부조명을 설치해야 한다. 특히 국부조명은 빛의 양을 조절할 수 있는 조명이면 더 좋겠다.

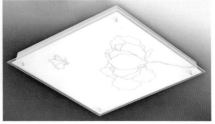

▲ 방등

(3) 식탁등

식사실은 전반조명을 조금 어둡게 설치하고 식탁 부분만 밝게 비추어서 시선을 집중시키도록 한다. 일반적으로 음식이 맛있게 보이고 따뜻한 느낌을 주는 백열등 계열을 이용한 펜던트형 조명을 선택하면 좋겠다. 펜던트의 높이는 일어났을 때 눈높이와 거의 같거나 조금 높게 해야 눈부심 현상이 적다.

▲ 식탁등

(4) 주방등

음식을 준비하는 작업 공간이므로 충분한 빛을 비추어야 한다. 전반조명뿐만 아니라 작업대 위쪽에는 국부조명을 설치해야 한다. 국부조명은 작업대 윗면이나 작업대에 접해있는 벽면을 이용해 설치한다. 간접조명 형태로 매입하면 주방공간을 더 아름답게 만들어 준다. 주방에는 수증기, 가스 등으로 조명기구가 쉽게 지저분해져서 조명의 효율을 떨어뜨릴 수 있으니 자주 청소하는 것이 좋다.

▲ 주방등

(5) 욕실등

방수처리된 제품을 사용한다. 욕실 조명은 거울 바로 위쪽면을 이용하는 경우가 많다. 이 경우 빛의 효율이 높아져 좋은 효과를 얻을 수 있다. 하지만 전체 욕실을 밝게 하기 위해서는 욕실 중앙에 놓는 것이 좋겠다. 욕실조명의 위치선정은 쉽지 않다. 신중하게 선택하자. 욕조나 샤워실 위쪽에도 별도의 조명을 설치하는 것이 좋다.

▲ 욕실등

(6) 현관등

주거공간의 외부와 내부를 이어주는 공간으로, 집의 첫인상이다. 그래서 집의 분위기를 잘 표현 할 수 있는 장식이 있는 조명이나 독특한 디자인의 조명을 천장이나 벽에 설치하면 좋겠다. 현관 중문이 설치된 경우에는 센서등을 설치해서 사람의 움직임에 의해 점멸하도록 해준다. 현관중문 없이 바로 거실이나 복도로 통하는

집에는 센서등 대신 일반 스위치
로 점멸할 수 있도록 해야 한다.
만약 센서등을 설치했다면, 밤에
그곳을 지나다닐 때마다 불이 켜
져 공포감을 조성할 수 있고, 불
필요한 전기를 소모한다.

▲ 현관등

(7) 발코니등

천장에 설치하는 경우고 있고
벽에 설치하는 경우도 있다. 벽에 설치하는 것이 조금 더 운치 있
게 느껴진다. 아파트 발코니는 조명설치 위치가 어느 정도 정해져
있지만, 주택의 베란다는 외부조명만 잘 설치해도 전원주택의 느
낌을 살릴 수 있다. 벽부등은 거실 아트월이나 복도에도 많이 설
치한다.

▲ 발코니등

조도는 면에 빛이 비춰질 때 그 면의 밝기를 말한다. 조도는 룩스(Lux)
라는 단위를 사용한다. 공간별로 적절한 조도를 살펴보면 아래와 같다.

맑은 날의 한낮 외부 자연광	100,000	독서	500
흐린 날의 외부	20,000	식탁	300
맑은 날의 내부 창가	5,000	거실	200~100
백화점	2,000	레스토랑	50~100
책상 위쪽	1,000	보름달	1
사무실	700	상현달, 하현달	0.2

(단위 : Lux)

5) 스위치/콘센트

▲ 콘센트

스위치와 콘센트의 디자인이 점점 다양해지고 고급화되고 있다.
스위치는 조명을 편리하게 온/오프할 수 있는 벽면선택, 높이선정,
선분리 정도만 잘 하면 된다. 하지만 콘센트에 대해서는 앞서 전기
공사에서 이야기한 것처럼 철저한 계획이 필요하다. 아무리 초보
자라도 콘센트가 우리집 어디어디에 필요한지, 꼼꼼하게 메모해서
공사를 해야 한다. TV 자리 뒤쪽에 콘센트가 없다고 상상해보라.

DIY Tip

1. 조명/스위치/콘센트 교체

조명은 한두 번 해보면 누구나 쉽게 설치할 수 있다. 예전에는 니퍼로 전선비닐을 없애고 전선을 겹쳐서 검정비닐테이프를 감았지만, 요즘은 연결단자에 그냥 꽂기만 하면 된다. 물론 분전반(두꺼비집)에 있는 조명 차단기를 반드시 OFF 시키고 설치해야 안전하다.

조명교체 방법을 살펴보면,
- 분전반에서 조명차단기를 내린다. 혹시 헷갈리면 전체차단기를 내린다.
- 조명커버를 벗기고, 램프도 빼 놓는다.
- 전선 연결단자를 뽑아내고 조명몸체의 나사를 푼다.
- 새 조명몸체를 나사를 박아 천정에 고정시키고 전선을 꽂는다.
- 차단기를 다시 ON 시키고 빛이 들어오는 것을 확인한다.
- 조명커버가 있다면 설치한다.

스위치 교체 방법을 살펴보면,
- 본래 있는 스위치가 2등용 스위치인지, 3등용 스위치인지 잘 확인하고, 같은 개수의 스위치를 구매한다.
- 분전반의 조명차단기를 내린다.
- 일자 드라이버로 커버를 옆으로 밀어 제거하고 나사를 푼다.
- 분리해 놓은 전선을 새 스위치에 설치한다.
  기존 스위치를 제거할 때 휴대폰으로 사진을 찍어 놓든지 테이프로 미리 번호를 매겨 놓아서, 새 스위치에 설치할 때 전에 꽂은 위치와 같은 곳에 반드시 꽂아야 한다. 만약 스위치 교체가 부담스러우면 커버만 교체하자.
- 새 스위치의 나사를 조이고 커버를 설치한다.

콘센트 교체 방법을 살펴보면,

· 본래 있는 콘센트가 1구용 콘센트인지, 2구용 콘센트인지 잘 확인하고, 같은
  개수의 콘센트를 구매한다.
· 분전반의 콘센트차단기를 내린다.
· 일자 드라이버로 커버를 옆으로 밀어 제거하고 나사를 푼다.
· 분리해 놓은 전선을 새 콘센트에 연결한다. 전선이 바뀌면 누전의 위험이 있
  다. 기존 콘센트를 제거할 때 휴대폰으로 사진을 찍어 놓든지 테이프로 미
  리 번호를 매겨 놓아서 새 콘센트에 설치할 때 전에 꽂은 위치와 같은 곳에
  반드시 꽂아야 한다. 만약 콘센트 교체가 부담스러우면 커버만 교체하자.
· 새 콘센트의 나사를 조이고 커버를 설치한다.

2. 설치방법에 대해서

전기공사는 직접 시공하지 말라고 앞서
이야기했었다. 하지만 조명이나 스위치/
콘센트 설치는 조금만 시공방법을 익히
면 누구나 쉽게 설치할 수 있다. 이 책
에서 자세히 설치방법을 소개하기는 했
으나 아무리 글로 설명한다고 해도 동영
상으로 직접 보고 배우는 것이 낫다. 유
튜브에서 '조명설치', '스위치설치', '콘

▲ 스위치

센트설치' 등의 키워드를 치기만 하면 설치방법이 자세히 소개된 영상이 많
이 있다.

3. 조명, 어디서 구매를 할까?

조명을 가장 비싸게 구매하는 방법은 마트에서 구매하는 것이다. 집 근처 조명

업체보다 더 높은 가격으로 판매되고 있다. 반대로 가장 저렴한 구입처는 바로 인터넷이다. 인터넷에 노출된 다양한 홈페이지를 찾아 들어가서 구매를 하는 것이 가장 저렴한 방법이다.

디자인, 사양, 가격까지 자세히 소개하고 있다. 만약 내 눈으로 직접 보고 구매를 해야겠다면, 서울의 을지로, 부산의 국제시장 같은 곳을 찾아가면 도소매가격으로 조명을 구매할 수 있다. 참고로 흔히 사용하는 일반 조명은 인터넷으로 바로 구매하고, 눈으로 봐야 알 수 있는 특이한 모양의 조명은 도소매시장을 찾아가서 구매하면 된다. 광명에 있는 이케아에 가도 저렴하고 다양한 조명을 만날 수 있다.

19

위생기구

　새시와 함께 위생기구는 건축분야에서 현대과학의 수준을 보여주는 첨병역할을 하고 있다. 특별히 양변기는 전자, 의료분야 등과 융합해서 끝없이 발전하고 있다. 이제 날로 새로워지는 위생기구분야에 대해서 잘 이해하고 우리집에 꼭 맞는 제품을 선택하자.

1. 도면

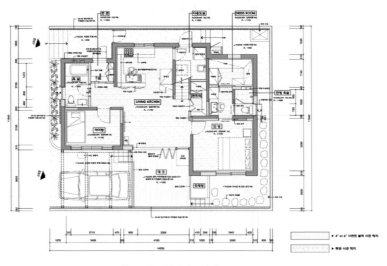

▲ 1층 도면 – 위생기구설치

NO	품명	규격	단위	수량	재료비 단가	재료비 금액	노무비 단가	노무비 금액	경비 단가	경비 금액	합계 단가	합계 금액	비고
19	위생기구	주요브랜드 : 대림											
	[1층/다락]	단가견적											
	돔천정(평판형)	거실,안방욕실	조	2.0	100,000	200,000	100,000	200,000		–	200,000	400,000	샘플표참조
	양변기(일반)	2피스형, CC720기준	조	2.0	210,000	420,000		–			210,000	420,000	샘플표참조
	세면대	반다리형/거실욕실	조	1.0	170,000	170,000		–			170,000	170,000	샘플표참조
	세면대 수전	원홀수전/거실욕실	조	1.0	60,000	60,000		–			60,000		샘플표참조
	세면대(탑볼)	안방 욕실	조	1.0	100,000	100,000		–			100,000	100,000	샘플표참조
	세면대하부장	인조대리석상판	조	1.0	280,000	280,000		–			280,000	280,000	샘플표참조
	세면대 수전	거위목수전	조	1.0	90,000	90,000		–			90,000	90,000	샘플표참조
	욕조	오닉스 세라믹 욕조/거실	조	1.0	80,000	280,000		–			280,000	280,000	발주자별매
	샤워기	스텐 해바라기/안방욕실	조	1.0	200,000	200,000		–			200,000	200,000	샘플표참조
	샤워기	욕조형 샤워기/거실욕실	조	1.0	120,000	120,000		–			120,000	120,000	샘플표참조
	샤워기 슬라이드바	높이조절대/거치대	조	2.0	30,000	60,000					30,000	60,000	
	욕실장	슬라이딩 거울 수건장	조	1.0	180,000	180,000					180,000	180,000	샘플표참조
	일자선반	강화유리	조	1.0	20,000	20,000					20,000	20,000	샘플표참조
	코너선반	강화유리	조	4.0	20,000	80,000					20,000	80,000	샘플표참조
	샤워부스	일자형/안방욕실	조	1.0	300,000	300,000	150,000	150,000			450,000	450,000	샘플표참조
	액서서리 SET		조	2.0	65,000	130,000					65,000	130,000	샘플표참조
	배수유가	일반/세탁기용	조	2.0	4,000	8,000		–			4,000	8,000	샘플표참조
	배수유가	냅새역류방지형	조	3.0	15,000	45,000		–			15,000	45,000	
	시공비		인	2.0			200,000	400,000	15,000	30,000	215,000	430,000	
	[외부]												
	(내용없음)												
	1층 소계					2,743,000		750,000		30,000		3,523,000	
	외부 소계					–		–		–		–	
	계					2,743,000		750,000		30,000		3,523,000	

※ 지역, 기능공 수준, 사용재료 및 공법에 따라 가격 차이가 있다. 이 견적은 30평 규모의 단독 주택을 기준으로 했다(단, 섬 지역 제외).

위생기구의 견적은 재료구입비와 인건비만 더하면 된다. 인테리어 업체에서 일반적으로 제시하는 제품군의 평균 가격은 아래와 같다. 최근에는 욕실 시공 시 욕조 대신 파티션과 해바라기 샤워기를 설치하는 것이 일반적이다.

욕실 시공 비용

구분		가격대	비고
화장실	양변기	15~20만 원	비데 사용가능한 크기로 선정
	세면기	7~13만 원	디자인에 따라 차이 큼.
	세면기 수전	3~9만 원	디자인에 따라 차이 큼.
	욕조	35~45만 원	1,500mm길이 표준기준
	샤워기	15~20만 원	해바라기형태
	샤워파티션	4~6만 원	필요시 시공
	욕실장	20만 원	슬라이딩 거울부착형 추천
	악세서리	5만 원	휴지걸이, 수건걸이, 비누대 외
	코너선반	1.5만 원	샤워기용
	선반	1.5~2만 원	세면대용
다용도실	일반수전(2홀)	1만 원	보온철저점검
	세탁기수전	0.8만 원	
외부마당	일반수전	0.8만 원	보온철저점검
기타	롤호스	4만 원	

※ 보통 욕실 1개 시공하는 데, 15~20만 원의 설치비용을 포함해야 한다.

욕실 한 개소당 위생기구 견적을 산정해보면,

1) 자재비

· 양변기 세트 : 170,000원(투피스형)

· 세면대 세트 : 130,000원(스탠드형, 부속 포함)

· 세면대 수전 : 60,000원

· 해바라기 샤워기 : 130,000원

· 파티션 : 90,000원

· 액세서리 세트 : 40,000원(컵, 비누, 휴지, 옷, 수건걸이)

· 수건장 : 90,000원(수건장과 거울 분리형)

- · 거울 : 40,000원(테두리 몰딩형)
- · 유리선반 : 2EA 30,000원(一자형, 코너형)

2) 인건비
- · 위생기구 설치공 : 180,000원

3) 총예상비용
780,000원 + 180,000원 = 960,000원

4. 재료 및 시공

1) 욕실제품

▲ 원피스　　　　　　　　　　　▲ 투피스

　양변기는 크게 벽걸이형과 스탠드형으로 나뉘긴 하지만, 대부분 스탠드형을 사용한다. 벽걸이형은 보통 건축단계에서 매립을 위한 철물장치를 미리 장착해야 한다.

　원피스는 물탱크와 하부몸체가 일체형이다. 유선형으로 디자인

이 수려하고, 물을 내렸을 때 소음이 없는 고급자재이다. 하부몸체가 이음매 없이 매끈해서 청소하기 편하지만, 가격이 많이 비싸다.

투피스는 물탱크와 하부몸체가 분리형이다. 물을 내렸을 때 소음이 발생하지만, 배수가 비교적 잘 된다. 가격 대비 만족도가 큰 편이다. 원피스처럼 하부몸체가 이음매 없이 매끈한 제품도 출시되고 있다.

▲ 도기형비데　　　　　　▲ 전자식비데

비데는 크게 도기형비데와 전자식 비데로 나뉜다.

도기형비데는 양변기에 비데가 붙어서 나오는 독립적인 제품이다. 최근에는 국내에서도 많이 사용되고 있지만, 가격이 부담스럽다. 위생기구의 과학기술은 여기에 다 모여 있다고 할 만큼 많은 기능의 도기형 비데를 출시하고 있다.

전자식비데는 기존 일반양변기의 커버를 제거하고 설치하는 것이다. 안착시킨 전자식비데에 코드를 꽂고, 양변기 옆의 상수도에 연결해주면 된다. 전자식비데는 가격이 저렴하고, 어디에나 설치가 가능해 가장 많이 사용되고 있는 제품이다.

세면대는 도기, 아크릴, 스테인리스, 스틸, 유리, 스톤 등의 다양한 재료로 만든다. 하지만 대부분의 세면대는 도기이다. 세면대는 크게 카운터형과 스탠드형으로 나뉜다.

카운터형은 공간의 위치선정이 자유롭고 하부장 수납공간 활용이 좋다. 예전에는 하부장을 PB로 만들어서 물에 젖어 망가지는 제품이 많았지만, 최근에는 플라스틱류와 원목류 등 다양한 제품들이 사용한다. 기성제품으로 나오기도 하지만, 많은 경우는 현장에서 직접 제작한다. 사실 하부장은 배관 때문에 제대로 된 수납공간을 사용하기는 힘들다.

스탠드형은 가장 대중적으로 사용하는 제품이다. 하부 배수배관을 가리는 다리모양으로 반다리와 긴다리로 나뉜다.

반다리는 배수구가 세면대 아래 벽면에 설치될 경우에 적용한다. 긴다리와 가격의 차이는 거의 없지만, 반다리형은 아무래도 청소하기 편리하고 깨끗하다.

긴다리는 배수구가 바닥에 설치 된 경우에 세면대 배수관을 가리기 위해 적용한다. 긴다리형은 아무래도 배수구 다리 주변에 머리카락이나 이물질이 끼여 있게 될 가능성이 높아 욕실이 지저분

▲ 카운터형

▲ 스탠드형

해질 수 있다. 만약 세면대 다리를 반다리형으로 교체하고 싶으면 바닥배수설비를 벽면으로 옮겨야 하는 설비공사를 해야 한다.

소변기는 주로 공공화장실에 설치가 되었지만, 최근에는 욕실 크기가 점점 커지고 있고 남자들에게 편리한 점이 있어 일반 가정에도 보급되고 있다. 사실 남자들은 소변기에 소변을 보는 것이 훨씬 편하다. 소변기는 스탠드형과 벽걸이형으로 나뉜다. 어른들만 사용한다면 둘 중 어느 것이든 관계없지만, 어린 남자 아이가 함께 사용한다면 스탠드형이 좋다. 아니면 높이로 인해 어린이용 소변기를 별도로 설치해야 한다. 사용의 편리성과는 달리 시공성은 벽걸이형보다는 스탠드형이 훨씬 쉽다. 그리고 센서 설치의 유무도 꼭 확인하자.

▲ 스탠드형 소변기

▲ 벽걸이형 소변기

액세서리는 보통 컵대, 비누대, 수건걸이, 휴지걸이, 옷걸이가 한 세트이다. 욕실의 고급화로 인해 액세서리도 점점 고급화되고 있다. 휴지걸이와 수건걸이만을 선택하는 경우도 많다. 전문가들은 액세서리 수준만 봐도 그 욕실의 수준을 가늠할 수 있다.

◀ 컵대/옷걸이

◀ 비누대/휴지걸이

◀ 수건걸이

수전은 욕실 위생기구 중에 시공 후 가장 A/S가 많은 제품이다. 그래서 다른 위생기구는 저렴한 것을 구매하더라도 수전만큼은 좋은 제품을 사용해야 한다. 수전은 크게 세면기용, 샤워기용, 욕조용으로 나눌 수 있다.

세면기용은 수전의 높이가 중요하다. 너무 높으면 물이 튀는 문제가 있고, 너무 낮으면 사용하기 불편하다. 특별히 볼형의 세면대는 디자인의 이유로 높이가 높은 수전을 사용하는 경우가 많기 때문에 낙차 폭이 크다.

샤워기형은 수압마사지 겸용 샤워기 등 지금까지 다양한 제품이 개발되었지만, 현재 가장 많이 사용하는 제품은 해바리기형 샤워기이다. 하지만 해바라기형 샤워기는 건물의 기본 수압이 좋아야 편하게 사용할 수 있다.

욕조형 샤워기는 현재 욕조설치 자체를 많이 안 하기 때문에 잘 사용하지 않지만 설치 시에는 슬라이딩바를 함께 사용하는 것이 편리하다.

▲ 세면기용 수전

▲ 해바라기 샤워기

▲ 욕조형 샤워기

샤워실은 크게 3종류로 공간을 분리한다.

샤워부스는 각각의 유리 파티션을 프레임 또는 힌지로 조립한 것이다. 물론 유리도어도 함께 설치한다.

파티션은 고정유리로 공간을 부분적으로 나누는 형태다. 그래서 물을 완전히 차단하지는 못한다.

샤워커튼은 일반커튼처럼 커튼으로 샤워실을 분리하는 것이다. 주로 나일론이나 비닐류를 사용한다.

▲ 샤워커튼

▲ 샤워부스

▲ 파티션

　욕조는 크게 이동식욕조와 고정식욕조가 있다.

　이동식욕조는 욕조 자체를 욕실에
서 마음대로 이동할 수 있는 제품이
다. 공간이동이 장점이지만, 조금 불
안정하다. 욕실바닥이 배수구 쪽으로
조금 기울어(구배)있기 때문에 살짝

▲ 이동식 욕조

흔들릴 수 있다. 또한 너무 작은 욕실에서는 설치가 힘들다.

　고정식욕조는 흔히 우리 가정에서 사용하는 제품이다.

▲ 일반욕조

▲ 월풀욕조

▲ 반신욕조

일반욕조는 특별한 기능이 없이 전신을 물에 담글 수 있는 제품이다. 재질로는 아크릴, FRP, SMC, 마블, 세라믹 등이 있다. 대부분의 다른 욕조도 이 재질로 이루어져 있다.

월풀욕조는 다양한 수압의 물살로 마사지를 받는 제품이다. 일반욕조에 비해 다양한 기능이 있고 가격이 고가다. 저렴한 월풀은 마사지 기능이 현저히 떨어진다.

반신욕조는 말 그대로 몸의 하부만 물에 담글 수 있는 제품이다. 최근 웰빙의 경향으로 점차 확대 보급되고 있다. 특별히 히노끼 목재를 많이 사용하고 있다.

욕조는 넓은 평수의 주거공간이면 욕실 이외에 다른 장소에도 설치가 가능하다. 물론 급/배수 설비와 방수시공을 잘 해놓아야 한다.

욕실가구는 크게 전면장, 하부장, 시스템장이 있다.

전면장은 크게 일반형과 일체형이 있다.

일반형은 수납장(수건장)과 거울을 분리시킨 것이다. 일반적으로 가장 많이 사용하는 제품이다. 수납장과 거울의 위치를 자유롭게 조절할 수 있고, 비교적 가격이 저렴하다.

일체형은 수납장과 거울을 일체시킨 제품이다. 주로 슬라이딩 도어형이 많고, 디자인이 고급스럽다. 수납공간이 비교적 큰 대신 욕실공간을 좁게 만들 수 있다. 특별히 세면대와의 깊이 조절을 잘 해야 한다.

▲ 일반형　　　　　▲ 일체형

　하부장은 세면대 하부에 배수관이 지나가는 공간을 수납 목적으로 활용한다. 주로 카운터형 세면대를 말한다.

▲ 하부장　　　　　▲ 시스템장

　시스템장은 주방가구처럼 욕실의 수납공간을 시스템 가구화시킨 것이다. MDF, ABS, 알루미늄, PB 등의 자재를 많이 사용한다. 최근 욕실은 건식공간(세면대)과 습식공간(샤워실)을 분리한 곳이 많아서 원목 등 다양한 자재를 적용하고 있다.

욕실천정재는 크게 리빙우드와 돔천정이 있다.

PVC루바는 흔히 리빙우드 또는 아트판이라 불린다. 목수가 다른 목작업을 진행하면서 함께 시공하는 경우가 많고 그렇게 하면 시공비용을 조금 줄일 수 있다.

SMC 돔천정은 디자인이 예쁘고, 시공이 간편하다. 흔히 비용이 PVC루바보다 더 비싸다고 알지만, 기존 욕실에 각재 천장틀이 없는 경우에는 차라리 돔천정을 설치하는 것이 더 저렴하다. 왜냐하면 돔천정은 벽타일 위에 걸치는 형식으로 시공하기 때문에 천장틀이 필요없다.

▲ PVC루바   ▲ SMC 돔천정

2) 욕실시공 전 확인사항과 실측방법

· 타일은 욕실바닥 가로×세로 치수를 재고 , 벽체 4변의 가로×높이 치수를 잰다. 그런데 보통의 욕실 크기라면 바닥면적은 1.5평, 벽면 적은 6평이 정도가 소요된다

· 천정은 가로×세로 치수만 재면 된다.

· 욕조는 가로치수만 재면 된다. 일반 욕조의 폭의 길이는 규격화하 고 있다.

· 세면기는 배수구 위치가 바닥인가 벽인가를 확인한다.

· 변기는 배수구 중심이 벽에서 직각으로 300mm 이격되어 있는가 를 확인한다.

· 수건장과 거울은 설치할 위치의 길이를 잰다. 수건장은 보통 기성 제품으로 나오는데 크기가 400, 450, 500, 600… 등으로 나온다. 그래서 설치할 곳의 폭에 따라 먼저 수건장을 선택하고 거울의 크 기를 정하면 된다. 물론 직접 제작할 경우 자유롭게 정하면 된다.

· 조명과 환풍기는 스위치가 따로 분리되어 있는지를 확인한다. 만약 동시에 작동한다면 전선을 미리 분리하자. 욕실에 창이 있으면 좋 겠지만, 공동주택의 대부분의 욕실은 그렇지 못하기 때문에 환풍기 를 반드시 설치하는 것이 좋다.

3) 위생기구의 설치높이

기구명칭	설치높이	비고
샤워기	1,870mm	바닥면에서 샤워헤드 중심까지
세면대	720mm	바닥면에서 기구의 넘치는 수면까지
거울/수건장	1,400~1,500mm	바닥면에서 거울의 중심까지
휴지걸이	710mm	바닥면에서 휴지걸이 중심까지
수건걸이	1,100mm	바닥면에서 수건걸이 봉의 중심까지
주방싱크	800~850mm	바닥면에서 기구의 넘치는 수면까지
싱크수전	1,050mm	바닥면에서 벽수전 중심까지
세탁수전	1,200mm	바닥면에서 세탁수전 중심까지
욕조수전	+150mm	욕조상면에서 욕조수전 중심까지
세면기수전	460mm	바닥면에서 세면기수전 중심까지
변기수전	170mm	바닥면에서 변기수전 중심까지

단독주택 **리모델링** 무조건 따라하기

DIY Tip

1. 욕실 디자인의 변화

현대 주거공간디자인에서 주안점을 두는 공간은 안방 → 거실 → 주방 → 욕실로 변해가고 있다. 과거에는 세면대 + 변기 + 욕조의 조합을 기본으로 분리 또는 통합을 통해 변화를 주는 형태였지만, 최근에는 가족용 욕실의 경우 세면대 + 변기 + 욕조 + 샤워부스 + 파우더룸 + 드레스룸 등의 복합적인 유형으로 진화하고 있다. 또한 입식생활이 보편화되어 욕조공간을 없애는 주거도 많다.

2. 욕실 1개실 공정 및 견적

일정	공정	비용	비고
첫째 날	철거 및 방수	300,000원	설비공 인건비＋폐기물 비용＋욕조 밑 방수
둘째 날	타일 시공	645,000원	욕실 1곳당 타일 견적 계산 참조
셋째 날	양생	0원	최소 하루 정도는 양생하는 것이 좋다.
넷째 날	돔 천장	180,000원	환풍기 설치 포함 가격
	위생 기구	960,000원	위생 기구 견적 계산 참조
종합 욕실 견적		2,085,000원	기사 경비는 별도

3. 욕실 1곳당 타일 견적

총타일시공량 : 욕실벽 6평 ＋ 욕실바닥 1.5평 ＝ 7.5평

1) 재료비

욕실 벽타일 : 30,000 × 6평 ＝ 180,000원

욕실 바닥타일 : 40,000 × 1.5평 ＝ 60,000원

타일 본드 : (3말×20,000원)＋60,000원(기타 부자재) ＝ 120,000원

2) 인건비

타일공 : 220,000원 × 1명 ＝ 220,000원(보조공은 제외)

3) 경비

운반비 : 50,000원(타일 및 부자재 운반 1회)

식비 : 1명 × 15,000원 = 15,000원

4) 종합 실행 견적

360,000원(재료비)＋220,000원(인건비)＋50,000원(운반비)＋15,000원(식비)

= 645,000원

4. 욕실냄새 제거

욕실공사를 새로 해놓고도 욕실에 냄새가 나는 경우가 종종 있다. 배수구(유가)에 봉수 역할을 하는 물이 충분하지 못해서 빨리 말라 버리면, 금방 냄새가 올라 온다. 이럴 때 평소에는 배수구를 완전히 차단하고 물이 흘러들어올 때는 열리는 트랩볼 같은 특허제품을 이용하면 어느 정도 냄새를 차단할 수 있다. 아니면 봉수가 아주 깊은 유가를 사용해보자.

5. 양변기/세면대/샤워기수전 설치

위생기구를 직접 설치하려고 하시는 솜씨 좋은 일반인들이 간혹 있다. 이런 분들은 유튜브 동영상을 잘 활용하면 된다. 이 책에서 글과 그림으로 설명하는 것보다 더 자세하게 설치방법이 공개되어 있으니 잘 활용하기 바란다. '양변기 설치' 정도의 키워드면 충분하다.

Chapter **06**

외부공사

20

외부공사(외벽, 지붕, 마당)

    외부공사는 주택의 가치를 올리는 매주 중요한 공정이다. 주택
공사에서 외부공사는 내부공사에 비해 공사비용은 훨씬 적게 든
다. 하지만 시각적 효과는 비교할 수 없을 정도로 좋다. 외벽에 드
라이비트 또는 돌을 붙이는 작업, 지붕마감재를 교체하거나 신설
하는 작업, 마당에 잔디를 심거나 나무를 심는 작업 모두가 주택의
외부작업이다. 적은 비용으로 멋진 외부공간을 만들어 누가 봐도
매력적인 주택을 만들어보자.

1. 외부입면디자인

▲ 외부디자인 조감도

▲ 화산석 시공

▲ 컬러강판 지붕

2. 견적서 및 견적방법

NO	품명	규격	단위	수량	재료비 단가	재료비 금액	노무비 단가	노무비 금액	경비 단가	경비 금액	합계 단가	합계 금액	비고
20	외부공사												
	[1층/다락]												
	내용없음												
	[외부]												
	마사토(두께 0.3m)	전면(서측), 마당, 뒷마당(북측)	m³	2.0	50,000	100,000		–	10,000	20,000	60,000	120,000	
	디딤석		EA	15.0	30,000	450,000		–		–	30,000	450,000	
	잔디		평	3.0	7,000	21,000		–		–	7,000	21,000	
	마사토(두께 0.2m)	잔디 시공바닥	m³	2.0	50,000	100,000		–	10,000	20,000	60,000	120,000	
	시공비	직영시공	인	2.0	–		130,000	260,000	15,000	30,000	145,000	290,000	
	1층 소계					–		–		–		–	
	외부 소계					671,000		260,000		70,000		1,001,000	
	계					671,000		260,000		70,000		1,001,000	

※ 지역, 기능공 수준, 사용재료 및 공법에 따라 가격 차이가 있다. 이 견적은 30평 규모의 단독
주택을 기준으로 했다(단, 섬 지역 제외).

외부공사 마감재료 중 자주 사용되는 재료의 공사견적을 살펴보
겠지만 지역과 현장상황에 따라 차이가 난다.

· 드라이비트 m^2당 35,000원 정도(단열재 포함)
· 스타코 뿜칠 m^2당 45,000원 정도(단열재 포함)
    플렉스(미장)는 m^2당 60,000원 정도(단열재 포함)
· 미장스톤 m^2당 40,000원(단열재 포함)
· 징크(티타늄) m^2당 150,000원(금속하지 포함, 30평 이상 시공 시)
    (아연강판) m^2당 120,000원(금속하지 포함, 30평 이상 시공 시)
· 컬러강판 m^2당 70,000원(금속하지 포함, 30평 이상 시공 시)
· 아스팔트슁글 m^2당 110,000원(목재하지 및 합판 포함, 30평 이상
    시공 시)

3. 재료 및 시공

1) 외벽공사

(1) 드라이비트 류

스티로폼 같은 단열재를 부착한 후 메쉬(유리섬유)로 약한 접착력을 보완하고 드라이비트, 스터코, 노블, 미장스톤, 일반도장 등 여러 재료를 마감재로 사용한다.

시공 방법
- 시공할 표면을 다듬고, 지면에 접촉한 부위는 방수 처리를 한다.
- 접착몰탈을 단열재에 발라 벽면에 평평하고 견고하게 부착한다.
- 단열재 위에 다시 접착 몰탈을 6mm 두께로 바르고 보강용 유리섬유를 깐다.
- 보강용 유리섬유가 완전히 묻히도록 다시 접착몰탈을 발라 준 후 원하는 색상, 재질의 마감재로 마감한다.

화재에 취약한 문제때문에 최근에는 사용이 주춤하긴 했지만, 여전히 많이 사용한다. 드라이비트의 가장 큰 장점은 외단열과 동시에 외벽마감이 가능하다는 점이다. 그리고 다른 외장재에 비해 가격이 저렴한 편이다.

① 드라이비트(dryvit)

　드라이비트의 장점은 스타코 플렉스 등의 다른 재료에 비해 저렴하다는 점이다. 하지만 아주 치명적인 단점이 있다. 재료 자체의 탄력성이 부족해서 골조가 흔들리는 목조주택에는 크랙이 발생할 수 있다. 그러나 철근콘크리트 구조와 같이 잘 흔들리지 않은 골조를 사용한 주택에는 단열과 마감을 간편하게 할 수 있는 좋은 재료다.

◀ 드라이비트 시공

◀ 컬러 샘플

◀ 드라이비트 완공

② 스타코 플렉스

　스타코 플렉스의 최고 장점은 탄력성이 있다는 것이다. 특별히 목조주택 시공 시 장점이 발휘된다. 목재는 재료 특성상 수축·이완되는데 스타코는 '목재의 유격만큼 늘어나고 줄어들고'를 조절할 수 있다. 간단하게 말해서 크랙이 잘 안 생긴다는 이야기다. 하지만 재료비+시공비가 드라이비트에 비해서 비교적 비싼 편이다. 최근에 많이 선호하는 제품 중에 하나이고, 개인적으로 외부마감재로 스타코를 많이 사용한다.

◀ 스타코 플렉스

◀ 컬러 샘플

◀ 스타코 플렉스 완공

③ 미장스톤

미장스톤은 단열재 - 하도매쉬 - 앵커피스 - 줄눈 - 마감(돌가루)으로 이루어진다. 시공비가 저렴하고 외벽에 석재를 붙인 느낌을 주어서 많이 시공한다. 하지만 파손이나 화재에는 드라이비트와 비슷하게 취약한 편이다.

◀ 미장스톤 시공

PM-261 PM-262

PM-263 PM-264

SH-540 SH-541

MD-534 MD-535

PM-265 PM-266

◀ 컬러 샘플

◀ 미장스톤 완공

드라이비트 류의 작업은 주로 도장기술자들이 한다. 이와 달리 사이딩 류의 작업은 외장목수들이 시공한다. 대체로 사이딩 제품들은 작업이 간편하고 비닐사이딩을 제외하면 부속재료도 거의 없다.

① 목재사이딩

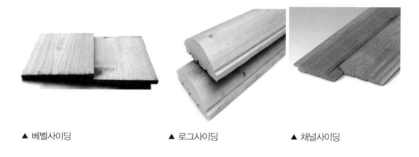

▲ 베벨사이딩   ▲ 로그사이딩   ▲ 채널사이딩

베벨사이딩은 사이딩 중에 가장 많이 사용되는 타입이다. 가공되지 않은 자연적인 모습을 그대로 사용하고, 부드러운 나뭇결 모양을 가지고 있다. 불투명 오일스테인을 발라주면 더욱 예쁘다. 주로 적삼목과 가문비나무를 사용하는데, 적삼목은 수분에 강하지만 햇빛에 약한 편이다. 그래서 오일스테인을 꼭 발라주어야 한다.

로그사이딩은 통나무 주택의 느낌을 주는 독특한 모양이다. 주로 적삼목, 낙엽송을 사용한다. 최대의 단점은 끝이 갈라지기 쉬워서 관리가 많이 필요하다는 점이다.

채널사이딩은 가격대비 품질이 가장 우수한 제품이다. 몰딩의 루바처럼 끼워 맞추는 형식의 제품이라 틀어지는 현상도 적고 틈도 벌어지지 않는다. 주로 적삼목, 삼나무 등이 사용되고 베벨보다는 가격이 비싼 것이 단점이다.

② 시멘트사이딩

▲ 시멘트사이딩 완공　　　　　　▲ 시멘트사이딩 샘플

시멘트를 주원료로 섬유 보강재를 첨가해서 고압으로 나뭇결 무늬를 표현한 제품이다. 품질이 우수하고 페인트와도 아주 잘 어울린다. 외부마감재로 많이 사용하지만 비닐사이딩에 비해 실제 충격에는 약한 편이다. 수축이나 팽창 현상이 적고 불연재료이다. 겉으로도 약해보이는 면이 있지만 아주 오래가는 좋은 소재이다.

③ 비닐사이딩

경질 PVC를 압축해서 얇은 판으로 만든 제품이다. 그냥 플라스틱 판재라고 생각하면 된다. 시공법도 간단하고 방습성이 특히 뛰어나다. 하지만 살충제에도 녹을 만큼 고온에는 절대적으로 약하고 잘 찌그러지기도 한다. 만약 오래되어 지저분하다면 물로 한번 씻어주기면 하면 깨끗해진다. 전원주택이 유행을 타던 90년대에

▲ 비닐사이딩 완공   ▲ 비닐사이딩 샘플

가장 많이 사용하던 자재 중 하나다.

④ 세라믹사이딩

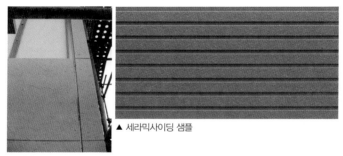

▲ 세라믹사이딩 샘플

▲ 세라믹사이딩 완공

    요즘 가장 핫한 제품이다. 일본제품으로 정식 명칭은 '요업계 사이딩'이다. 시멘트성질 원료가 주원료이고 판자형상을 이용해 성형, 도장 마감한 제품이다. 디자인이 다양하고 휨강도와 내충격성이 높은 고강도 제품이다. 자외선이나 진동에도 강하다. 유일한 단점은 가격이다.

(3) 기타 외벽마감재

기타 복합패널, 징크, 시멘트보드, 파벽돌, 석재류 등도 있다. 여기서는 복합패널과 징크에 대해서만 간단하게 소개한다. 사실 징크 같은 경우는 단순히 외벽마감재라고 이야기할 수는 없다. 징크는 외벽마감뿐만 아니라 지붕마감재로도 훌륭한 제품이다.

① 복합패널(알루미늄)

▲ 복합패널 완공   ▲ 복합패널 샘플

평활도가 뛰어나고 가벼워서 건축물 외장재로 많이 사용하고 있다. 복층 알루미늄 사이에 폴리에틸렌을 넣어 단열성, 방음성, 가공성, 부식성에 뛰어나다. 이밖에 여러가지 장점이 많지만 이 제품 역시 가격이 가장 큰 단점이다. 비싼 데는 이유가 있다.

② 징크(아연)

징크는 아연재질을 뜻한다. 얇은 판상재의 형태이고 지붕뿐만 아니라 외벽 등에도 자주 사용되는 건축 외장재이다. 심플한 디자인으로 최근에 가장 많은 사랑을 받고 있는 외부마감재이다. 하지

▲ 징크 완공

만 징크의 높은 가격 때문에 겉모습은 징크처럼 보이나 실제로는 철(fe)로 만든 판 위에 페인트를 칠한 컬러강판으로 시공하는 경우가 많다. 징크로 시공은 하고 싶지만 시공비가 부담스러워서 컬러강판인 것을 알고 시공했다면 문제가 없지만, 소비자에게 징크로 시공했다고 이야기하고 컬러강판으로 시공했다면 문제가 있다. 징크와 컬러강판을 구별할 수 있는 가장 간단한 방법은 자석을 붙이는 것이다. 자석이 붙으면 컬러강판이고 붙지 않으면 징크이다.

| 참고 ✎ | 테라코타

버팀벽, 주두, 돌림띠 등의 장식용 점토제품을 말한다. 일반 석재보다 가벼워서 석재 조각물 대신 장식용 점토로 사용한다. 화강암보다 불에 강하고 대리석보다 풍화에 강해 외장재로 많이 시공된다.

2) 지붕공사

노후주택의 경사지붕이 시멘트 슬레이트일 경우에는 골조를 그
대로 둔 채 마감재만 재시공을 할 수도 있고, 골조까지 전체를 새
롭게 만들 수도 있다. 최근에는 평지붕에서 자주 발생하는 누수문
제에서 해방되고 싶어 기존 평지붕 위에 바로 경사지붕을 만드는
경우도 있다. 주로 철근 각 파이프나 목재로 골조를 만들고 징크,
컬러강판, 아스팔트슁글 등으로 마감시공한다.

(1) 컬러강판(아연도금)

▲ 컬러강판 시공

▲ 컬러강판 샘플

컬러강판은 시공이 간편하고 가격이 저렴하다. 그래서 농촌지역
에는 기와를 걷어내고 컬러강판을 지붕마감재로 많이 사용한다.
하지만 단열기능은 없고, 비가 올 때 빗물이 강판에 부딪히는 소리
가 요란하다. 어떤 재료든지 장점과 단점이 있기 마련이다. 컬러강
판은 빗물소음이 적은 제품도 출시하고 있지만 그만큼 가격이 올
라간다. 장점을 잘 활용해서 적용하자.

(2) 아스팔트쉥글지붕(샌드위치판넬 포함)

▲ 아스팔트쉥글 시공

▲ 아스팔트쉥글 샘플

아스팔트쉥글의 아스팔트는 석유에서 액체 상태의 석유 부분을 뺀 고형물이다. 여기에 돌입자로 코팅해 색상을 낸 것을 말한다. 육각형모양의 육각쉥글, 직사각형 모양의 일반쉥글, 두 겹으로 만들어진 이중쉥글이 있다. 이 중에 이중쉥글은 꽤 수명이 오래간다.

시공순서는 프라이머 도포-방수시트-쉥글의 설치 순이다. 사실 아스팔트쉥글 시공은 큰 비용이 들거나 어려움이 있는 것은 아니다. 그것보다는 지붕의 틀을 목재로 잡을 것이냐, 금속으로 잡을 것이냐를 우선 결정하고 또한 지붕의 판재를 OSB합판, 방수합판, 샌드위치판넬 등 어느 것으로 할 것이냐를 한 번 더 결정해야 한다.

사용하고자 하는 기능을 충분히 검토 후 누수의 가능성을 최소화하고, 단열의 기능을 최대한 살리며, 누수 흐름을 고려해 최소한의 비용을 사용할 수 있도록 전문가의 의견을 반영해서 하는 것이 바람직할 것이다.

3) 마당공사

(1) 천연잔디(디딤돌 포함)

▲ 천연잔디 시공

　잔디를 놓기 전에 마사토를 최소 70mm 이상의 두께로 뿌려 놓아야 잔디뿌리가 자리를 잡는다. 천연잔디는 자연 그대로의 잔디를 느낄 수 있고 잔디가 아주 부드럽다. 사람이 잔디 위에 미끄러져도 크게 다치지 않는다. 하지만 잡초제거, 잔디깎기 등의 주기적인 관리가 반드시 필요하다. 관리가 안 된 잔디는 집을 오히려 흉가로 만들어 버린다.

(2) 인조잔디

▲ 인조잔디 시공

　인조잔디를 놓기 전에 얇은 배수판을 먼저 깔고 인조잔디를 시공해야 나중에 바닥이 썩지 않고 배수흐름도 좋아진다. 인조잔디는 별다른 관리가 필요 없다. 하지만 사람이 잔디 위에 미끄러지면 피부 화상의 위험이 있다. 또한 인조잔디는 천연잔디보다 자연스럽지 못하고 뻣뻣하다.

　최근에는 천연잔디보다 더 천연잔디 같은 인조잔디가 출시되고 있지만, 가격이 너무 비싸다. 여기도 역시 가격이 문제다.

(3) 나무류

잔디주변에 보통 나무나 식물들을 많이 심는데, 이런 나무나 식물은 도심외곽 즉 도시와 시골이 교차하는 지점에 저렴한 화원들이 즐비하다. 이런 곳에서 구매해서 직접 심으면 된다. 특히 나무는 다시 심으면 죽을 확률도 있다는 점을 유의하자.

그리고 마당 위에 데크 작업, 바닥에 시멘트 미장 같은 경우는 앞에서 설명했으므로 생략한다.

DIY Tip

1. 기와텍스

1액형 제품으로 기와나 지붕재료 위에 코팅막을 형성하는 도장 제품이다.
기존 기와를 교체하지 않는다면 기와텍스를 이용해서 색을 입히고 기와를 보호하면, 누수에도 좋고 보기에도 예뻐 보인다.

2. 자갈

외부 마당에 잔디, 데크, 미장 등의 공사를 하기에 비용이 부담스럽다면, 마당에 자갈을 뿌려놓아도 좋다. 저렴하게 아주 멋진 자갈마당을 만들 수 있다.

▲ 자갈 시공

단독주택 리모델링 무조건 따라하기

제1판 1쇄 발행 | 2016년 6월 3일
제1판 12쇄 발행 | 2022년 11월 18일

지은이 | 이종민
펴낸이 | 오형규
펴낸곳 | 한국경제신문*i*
기획제작 | (주)두드림미디어
디자인 | 디자인 뜰채 apexmino@hanmail.net

주소 | 서울특별시 중구 청파로 463
기획출판팀 | 02-333-3577
E-mail | dodreamedia@naver.com(원고 투고 및 출판 관련 문의)
등록 | 제 2-315(1967. 5. 15)

ISBN 978-89-475-4082-7 (13610)